国家社科基金
后期资助项目

新能源汽车发展的阻滞与突破路径研究

Research on the Obstacles and Breakthrough
Paths in the Development of New Energy Vehicles

李晓敏 刘毅然 杨娇娇 赵小磊 著

中国社会科学出版社

图书在版编目（CIP）数据

新能源汽车发展的阻滞与突破路径研究 / 李晓敏等著. -- 北京：中国社会科学出版社，2024.9. -- ISBN 978-7-5227-4248-9

Ⅰ．F426.471

中国国家版本馆 CIP 数据核字第 2024EN7507 号

出 版 人	赵剑英
责任编辑	刘晓红
责任校对	阎红蕾
责任印制	李寡寡
出　　版	中国社会科学出版社
社　　址	北京鼓楼西大街甲 158 号
邮　　编	100720
网　　址	http://www.csspw.cn
发 行 部	010-84083685
门 市 部	010-84029450
经　　销	新华书店及其他书店
印　　刷	北京君升印刷有限公司
装　　订	廊坊市广阳区广增装订厂
版　　次	2024 年 9 月第 1 版
印　　次	2024 年 9 月第 1 次印刷
开　　本	710×1000　1/16
印　　张	18
字　　数	325 千字
定　　价	98.00 元

凡购买中国社会科学出版社图书，如有质量问题请与本社营销中心联系调换
电话：010-84083683
版权所有　侵权必究

国家社科基金后期资助项目
出版说明

后期资助项目是国家社科基金设立的一类重要项目，旨在鼓励广大社科研究者潜心治学，支持基础研究多出优秀成果。它是经过严格评审，从接近完成的科研成果中遴选立项的。为扩大后期资助项目的影响，更好地推动学术发展，促进成果转化，全国哲学社会科学工作办公室按照"统一设计、统一标识、统一版式、形成系列"的总体要求，组织出版国家社科基金后期资助项目成果。

全国哲学社会科学工作办公室

摘　　要

过去40多年，中国经济改革取得了巨大成就，但付出了严重的环境代价和能源资源代价。为了在新时代更好地进行生态文明建设，贯彻人与自然和谐共生的发展理念，未来中国经济发展模式亟须转向综合考虑经济增长、环境保护和资源节约的增长方式（林伯强等，2019）。党的十九届五中全会提出，加快推动绿色低碳发展，持续改善环境质量，全面提高资源利用效率，促进经济社会发展全面绿色转型。在加快发展方式绿色转型中，中国将碳达峰、碳中和纳入生态文明建设整体布局，坚持走生态优先、绿色低碳的高质量发展道路，提出高质量发展是中国当前和今后一段时期生态文明建设的核心要求。

党的二十大报告强调，推动经济社会发展绿色化、低碳化是实现高质量发展的关键环节，要加快推动产业结构、能源结构、交通运输结构等调整优化，发展绿色低碳产业。推进交通运输行业绿色发展是实现经济社会全面绿色转型的重要组成部分。传统内燃机汽车的尾气排放和化石燃料消耗带来了严峻的环境污染和能源短缺问题，为了促进节能减排，当前各国政府将交通电动化视为一种有效的技术手段和不可逆转的发展趋势，越来越多的国家把发展新能源汽车上升到国家战略的高度（IEA，2020）。2020年中国正式宣布力争2030年前实现碳达峰、2060年前实现碳中和，因此中国政府推进汽车产业电动化转型的决心更加强烈。中国颁布的《新能源汽车产业发展规划（2021—2035年）》指出，发展新能源汽车是中国从汽车大国迈向汽车强国的必由之路，是应对气候变化、推动绿色发展的战略举措。过去十年，中国的新能源汽车发展取得了举世瞩目的成就。中国新能源汽车销量由2009年的480辆上升到2020年的136.7万辆，连续六年（2015—2020）销量稳居世界第一；其中，2019年中国销量在全球总销量的占比达50.5%（IEA，2021）。但是相对于传统内燃机汽车，中国新能源汽车市场份额仍然较小，中国汽车工业协会（2021）数据显示，2020年包括纯电动汽车和混合动力汽车在内的中国新能源汽车的市场份额仅为 5.4%，这与中国政府的远景规划目标还相差甚远。《新能源汽车产业发展规划（2021—2035年）》的发展愿景是，到 2025 年中国新能源汽车新车销售量达到汽车销售总量的 20% 左右。

本书首先通过分析新能源汽车产业的特征总结出中国新能源汽车发展面临的阻滞，分别是成本障碍、技术障碍、充电障碍、认知障碍和气温障碍；在此基础上从产业政策、技术进步、充电基础设施、政府采购、可再生能源发电和地区气温六个方面探寻新能源汽车产业高质量发展的突破路径。其次，结合经济学中的需求理论和消费者购买车辆行为的效用函数，构建了新能源汽车推广的理论分析框架和基准计量模型。再次，量化研究新能源汽车市场售价、相关商品价格、消费者收入等因素对新能源汽车需求的影响，其中重点是探讨产业政策、技术进步、充电基础设施、政府采购、可再生能源和地区气温六个因素分别与新能源汽车需求之间的因果关系，以及量化研究这六个因素对新能源汽车销量的影响。最后，在实证研究结论的基础上，对中国新能源汽车产业的高质量发展提出建议。

关键词：绿色转型；新能源汽车；发展阻滞；高质量发展

Abstract

Over the past 40 years, China's economic reform has made great achievements, but have come at the cost of severe environmental and energy resource depletion. In order to better carry out the construction of ecological civilization in the new era and implement the development concept of harmonious coexistence between man and nature, China's economic development model in the future urgently needs to shift to a growth mode that takes into account economic growth, environmental protection and resource conservation, referred to as "green transformation" (Lin Boqiang et al., 2019). The Fifth Plenary Session of the 19th Central Committee of the Communist Party of China accelerating the promotion of green and low-carbon development, continuously improving environmental quality, comprehensively enhancing resource utilization efficiency, and promoting a comprehensive green transition in economic and social development. In the process of accelerating the green transition of the development model, China has incorporated carbon peaking and carbon neutrality into the overall layout of ecological civilization construction, adhering to the path of ecological priority and green, low-carbon, high-quality development. It has been proposed that high-quality development is the core requirement of ecological civilization construction in China at present and for some time to come.

The report of the 20th National Congress of the Communist Party of China stressed that promoting green and low-carbon economic and social development is a key link to achieve high-quality development. It is necessary to accelerate the adjustment and optimization of industrial structure, energy structure and transportation structure, and to develop green and low-carbon industries. Promoting the green development in the transport industry is an important part of achieving a comprehensive green transition in economic and social development. The exhaust emissions and fossil fuel consumption of traditional internal combustion engine vehicles have brought severe environmental pollution and energy shortage issues. In order to promote energy conservation and emission reduction, governments worldwide currently view the electrification of transportation as an effective technological measure and an irreversible development trend. An increasing number of countries are elevating the development of new energy vehicles (NEVs) to the level of a national strategy (IEA, 2020). In 2020, China officially announced its commitment to achieving carbon peak before 2030 and carbon neutrality before 2060, which has strengthened the Chinese government's resolve to promote the electrification transition of the automotive industry. China's "New Energy Vehicle Industry Development Plan (2021-2035)" points out that the development of new energy vehicles is the only path for China to transition from a major automotive country to an automotive powerhouse and is a strategic measure to address climate change and promote green development. Over the past decade, China has made remarkable achievements in the development of new energy vehicles. The sales volume of new energy vehicles in China increased from 480 in 2009 to 1.367 million in 2020, ranking first in the world for six consecutive years (2015-2020). Among them, China's sales in 2019 accounted for 50.5% of the total global sales (IEA, 2021). However, compared with traditional internal combustion engine vehicles, the market share of new energy vehicles in China remains relatively small. China Association of Automobile Manufacturers (2021) data show that in 2020, the market share of new energy vehicles in China, including pure electric vehicles and hybrid vehicles, was only 5.4%, which still falls short of the Chinese government's long-term planning goals. The development vision of the New Energy Vehicle Industry Development Plan (2021-2035) is that by 2025, the sales volume of new energy vehicles in China will account for approximately 20% of the total automobile sales. Therefore, under the background of promoting a comprehensive green transition in economic and social development and the requirements for high-quality ecological civilization construction, what obstacles are facing the development of new energy vehicles in China at present? What factors are hindering the further promotion of new energy vehicles? What are the breakthrough paths for the future development of new energy vehicles?

This study first summarizes the obstacles to the development of new energy vehicles in China by analyzing the characteristics of the new energy vehicle industry, which include cost barriers, technical barriers, charging barriers, cognitive barriers, and temperature barriers. Based on this, it explores the breakthrough paths for the high-quality development of the new energy vehicle industry from six aspects: industrial policy, technological progress, charging infrastructure, government procurement, renewable energy generation, and regional temperature. Next, by combining the demand theory in economics with the utility function of consumer vehicle purchasing behavior, the study constructs a theoretical analysis framework and benchmark econometric model for the promotion of new energy vehicles. It then quantifies the impact of factors such as the market price of new energy vehicles, the prices of related goods, and consumer income on the demand for new energy vehicles, with a focus on exploring the causal relationships between the six factors of industrial policy, technological progress, charging infrastructure, government procurement, renewable energy, and regional temperature, and the demand for new energy vehicles, as well as quantifying the impact of these six factors on new energy vehicle sales. Based on the conclusions of the empirical research, the study finally provides recommendations for the high-quality development of China's new energy vehicle industry.

Key words: Green transformation; New energy vehicles; Retardation of development; High-quality development

目 录

第一章 绪论 ……………………………………………………………… (1)
  第一节 研究背景与研究意义 ………………………………………… (1)
  第二节 概念界定和文献综述 ………………………………………… (4)
  第三节 选题的理论意义和现实意义 ………………………………… (20)
  第四节 研究思路与研究方法 ………………………………………… (24)
  第五节 创新和不足 …………………………………………………… (28)

第二章 新能源汽车产业发展现状分析 ………………………………… (30)
  第一节 全球新能源汽车产业发展现状分析 ………………………… (30)
  第二节 中国新能源汽车产业发展现状 ……………………………… (35)
  第三节 中国各省份新能源汽车产业发展现状 ……………………… (38)
  第四节 2020年中国新能源汽车上市公司发展现状 ………………… (39)
  第五节 新能源汽车车型发展现状 …………………………………… (42)

第三章 新能源汽车发展的阻滞和理论分析框架 ……………………… (45)
  第一节 新能源汽车产业的特征 ……………………………………… (45)
  第二节 新能源汽车发展的阻滞 ……………………………………… (53)
  第三节 新能源汽车发展阻滞问卷调查分析 ………………………… (61)
  第四节 突破路径的理论分析 ………………………………………… (66)
  第五节 新能源汽车发展的理论机制和分析框架 …………………… (71)

第四章 产业政策与新能源汽车发展 …………………………………… (73)
  第一节 中国新能源汽车产业政策实施现状 ………………………… (73)
  第二节 产业政策对新能源汽车发展的影响 ………………………… (84)
  第三节 新能源汽车推广政策效果的地域差异研究 ………………… (98)
  第四节 本章小结 ……………………………………………………… (114)

第五章 技术进步与新能源汽车发展 (116)
  第一节 技术进步引致消费者需求 (116)
  第二节 全球视角下技术进步对新能源汽车需求的影响 (119)
  第三节 中国新能源汽车技术创新现状 (127)
  第四节 技术创新对中国新能源汽车需求的影响 (137)
  第五节 本章小结 (149)

第六章 充电基础设施与新能源汽车发展 (150)
  第一节 充电基础设施建设现状 (150)
  第二节 充电基础设施对新能源汽车发展的影响 (160)
  第三节 本章小结 (175)

第七章 政府采购与新能源汽车发展 (177)
  第一节 中国新能源汽车政府采购现状 (178)
  第二节 政府采购与新能源汽车发展的实证研究 (186)
  第三节 本章小结 (197)

第八章 可再生能源与新能源汽车发展 (199)
  第一节 可再生能源发展现状 (201)
  第二节 可再生能源与新能源汽车发展的实证研究 (205)
  第三节 本章小结 (214)

第九章 地区气温与新能源汽车发展 (216)
  第一节 地区气温与新能源汽车推广现状 (216)
  第二节 地区气温对新能源汽车发展的影响 (217)
  第三节 本章小结 (240)

第十章 主要结论和政策建议 (241)
  第一节 主要结论 (241)
  第二节 政策建议 (242)

参考文献 (256)

后 记 (276)

第一章　绪论

第一节　研究背景与研究意义

21世纪以来，全球交通运输行业的飞速发展带来了严峻的环境污染和能源短缺问题。众所周知，汽车尾气排放是造成大气污染的重要因素。2022年，全球交通领域的碳排放量达到全球总碳排放量的17.9%[1]。在能源消耗方面，2019年全世界一次能源消费总量约为140亿吨油当量，交通运输行业消费了21%，在交通运输行业消费的全部能源中，石油所占比重高达94%，是交通运输行业中占绝对主导地位的能源来源[2]。但截至2019年，全球已探明且可开采的石油储量为2305.8亿吨，全球的石油储量仅能再供人类使用46年左右[3]。全球石油短缺的形势已经非常严峻。为缓解石油危机和环境污染问题，世界各国政府将交通电气化视为一种有效的技术手段和不可逆转的发展趋势。近年来，中国、美国、德国等汽车大国纷纷加强顶层谋划、强化政策支持，跨国汽车企业加大研发投入、完善产业布局，新能源汽车已成为全球汽车产业转型发展的主要方向和促进世界经济持续增长的重要引擎。为此，各国纷纷出台了促进本国新能源汽车产业发展的规划和目标。2010年全球大概只有1.7万辆电动汽车，2019年全球电动汽车销量达到210万辆，存量达到720万辆（IEA，2020）。从各国官方披露的数据来看，新能源汽车新车销售的市场份额占

---

[1] 《绿色和平报告：全球道路交通碳排量达到全球总排量的17.9%》，新京报网站（http://m.bjnews.com.cn/detail/1698317497168290.html）。
[2] 《新冠疫情让全球石油消费增长进一步放缓》，财经网（https://new.qq.com/rain/a/20200221A0OHYN00）。
[3] 《地球到底有多少石油？十多年前就听说只能再开采40—50年，现在呢》，网易新闻（https://www.163.com/dy/article/F5C11JGJ05486522.html）。

比目标分别为：挪威，2025年100%；欧盟，2030年35%；中国，2025年25%；日本，2030年20%—30%；美国加利福尼亚州，2025年15%（任泽平等，2020）①。2020年10月在海南召开的2020世界新能源汽车大会发布了《2020世界新能源汽车大会共识》，与会各方再次确认了"博鳌共识"提出的"到2035年全球新能源汽车市场份额达到50%"的目标。

过去40多年，中国的快速工业化导致石油紧缺和环境污染问题尤为突出。2019年中国石油对外依存度高达70.8%，从2005年（仅为44.7%）至今，中国石油对外依存度逐年提高，过高的石油对外依存度已经严重威胁到了中国石油供应的可持续性与能源安全②。此外，2019年，中国的碳排放占全球碳排放总量的27%，温室气体排放量首次超过经济合作与发展组织国家的总排放量③。2020年9月，习近平主席在第七十五届联合国大会上发表重要讲话，正式宣布中国将力争2030年前实现碳达峰、2060年前实现碳中和④。2021年4月，习近平主席在"领导人气候峰会"上再次强调坚持绿色发展，指出"要顺应当代科技革命和产业变革大方向，抓住绿色转型带来的巨大发展机遇，以创新为驱动，大力推进经济、能源、产业结构转型升级，让良好生态环境成为全球经济社会可持续发展的支撑"⑤。2022年10月，习近平总书记在中国共产党第二十次全国代表大会报告中指出，"加快发展方式绿色转型，发展绿色低碳产业，健全资源环境要素市场化配置体系，加快节能降碳先进技术研发和推广应用，倡导绿色消费，推动形成绿色低碳的生产方式和生活方式"⑥。在能源危机与生态安全的多重背景下，交通运输行业已经成为"双碳"目标下发展结构调整的重要产业。因此，中国政府把新能源汽车作为实现弯道超车、促进绿色经济发展与产业转型升级的战略性新兴产业来培育的愿望更加强烈。在一系列强有力的扶持鼓励政策下，中国的新能源汽车发展取

---

① 《任泽平全球新能源汽车发展报告2020 汽车百年大变局》，金融界网站（https：//www.sohu.com/a/410765544_177992?_trans_=000014_bdss_dkgyxqs）。
② 《2019年我国原油对外依存度70.8%》，福州市节能公共服务网（http://jn.fuzhou.gov.cn/zz/gzdt/zhxw/gjxw/202003/t20200330_3233717.htm）。
③ 《美国发布研究报告指中国年度温室气体排放量已超过发达国家总和》，新浪财经（https：//cj.sina.com.cn/articles/view/7019667452/1a2679ffc001011i7l?finpagefr=p_104_js）。
④ 《习近平在第七十五届联合国大会一般性辩论上的讲话（全文）》，新华网（https：//export.shobserver.com/baijiahao/html/292819.html）。
⑤ 《习近平在"领导人气候峰会"上的讲话（全文）》，新华网（https：//baijiahao.baidu.com/s?id=1697748018186828751&wfr=spider&for=pc）。
⑥ 《加快发展方式绿色转型》，光明网（https：//baijiahao.baidu.com/s?id=1766917943867884006&wfr=spider&for=pc）。

得了举世瞩目的成就。中国新能源汽车销量由 2009 年的 480 辆上升到 2020 年的 136.7 万辆，2020 年中国销量比世界销量第 2 名的德国多出 97 万辆。作为世界上新能源汽车销售的头号大国，2019 年中国的销量占全球总销量的 50.5%（IEA，2020）。10 年的时间里，中国从一个零基础的国家一跃发展成为新能源汽车领跑国。

尽管新能源汽车在全世界范围内发展迅速，但是相对于传统燃油汽车，目前新能源汽车的市场份额仍然较小，中国汽车工业协会最新的数据显示，2020 年包括纯电动汽车和混合动力汽车在内的中国新能源汽车的市场份额仅为 5.4%。2019 年 7 月至 2020 年 6 月，受财政补贴退坡和新冠疫情的接连冲击，中国新能源汽车销量同比大幅度下降，2020 年 1—3 月下降幅度每月均超过 50%。当前新能源汽车的大规模推广还存在五大阻滞：成本障碍、技术障碍、充电障碍、认知障碍和气温障碍。具体来说，目前新能源汽车平均售价高于燃油汽车、整体技术成熟度不如传统汽车、充电不方便和消费者的有限理性都限制了新能源汽车的推广，消费者目前对于新能源汽车存在"里程焦虑""安全焦虑"和"成本焦虑"（欧阳明高，2019）。

发展新能源汽车是中国从汽车大国迈向汽车强国的必由之路，是应对气候变化、推动绿色发展的战略举措。党的十九届五中全会提出，深入可持续发展战略，完善生态文明领域统筹协调机制，构建生态文明体系，促进经济社会发展全面绿色转型，建设人与自然和谐共生的现代化[①]。推动新能源汽车产业布局是加快建设制造强国、交通强国的重要内容，为了实现"促进经济社会全面绿色转型"与"着力推动高质量发展"的目标，必须大力发展新能源汽车这一战略性新兴产业。一方面，发展新能源汽车是全球汽车产业转型升级绿色发展的必由之路（辛国斌，2020）[②]，是中国在道路交通领域贯彻经济社会全面绿色转型要求的具体体现。另一方面，新能源汽车有助于节能减排，对中国如期实现碳达峰、碳中和[③]的目标具有重要意义，对探索以生态优先、绿色低碳的高质量发展道路具有重

---

① 《十九届五中全会：守住自然生态安全边界，促进经济社会全面绿色转型》，网易新闻（https://www.163.com/dy/article/FQ4IGKMR0534695R.html）。

② 辛国斌：《发展新能源汽车是全球汽车产业转型升级绿色发展的必由之路》，新浪科技（https://finance.sina.com.cn/tech/2020-09-29/doc-iivhvpwy9461921.shtml），2020-09-29。

③ 碳达峰，是指在某一个时点，二氧化碳的排放不再增长达到峰值，之后逐步回落。碳中和，是指企业、团体或个人测算在一定时间内，直接或间接产生的温室气体排放总量，通过植树造林、节能减排等形式，抵消自身产生的二氧化碳排放，实现二氧化碳的"零排放"。

要价值。在此背景下，本书旨在厘清当前新能源汽车发展面临的阻滞，并运用经济学理论和方法研究新能源汽车发展的影响因素，在此基础上指出中国新能源汽车持续健康发展的突破路径。本书不但可以为中国新能源汽车产业走高质量发展之路提出有针对性建议，而且对中国加快建设汽车强国和实现道路交通领域绿色转型也具有重要的现实意义。

第二节 概念界定和文献综述

一 概念界定

（一）新能源汽车的界定

新能源汽车是指采用非常规的车用燃料作为动力来源（或使用常规的车用燃料、采用新型车载动力装置），综合车辆的动力控制和驱动方面的先进技术，形成的技术原理先进、具有新技术、新结构的汽车。新能源汽车包括四大类型：混合动力电动汽车（HEV）、纯电动汽车（BEV，包括太阳能汽车）、燃料电池电动汽车（FCEV）、其他新能源（如超级电容器、飞轮等高效储能器）汽车等。前三种又统称为电动汽车（Electric Vehicle, EV）。目前，世界市场上在售的主要是纯电动汽车（BEV）和混合动力汽车（HEV），国际能源署发布的 *EV Outlook* 上涵盖的世界各国历年电动汽车的销量统计只包括纯电动汽车和混合动力汽车，中国乘用车市场信息联席会和《节能与新能源汽车年鉴》对中国新能源汽车的连续统计，也只包括纯电动汽车和混合动力汽车。另外，中国产业界默认的"新能源汽车"狭义上基本是电动汽车，因此，在本书中，新能源汽车主要指电动汽车，二者可同义替代。

（二）清洁能源汽车的界定

清洁能源汽车比新能源汽车的范畴更广，用各类技术有效降低能源消耗和尾气中有害物质排放的环保型汽车都可以纳入，包括纯电动汽车、混合动力电动汽车、燃料电池汽车、氢动力汽车、天然气汽车、甲醇汽车、乙醇汽车、太阳能汽车等。在 2017 年全国两会上，《政府工作报告》首次用了"清洁能源汽车"的概念。清洁能源汽车是一种政策用语。新能源汽车一定是清洁能源汽车，反过来说，不一定成立①。

---

① 《不能误读提法，厘清清洁能源汽车与新能源汽车的关系很重要》，第一电动网（https://www.d1ev.com/kol/49988）。

(三) 新能源汽车推广

从微观角度来看，新能源汽车推广表现为消费者对新能源汽车的购买行为；从宏观角度来看，新能源汽车推广指新能源汽车的市场销售，通常以市场销量或市场份额来表示，在本书中，和新能源汽车采用、渗透同义，可看作同义词。在本书中，新能源汽车的发展主要指新能源汽车的推广。

二　文献综述

当前国内外学者关于新能源汽车采用的影响因素研究主要集中在经济因素、产业政策、车辆性能（技术因素）、充电基础设施、认知因素、消费者个人经济社会特征等方面。

(一) 经济因素

1. 购买价格

经济利益是个人消费者购买新能源汽车的一个重要动机。Lane 和 Potter（2007）认为，车辆的购买价格是新能源汽车采用的最重要决定因素。Chen 等（2019）也表示新能源汽车的购买价格是直接影响消费者购买意愿的因素，而新能源汽车的购买价格在很大程度上取决于电池成本。Brownstone 等（2000）认为，高昂的电池成本是新能源汽车广泛普及的最大障碍。Barth 等（2016）、Tamor 等（2013）指出，虽然新能源汽车的购买成本较大，但这些车辆的低运营成本（电价）是新能源汽车普及的驱动力。从长远来看，新能源汽车比传统燃油汽车更具成本竞争力（Ystmark et al.，2016）。Simone 等（2022）在对意大利电动汽车和燃油汽车的市场评估中也提到，激励措施和电动汽车的低运营成本，足以抵销电动汽车较高的购买价格。此外，一些其他因素，如维修费用和与购买新能源汽车有关的其他补充支出，也可能影响消费者采用新能源汽车的决定（Potoglou and Kanaroglou，2007）。

李国栋等（2019）指出，新能源汽车的价格及其使用成本会显著影响消费者的效用，进一步降低新能源汽车价格及其使用成本是拉动新能源汽车需求的有效途径。Lin 等（2018）在中国的北京、上海、广州和深圳四个最大城市中进行了一项调查，基于调查数据分析得出消费者对新能源汽车的价格可接受性是影响购买意图的最主要因素。Ma 等（2019）认为，从最初选择电动汽车模型到购买前的最终决定，电动汽车的价格始终是消费者在整个购车过程中的重要考虑因素，尤其是在最初的电动汽车车型选择和比较中，消费者对价格的关注远远超过汽车性能和规格。龙子泉等（2016）从私人消费者决策角度出发，基于 Bass 模型系统引入政策因素后建立了修正模型，发现成本影响系数较大，表明潜在采用者对汽车成本非常在乎。

2. 油价与电价的相对价格水平

汽油价格对新能源汽车的总使用成本有直接影响，这一点成为国内外学者的研究共识。潜在消费者可能会考虑新能源汽车的燃料成本（Heffner et al., 2007）。低燃料费用的优势可以吸引潜在的新能源汽车买家（Heffner et al., 2007；Ozaki and Sevastyanova, 2011）。Yeh（2007）、Struben 和 Sterman（2008）、Gallagher 和 Muehlegger（2011）、Egbue 和 Long（2012）、Li 等（2019）、马少超和范英（2018）都发现汽油价格的上涨有利于新能源汽车市场份额的增加。Diamond（2009）利用美国各州随时间变化的混合登记数据进行分析，发现汽油价格在很大程度上影响着新能源汽车的总使用成本。汽油价格是消费者考虑节油和燃油经济性的最明显信号，因此汽油价格相对微小的变化可能会导致消费者选择出行方式发生重大变化。Beresteanu 和 Li（2011）利用 1999—2006 年 22 个都市统计区的新车登记数据集，估计了一个同时考虑需求和供给的市场均衡模型。实证结果表明，如果 2006 年的汽油价格保持在 1999 年的水平（平均 1.53 美元，而不是 2.60 美元），2006 年的新能源汽车销量将减少约 37%。Silva 等（2018）的研究支持了这一结论，汽油价格对巴西民众购买纯电动汽车的决策影响很大。Haidar 和 Rojas（2022）发现，电价与油价之比越大，纯电动汽车销量越低。Zhu 等（2019）的一项实证研究发现，当汽油价格从 3.8 美元/加仑上涨到 5.7 美元/加仑和 7.6 美元/加仑时，电动汽车的市场份额将分别增长 25% 和 42%，即汽油价格负向影响新能源汽车销量。

（二）产业政策

1. 财政激励政策与技术创新

郑小雪等（2020）认为，在当前新能源汽车生产成本高于传统汽车生产成本的现实条件下，政府补贴对发展新能源汽车产业至关重要。同样地，郑吉川等（2019）指出，研发补贴对企业研发投入有激励效果。李兆友等（2017）采用 2011—2015 年中国新能源汽车产业上市公司面板数据，通过建立静态面板与动态面板数据模型进行实证研究，结果表明，政府直接补贴对企业 R&D 投入的激励效应显著，而政府间接补贴对企业 R&D 投入的影响存在一定的不确定性。邵慰等（2018）认为，强度较高的"生产补贴"研发激励效用远低于强度较低的"研发补贴"，两种政府补贴方式都符合边际效用递减规律。郑贵华等（2019）采用倾向得分匹配法，对比分析了财政补贴和税收优惠对新能源汽车上市公司研发投入的激励作用，认为财政补贴能够有效促进新能源汽车产业的研发投入，而税收优惠效果不佳。

祁特等（2020）从企业研发投入的中介效应的角度出发，得到政府对新能源汽车企业的研发补贴显著正向影响企业创新绩效的结论。高伟和胡潇月（2020）综合运用内容分析法与 Bootstrap 中介效应模型发现政府支持显著促进了企业绩效和专利产出的提升。孙健夫和贺佳（2021）运用动态面板数据模型实证研究了财税支持政策对研发效率的效应，发现财政激励对新能源汽车企业的研发效率的提高具有促进效应。与之相反，周燕和潘遥（2019）发现政府补贴对研发支出的影响不显著，税费返还比财政补贴更能增加企业总收入和净利润，建议包括新能源汽车在内的高新技术产业政策选择应由财政补贴转向行业性的税收减免。总的来说，现有研究大多认为产业政策促进了新能源汽车产业的研发和创新。

2. 财政激励政策与新能源汽车推广

大量研究考察了政府政策与新能源汽车采用或偏好之间的关系（Gallagher and Muehlegger, 2011）。O'Neill 等（2018）通过一个案例研究，研究了爱尔兰市场采用电动汽车的障碍，发现缺乏激励机制是关键的障碍。Sierzchula 等（2014）指出，经济激励政策是新能源汽车推广的强大推动力。

Potoglou 和 Kanaroglou（2007）研究了在加拿大汉密尔顿市区可能影响家庭选择新能源汽车的激励政策，发现降低货币成本、购买税收减免将鼓励家庭采用新能源汽车。更细致地，Langbroek 等（2016）建议必须针对潜在客户的行为量身定制经济激励政策，因为这些客户更容易改变自己的行为，所以为了提高效率，政府应该在改变人们行为的早期阶段针对他们制定具体的激励措施。Jenn 等（2018）评估了美国联邦和州政府的激励措施对电动汽车采用的影响，发现每提供 1000 美元的回扣或税收抵免，就会使电动汽车的平均销量提高 2.6%。Beresteanu 和 Li（2011）的一项研究也发现，联邦激励措施对混合动力汽车的销售有积极的影响。Chen 等（2019）基于调查中的 406 个样本，应用结构方程模型得出产业政策不仅直接影响价格因素和购买意愿，而且通过节俭（产业政策降低消费者的使用成本）的中介效应对顾客的购买意愿产生间接的积极影响。Vassileva 和 Campillo（2017）在对瑞典电动汽车壁垒的调查中推断，"缺乏强有力的激励计划"是潜在的采用障碍。Layla（2022）使用了英国 20 年

(1999—2019年)新注册电动车队的独特数据集进行研究,结果表明,财政激励政策正向影响电动车的新注册数量,并且这种影响被GDP的变化正向调节。

国内也有很多学者使用不同的方法对货币激励政策的有效性进行了研究。李晓敏等(2022)通过对政策工具进行量化评估,认为在2012—2018年,财政补贴和购置税减免推动了中国新能源汽车推广进程。陈麟瓒和王保林(2015)通过计算新能源汽车的全寿命周期成本,认为购买补贴政策的有效性最强。张学龙和王军进(2015)应用Shapley值法研究了政府对消费者补贴产生的影响,结果表明:政府对消费者补贴的增加使新能源汽车销售量增加。曹国华和杨俊杰(2016)通过构建消费者与政府之间的演化博弈模型,得到政府补贴能够有效调节消费者是否购买新能源汽车的策略选择。范如国和冯晓丹(2017)研究了"后补贴"时代地方政府补贴政策的影响,得出地方政府补贴对新能源汽车推广有正向影响的结论,但前提是未达到其最优配套比例或价格补贴比例上限。马少超和范英(2018)基于时间序列协整模型对影响新能源汽车的多种因素进行研究发现,购买补贴和购置税减免政策在每阶段的完善过程中对新能源汽车市场的推动作用是显著递增的。Liu等(2021)利用2009—2018年中国61个城市的数据,实证研究了政府激励对中国公共和私人领域电动汽车普及的影响。在公共领域,示范项目的各个阶段,购车补贴对电动客车推广的影响都是显著的。

然而,也有不少国内外学者对于补贴政策的有效性持有疑问。Diamond(2009)发现激励政策与电动汽车采用之间的关系在美国是薄弱的。Zhang等(2013)通过对新能源汽车消费者的购买动机进行问卷调查,实证研究发现补贴收益并不是特别重要,其对消费者购买意向的调节作用并不那么强烈。马少辉等(2013)对准备购买汽车的消费者进行了网上问卷调查,分析指出财政补贴对纯电动汽车的杠杆作用不强。孙晓华和徐帅(2018)利用全国范围内的网上问卷调查,考察了多个因素对新能源汽车销量的影响。回归结果表明,虽然政府补贴能够在一定程度上激发新能源汽车的购买意愿,但作用相对较弱,这与中国购买补贴逐渐退坡的趋势相吻合。Qiu等(2019)使用来自88个中国试点城市的数据评估了各种电动汽车激励政策在城市层面的有效性,回归结果表明,购买补贴政策对电动汽车销量没有显著作用,提出了逐步退出购买补贴政策、终止停车补贴政策的建议。Liu等(2021)的研究结果表明,在商用电动汽车的推广中,补贴只在初期起到关键作用,当租赁商用电动汽车实现快速发展时,补贴的效果往往不显著；在私人领域，包括补贴和过路费减免在内的财政激励措施对促进电动汽车普及没有影响。

3. 其他激励政策与新能源汽车推广

许多学者研究了非货币性激励政策对新能源汽车推广的重要作用。Joram 等（2016）发现，免费停车或允许新能源汽车进入公交专用道这些激励措施可以作为昂贵补贴的有效替代方案，能够更进一步地增加采用新能源汽车的可能性。但也有学者对路权优先交通政策的有效性产生了质疑，例如，Lieven（2015）认为当道路上有更多的电动汽车时，电动汽车进入公交专用道的政策效率会降低，因此公交专用道随着时间的流逝可能会变得拥挤，而电动汽车驾驶员的优势会消失。

张国强和徐艳梅（2017）发现，从汽车市场的供需关系角度而言，限行、限购等非财税类工具在交通拥堵或采取了特殊路权的城市，对新能源汽车销量的正向激励十分明显。李晓敏等（2022）还发现政府和公共机构采购加速了新能源汽车的推广速度。熊勇清和李小龙（2018）应用实验研究和问卷调查相结合的方法分析了政策对潜在消费者的影响，得到应该强化路权优先、适当降低购置补贴政策力度的结论。李国栋等（2019）利用上海市 2016 年 1 月至 2018 年 5 月 125 个新能源乘用车车型的月度销量数据，运用 Logit 需求模型研究政府推广政策与新能源汽车需求的关系，发现上海市的免费专用牌照政策在拉动新能源汽车需求上效果最大。Wang 等（2019）通过相关分析和多元线性回归分析，探讨了各种激励政策对 2015 年 30 个国家电动汽车采用的影响，发现道路优先是最重要的因素，而直接补贴并不是各国电动汽车差别巨大的原因。熊勇清和刘徽（2022）应用双重差分模型从时间和区域两个维度分析了"路权优先"和"充电保障"两项主要"非补贴型"政策的差异性，结果表明：从时间维度来看，"非补贴型"政策可以成为"补贴退坡"后市场持续发展的重要政策支撑，其中"路权优先"政策作用的增幅相对更大。从区域维度来看，"充电保障"政策作用的区域差异不明显；"路权优先"政策作用则存在比较明显的区域差异性，城市的交通承载压力越高，"路权优先"政策的作用越强。

（三）车辆性能（技术因素）

熊彼特（Schumpeter）在 1912 年《经济发展理论》一书中，首次提出"创新"这一概念。他认为，创新就是要把一种从来没有的关于生产要素和生产条件的"新组合"引进生产体系中。这种新组合包括五种情况：引进新产品、引用新技术、开辟新市场、控制原材料新的供应来源、实现工业的新组织。显然，熊彼特意义上的创新活动并不一定与技术相关，但是，与技术相关的创新（新组合中第一种情况和第二种情况）是熊彼特创新的主要内容。在技术创新与需求的关系方面，熊彼特认为是"创新诱导需求"，即创新企业的市场努力诱导消费者改变需求偏好。熊彼特在 1947 年出版的《资本主义、社会主义与民主》一书中认为：消费者都是有限理性，消费行为具有常规化和程式化的特点，所以通过市场需求带动创新几乎是不可能实现的。Lin 等（2011）、Park 和 Lee（2012）在进一步的研究中发现由于新兴行业市场需求具有很高的不确定性，消费者无法为技术供应方提供明确的信号，创新诱导需求的情形更容易在新兴产业中出现。

作为一种新产品和新技术，新能源汽车以动力电池为主要动力来源，与新能源汽车相关的技术因素（续航里程、充电时间、电池、车辆属性等）将会影响人们对新能源汽车的购买决策，只有电池技术的改进才能从根本上解决这些问题。Chéron 和 Zins（1997）对消费者的购买因素进行评估后指出，电动汽车自身的性能状况（续航能力）是消费者考虑的关键因素。Lim 等（2015）证明了里程焦虑是电动汽车采用的主要障碍，续航能力是消费者决定是否会购买新能源汽车最关键的因素，较短的续航里程将阻碍消费者接纳新能源汽车。Carley 等（2013）研究发现，如果技术进步能够降低成本、增加续航里程、缩短充电时间，那么会有更多的消费者愿意购买新能源汽车。这与 Franke 和 Krems（2013）的研究结果一致，即电动汽车驾驶者尤其关注有限的行驶里程，这使他们在使用电动汽车进行长途旅行时感到焦虑。石红波等（2014）通过调查研究发现有 43.7% 的消费者会因为"里程焦虑"而拒绝购买新能源汽车。

在充电时间上，Chorus 等（2013）调查发现充电时间的长短与消费者对新能源汽车的偏好程度明显呈负相关关系，缩短充电时间有助于减少消费者的"等待焦虑"。Krause 等（2016）的研究结果显示，如果"成本焦虑"的问题得到解决，那么将会增加 65% 的消费者愿意购买新能源汽车。Mahmoudzadeh 等（2017）的研究结果进一步证实了上述结论，更长的续航能力、更短的充电时间、更低的造车成本、更安全的行驶体验是扩大新能源汽车需求的关键。在英国，很大比例的驾驶者在驾驶电动汽车 7 天后，觉得电动汽车的功率不达标，充电时间长导致充电困难。消费者愿意支付 35—75 美元，以将汽车的行驶里程增加一英里，尤其是当驾驶者无法预测他们在剩余的电池电量下能走多远的时候（Hidrue et al.，2011）。技术作为直接提升新能源汽车性能的手段，能显著增加消费者对该产品的良好预期。Lane 和 Potter（2007）、Ozaki 和 Sevastyanova（2011）考察了舒适性、尺寸、实用性、可靠性、安静性等性能因素对新能源汽车采用的重要性。Xu 和 Xu（2020）发现，中国新能源汽车买家的接受程度主要是由性能因素驱动的，包括安全性、可靠性、舒适性、速度和实用性。这些研究表明，一些潜在消费者在购买新能源汽车之前会密切关注影响新能源汽车"性能"的各种因素。

马少超和范英（2018）采用时间序列的协整与误差修正模型研究发现，技术研发水平作为唯一的行业内部因素对加快新能源汽车的市场推广具有显著的正向影响，电池技术的进步是提高新能源汽车市场份额的关键。除电池技术，新能源汽车的动力（电驱技术）和操控性能（电控技术）也是影响消费者是否购买的关键技术指标，Laurence 和 Macharis（2008）、Chen 等（2020）的研究说明了这一点，他们发现车辆的易操作性、加速度性能和车辆外观等与常规车辆属性相关的技术因素也是影响新能源汽车购买的重要因素。

与上述基于微观调查数据的研究不同，一些学者采用宏观的地区国别数据来研究技术创新与新能源汽车需求的关系。Choi（2018）使用谷歌搜索引擎中"雪佛兰 Volt"、"特斯拉 Model S"、"特斯拉 Roadster"和"日产 Leaf"这四个关键词的搜索流量数据代表新能源汽车需求，以专利数据代表技术进步，研究发现技术创新对美国新能源汽车需求有促进作用，但对于德国市场没有。Chen 等（2020）以丹麦、芬兰、冰岛、瑞典、挪威 17 个城市为样本，研究发现电动汽车连接到电网的技术水平每提升 1%，消费者对电动汽车的购买意愿将提升 0.11%。Sónia 等（2019）使用 2010—2016 年 24 个欧盟国家新能源汽车的市场份额数据实证研究发现，技术创新对混合动力汽车（PHEV）的需求促进作用显著大于纯电动汽车（BEV）。李晓敏等（2020）使用 2011—2017 年中国、美国、德国等 15 个主要国家新能源汽车的销量数据，发现一国新能源汽车专利授予数量每增加 1%，该国新能源汽车销量就会增加 1.18%。李晓敏等（2022）利用中国 2012 年 1 月至 2019 年 12 月新能源汽车行业的销量和专利申请数量月度数据考察技术创新对于新能源汽车销量的影响，研究发现，上一期有效专利申请数量每增加 1%，当期新能源汽车的销量就会增加 0.698%。

综上所述，现有研究大多通过调查问卷或网络搜索的方式收集消费者对新能源汽车的购买意向数据，并以此来反映市场需求状况，说明了电池技术、电机技术和电控技术是新能源汽车的三大核心技术，电池技术对于增加新能源汽车销量的作用明显，改进电池技术是提升新能源汽车市场份额的根本。

（四）充电基础设施

充电桩数量是影响新能源汽车推广的重要因素，充电设施的不完善会导致消费者产生里程焦虑，进而影响新能源汽车的采用。许多研究发现，消费者非常在意新能源汽车的及时充电问题，如果在合理的行驶距离内没有提供足够的充电基础设施，那么即使是对购买新能源汽车感兴趣的消费者，也会担心在旅途中没有可见充电设施的情况下耗尽了电量，这种所谓的"里程（范围）焦虑"会抑制新能源汽车的市场扩散率。Sierzchula等（2014）调查了30个不同国家的新能源汽车采用因素，如激励措施、燃料价格和充电基础设施，通过进行相关分析和OLS回归评估了它们对新能源汽车市场份额的影响，结果显示，充电基础设施的完善程度是最重要的影响因素之一。Mersky等（2016）、Egnér和Trosvik（2018）分别量化研究了挪威和瑞典新能源汽车销售的影响因素，发现充电站（充电桩）数量的增加对新能源汽车销量的提升最为明显。类似的研究还有：Hackbarth和Madlener（2013）使用地区人均充电站（充电桩）数量和单位面积上充电站（充电桩）的数量，Rasouli和Timmermans（2016）使用充电基础设施和消费者居住地之间的距离，Javid和Nejat（2017）使用充电站和加油站数量之比。这些研究表明，充电基础设施可用性的提高有助于缓解里程（范围）焦虑和降低消费者对充电站的搜索成本，进而提高其购买意愿。Bakker和Trip（2013）通过大规模访谈分析了欧洲五个国家新能源汽车激励措施的效果，发现单位面积充电设施数量增加能够增加充电设施的曝光度，进而坚定消费者采用新能源汽车的信心。Illmann和Kluge（2020）使用德国2012—2017年邮政编码区域的每月新车注册数据，并将其与充电站的官方注册表进行了匹配，评估了充电基础设施的可用性、可见度及充电速度对新能源汽车采用的影响。结果表明：与单纯增加充电桩数量相比，充电设施的可用性、可见度及充电速度的提升对提高消费者的购买意愿更加明显，而其中充电速度最为重要。尽管学者研究使用的样本和方法有所不同，但大多数研究认为充电基础设施对新能源汽车采用的影响是积极的，完善的充电基础设施是新能源汽车扩散的必要条件。

熊勇清等（2019）、李晓敏和刘毅然（2023）则基于中国的省级数据进行了考察，结果同样表明，充电设施数量是影响新能源汽车推广的重要因素。然而，与单纯增加充电桩数量相比，充电设施的可用性、可见度及充电速度的提升对新能源汽车采用规模的扩大效果更为明显。黄鲁成等（2019）则通过对网络信息进行挖掘，发现新能源汽车的充电便利性、充电桩布局和使用效率是消费者的重要关注话题。学者采用不同的衡量方法评估了充电基础设施的可用性对消费者购买意愿的影响。与上述研究不同，Bailey 等（2015）从消费者认知的角度出发，重点分析了消费者对充电设施的认知以及与新能源汽车普及率的关系。他们通过横截面回归分析得出，充电基础设施的完善对新能源汽车普及率的贡献很低，但是如果潜在消费者能够准确地掌握充电站的位置和相关信息，则统计相关性会增加。

此外，充电设施对新能源汽车需求的影响还存在车型、充电桩类型、地域方面的差异。由于纯电动汽车（BEV）和插电式混合动力汽车（PHEV）技术特点的不同，使用纯电动汽车的消费者对充电基础设施的依赖性更强，尤其是在远离居住地区的时候，因此，充电基础设施对新能源汽车销量的影响存在车型差异（Illmann and Kluge，2020）。Neaimeh 等（2017）通过使用 OLS 和稳健回归模型评估了不同类型充电桩（慢速充电桩，22 千瓦；快速充电桩，≥50 千瓦）对新能源汽车购买意愿的影响。结果显示，如果日行驶距离超过 240 公里，快充比慢充的影响更为明显。孙晓华等（2018）通过构建一个互补品视角下的厂商决策和消费者决策模型分析发现，与慢速充电桩相比，快速充电桩的建设成本更低、灵活性更大，更能满足当前新能源汽车车主的充电需求，应该成为基础设施投资的主要对象。Egnér 和 Trosvik（2018）基于瑞典新能源汽车销量的市级数据分析发现，由于生活在不同人口密度地区的居民，其"充电便利焦虑"和"里程焦虑"的程度不一致，地区充电基础设施的影响效果存在显著的人口密度差异。

还有一些学者基于间接网络效应理论考察了充电设施对新能源汽车采用率的影响。间接网络效应理论认为充电基础设施作为新能源汽车的互补品，其数量的增加能够提高消费者购买的新能源汽车使用效用。这种网络效应主要体现在两个方面：提高使用便利性和降低使用成本。在提高使用便利性方面，充电桩和公共充电站的建设数量增加能够大幅降低消费者在新能源汽车充电过程中的等待时间，节约了消费者的时间成本。在降低使用成本方面，在市场经济的作用下互补品供给数量随着用户规模的不断扩大而增加。在这种规模经济效应的影响下竞争加剧从而导致互补品的价格下降，消费者后续的使用成本进而下降，从而能够提高消费者的购买意愿。如果充电设施发展滞后，将会严重限制新能源汽车的市场扩散。Yu等（2016）基于博弈模型描述了新能源汽车及充电站在美国市场的均衡发展，认为充电设施与新能源汽车需求之间"鸡与蛋"式的启动难题是新能源汽车发展缓慢的重要原因。因此，如何发挥与充电基础设施相关的间接网络效应是新能源汽车市场培育需要解决的核心问题。Li 等（2019）基于 2011—2013 年美国新能源乘用车的销售数据，考察了"车"与"桩"的间接网络效应和补贴政策效果，结论显示，充电设施的完善能够有效解决新能源汽车扩散速度变慢的问题，政府对充电设施建设的补贴比购置补贴更加有效。

（五）认知因素

1. 信息不完全

尽管价格和电池成本较高，但电动汽车在燃料和维护成本方面仍具有优势。Krause 等（2016）认为与内燃机相比，电动发动机的推进系统要简单得多，因此更容易推进，维护成本也更低，考虑到目前的电力和燃料价格，每英里的电动汽车成本大约比汽油燃料汽车低 50%。然而，Krause 等（2016）在美国 21 个城市进行了一项调查，发现大部分消费者认为电动汽车的维护成本会比汽油车高很多，原因是缺乏了解。因此，消费者对燃油成本和维护成本存在信息不完全问题，在一定程度上成为影响电动汽车采用的障碍。Morton 等（2016）通过在英国泰恩河畔邓迪和纽卡斯尔各城市进行的家庭调查分析显示，消费者对于电动汽车功能性能的认知和态度严重影响了对电动汽车的偏好，进而影响了他们的决策。尹洁林等（2019）基于技术接受模型（TAM）和感知风险理论（PRT）对新能源汽车消费者的购买意愿进行研究，结果表明：消费者对新能源汽车的感知有用性和易用性对其购买意愿存在显著正向影响，对新能源汽车的感知风险对其购买意愿存在显著负向影响。Buranelli 等（2022）对巴西 488 名受访者进行调查发现，与使用电动汽车相关的感知相对优势和感知兼容性对受访者的态度有积极影响。Zhang 等（2022）对 343 名受访者进行调查，研究表明：电动车的环境友好信息、性能以及属性信息与消费者对电动车的感知价值和感知信任呈正相关，信息质量正向调节与增强对电动汽车的感知价值和感知信任，感知价值、感知信任与消费者使用电动汽车的意愿呈正相关。如果消费者能及时地认识到新能源汽车的优点，那么新能源汽车市场进一步扩大指日可待（王月辉、王清，2013）。

信息效用对消费者的购买行为具有显著影响，在影响新能源汽车大规模采用的认知因素中，对绿色产品的认知和接受度是重要的一部分。绿色产品认知水平包括消费者对绿色产品的辨别、绿色产品价格高低、绿色产品质量好坏和绿色产品获得便利性等几个方面的认识情况，绿色产品认知对绿色购买行为有显著的正向影响（张连刚，2010）。在绿色购买意愿形成之前，消费者需要寻找有关绿色产品属性的信息以增强对产品的认知，这对促进绿色消费有显著作用，而信息的缺乏和认知的困难会阻碍绿色消费意愿向实际行为的转变。Jaffe 等（2005）认为，信息的增加会导致环境知识的增加，促进环境态度的积极改变，最终促进绿色购买行为。李稚等（2021）将消费者的绿色接受度纳入了制造业和消费者双方的演化博弈模型中，并以新能源汽车产业为例进行了数值仿真，结果表明：当消费者对绿色产品具有较高接受度时，企业和消费者会更倾向选择绿色生产和绿色消费。

总结来讲，关于电动汽车的信息不完全和知识有限导致了其扩散速率的缓慢（Sierzchula et al., 2014）。普通消费者对电池等配套技术了解不足，这种对新兴技术的整体低认知限制了消费者对电动车的采用做出明智的决定。

2. 政策认知

消费者的行为、知识和感知在购买决策中起主要作用，政府关于电动汽车的政策传达了政府对发展电动汽车产业的兴趣和承诺的强烈信号。因此，这就增强了利益相关者的信心。如果消费者在新能源汽车的政策和价值观上存在认知偏差，那么这种偏差可能会使新能源汽车的消费促进政策"悬而未决"。Greene 等（2014）揭示，由于经济转型期新能源汽车政策的不相容性，消费者对新能源汽车的政策认知普遍较低，政策发布者与消费者之间存在信息不对称。Lou 等（2017）揭示了潜在消费者对新能源汽车政策认知不足，不同地区消费者政策认知存在差距。Sang 和 Bekhet（2015）认为，大多数消费者知道政策干预了新能源汽车的推广，但并不了解政策干预的内容和价值。Fan 和 Chen（2022）构建了考虑消费者偏好的网络演化博弈模型，通过数值模拟发现，消费者对政策的信息认知显著促进了电动汽车的扩散。

在国内研究方面，黄鲁成等（2019）基于网络信息的公众感知挖掘方法，发现公众更为关注与自身利益相关的政策话题，在公众感知的所有话题中"补贴"、"双积分"、"购置税"及"租赁"是公众感知的焦点政策。赵菲菲等（2020）通过实证研究发现在新能源汽车政策方面，公众对政策的关注偏向衡量自身获利的多少，而网络媒体报道更多的是以描述政策传递信息为主，当下网络媒体报道的议题与社交媒体上公众对有关公共政策的关注焦点之间存在较大偏差。王超等（2021）基于扩展的计划行为理论构建了购车行为决策模型，结果表明：消费者对政策的态度作为一种外部驱动因素，其预测消费者购买新能源汽车的效果更显著。李创等

（2020）通过对河南洛阳四个县区进行问卷调查，结果表明：潜在消费者通过消费促进政策感知风险和价值，进而对购买意愿产生影响。

3. 公共采购

公共采购可以通过示范效应有效减少消费者的信息不对称，提升公众对政策的认识。Bakker 和 Trip（2013）讨论了城市可能采取的刺激电动汽车使用的政策措施的有效性、效率和可行性，认为政府采购将向潜在的电动汽车用户释放出强烈的信号，有利于新能源汽车的有效推广。Filippa 和 Lina（2018）利用瑞典 2010—2016 年的面板数据估算当地政策工具对电动汽车份额的影响后发现，增加电动汽车的公共采购数量会提高其采用率，在城市中这一作用尤其明显。Liu 等（2020）利用 2009—2015 年中国 44 个试点城市的样本实证研究了公共部门新能源汽车的采购对个人购买意愿的影响，发现政府购买能够产生良好的示范效应，显著提高了个人购买新能源汽车的意愿。此外，公共采购的示范效果取决于公共车辆的类型，在鼓励消费者购买方面，商用电动汽车的公开展示比电动公交车更有效。

熊勇清等（2018）选取了 72 家新能源汽车制造商作为研究样本，实证得到"政府采购"相较于"消费补贴"在激励制造商生产经营的过程中更为有效的结论。李晓敏等（2020）基于 2010—2017 年中国 20 个省份新能源汽车销量的面板数据，构建多元回归模型，发现一个地区新能源汽车的采购数量每增加 1%，该地区新能源汽车的市场份额预计会增加 0.463%。武威和刘玉廷（2020）实证发现整体上政府采购体现出支持企业自主创新的政策功能。熊勇清和王溪（2021）基于 2007—2019 年中国新能源汽车板块上市公司的面板数据，运用倾向得分匹配法得到政府采购对新能源车企技术创新具有显著的正向影响。熊勇清等（2022）采用多期双重差分模型发现政府采购政策对不同新能源车企规模扩张和创新发展都有促进作用，并且对创新发展的促进作用要高于规模扩张。

（六）消费者个人经济社会特征

1. 性别、年龄、教育、职业、收入

个人经济社会特征包括性别、年龄、教育、职业、收入等方面的信息，是消费者的本质特性，是影响消费者市场接受度的决定性因素（王宁等，2015）。在国外文献方面，Knez 等（2014）通过调查 700 名斯洛文尼亚的消费者发现年龄大的被调查者更愿意选择新能源汽车。Rezvani 等（2015）总结了电动汽车的采用行为，指出电动汽车需求受社会人口统计因素（消费者的个人信仰、个性、感知或情绪）的影响很大。对电动汽车感兴趣的人多是中年人（Musti and Kockelman，2011）、男性（Rasouli and Timmermans，2016）、有较高的教育水平（Hackbarth and Madlener，2013）、全职工作（Plotz et al.，2014）、收入中等以上（Musti and Kockelman，2011）。Carley等（2013）在调查了美国大城市的车主对插电式混合动力汽车的市场接受度后发现高学历的消费者对电动汽车的接受度更强，教育水平是新能源汽车接受度的驱动力（Javid et al.，2017）。Sierzchula等（2014）在分析了30个国家和地区采用电动汽车的诱因后发现收入对新能源汽车市场份额的影响缺乏统计显著性，这可能是因为新能源汽车在总的汽车销量中所占的比重较低，而社会人口统计学变量（收入和教育水平）并不重要。还有研究表明，如果受调查者认识已经拥有电动汽车的人，那么这些受调查者购买电动汽车的意愿非常高。其他微观层面的因素（如年龄和教育程度）也有显著影响，但影响程度较低。Zhao等（2019）在上海进行问卷调查，使用结构方程模型分析发现：消费者的同伴效应对新能源汽车的推广有重大影响，同时，年轻、高收入、高学历和居住在市中心的消费者更愿意选择新能源汽车。

国内学者也有许多相关研究。张连刚（2010）以人口统计变量为调节变量进行了多群组分析发现，文化程度高、女性、高收入群体更易产生绿色产品购买动机。徐国虎和许芳（2010）通过对4S汽车销售店客户和驾校学员进行问卷调查，实证分析得到消费者年龄与其购车意愿呈负相关。殷正远和王方华（2013）通过问卷调查发现，年龄、学历、环保行为是新能源汽车购买意愿的显著影响因素。王宁等（2015）网络调研1071名私家车车主，结果发现对新能源汽车接受度较高的潜在消费者的特征是本科学历、家庭平均年收入为15万—30万元、对电动汽车比较了解和试驾过电动汽车。李创等（2021）基于对河南洛阳四个县区的调研数据，运用结构方程模型发现，在不同群体间，收入和教育背景对新能源汽车购买意愿的调节作用比较明显。孙晓华等（2018）还指出周围亲朋使用电动汽车的比例能显著增强消费者的购买意愿。然而，收入和受教育水平提高并不总是提高消费者的购买意愿或者提升新能源汽车市场需求。石红波等（2014）在以威海市为例的新能源汽车市场调研中发现，在已有或计划购买新能源汽车的消费者群体中，随着收入的增加，购买意愿反而降低。

2. 环保意识

环保意识是另一个值得关注的个人经济社会特征。环保意识指消费者对环境问题的关注度和内心的警觉（于伟，2009），反映了消费者对环境保护的认知水平（Zhao et al.，2019；Wu，2019），环境认知水平对绿色购买行为有显著的正向影响（张连刚，2010），同样影响着新能源汽车的购买意愿和行为。Axsen和Kurani（2011）发现消费者的社会责任感、环保意识和支持国家发展的意愿越强，越倾向选择新能源汽车，消费者的环保意识与购买新能源汽车的偏好呈正相关关系，环保人士比非环保人士更倾向购买电动汽车（Kahn，2006；Hidrue，2011）。Su等（2020）以335名新能源汽车早期驾驶人为研究对象，采用缓和递阶线性回归分析法（MHLRA）进行分析。实证结果显示，环境保护意识可能会在用户对新能源汽车的满意度方面有一定的积极影响。Rotaris等（2021）在对意大利和斯洛文尼亚的消费者的购买决策进行研究后发现，环保意识对电动汽车的选择具有积极影响，并且女性比男性影响更大。

马亮等（2017）建立了一个新能源汽车绿色度、政府补贴和准入限制的三阶段博弈模型，结果表明消费者环保意识的提升，能促进新能源汽车产业的快速发展。王超等（2021）等利用西安的数据分析政府推广政策对新能源汽车购买意向的影响，结果表明：消费者在感知到较高的环境意识时，会表现出较高的态度、主观规范、知觉行为控制，进而影响新能源汽车的购买。王璐等（2022）基于复杂网络演化博弈模型得到绿色消费者比例的增加能够促进新能源汽车的扩散，建议政府应该通过制定激励机制促使消费者环保意识的觉醒。

然而，消费者的高环保意识与新能源汽车的高销量之间是否有确定的直接关系还有待于进一步考察。Kishi和Satoh（2005）调查了东京和札幌的人们购买低污染汽车的意识，虽然札幌市的居民对环境很关注，但这种关注实际上并没有鼓励他们购买低污染汽车，当涉及电动汽车的采用时，消费者的环境友好态度和他们的实际行为之间存在差距。同样地，Lane和Potter（2007）、Egbue和Long（2012）认为对于消费者而言，环保主义通常不如车辆成本和性能属性重要。

还有研究从符号意义（symbolic meanings）的角度探讨了电动汽车采用意愿的影响因素，并从消费者自我认同和传统文化价值（面子意识）的角度探讨了符号意义影响采用意愿的边界条件。Liu等（2021）认为：①电动汽车的地位符号、环保符号和创新符号对消费者的采用意愿有显著的正向影响；相较于地位符号，环保符号和创新符号的影响力更强。②环保主义者自我认同正向调节环保符号对采用意向的影响。③创新符号对采用意向的影响受创新者自我认同的正向调节。④创新符号对采用意向的影响受面子意识的正向调节。

通过以上文献回顾，可以发现影响新能源汽车购买意愿和购买行为的因素是多样的、复杂的，并且各因素之间互相影响、互相制约，但我们还是能够把众多互相交织的影响因素分为六大方面：经济因素、产业政策、车辆性能（技术因素）、充电基础设施、认知因素、消费者的个人社会经济特征。

三 文献述评

现有文献关于新能源汽车销量的影响因素的实证研究不足。由于新能源汽车行业缺少综合的市场需求数据，现有文献多是基于问卷调查的方法来研究新能源汽车推广的影响因素，基于宏观销量数据方面的实证研究不足。此外，基于问卷调查数据的实证研究虽然在一定程度上反映了新能源汽车推广的影响机制，但是根据经济学的显示性偏好理论，问卷调查数据并不能反映消费者的真实偏好，宏观的销量数据更能准确反映消费者的真实需求，问卷调查研究容易出现数据失真影响结论的可靠性。

当前关于推广政策效果考察的实证研究主要是基于国家层面的论证，省级、市级的地域差异研究不足，而且国外对于新能源汽车推广障碍的研究成果远远多于国内。目前，国内学者只有熊勇清等（2019）基于中国88个新能源汽车推广示范城市的数据，从地区消费能力和交通状况两方面考察了推广政策效果的地域差异。当前文献在国内新能源汽车推广政策效果地域差异的定量研究方面存在很大不足。此外，关于政策效果差异产生的经济社会根源，不同经济社会因素对推广政策效果的影响机制还缺少系统理论的剖析和阐释。

技术进步对新能源汽车需求的影响研究尚不够深入。当前关于新能源汽车技术创新的研究主要集中在技术创新的诱发层面，少有文献从技术创新成果转化层面考察新能源汽车技术创新对新能源汽车销量的影响。即使有少量文献考察了技术创新对新能源汽车销量的影响，但是他们都没有区分不同类型的技术进步（电池、电驱、电控）对新能源汽车推广的影响差异；不仅如此，现有文献还忽视了技术进步对不同类型新能源汽车（纯电动汽车和混合动力汽车）需求的影响差异。

学界关于政府采购效果的实证研究也非常匮乏。事实上，除高成本、高价格及对充电基础设施的依赖等推广障碍，市场信息不完全和消费者的有限理性同样会导致新能源汽车扩散速度缓慢，政府及公共机构采购政策在克服不完全信息和有限理性障碍时也发挥着不可替代的作用。此外，政府和公共机构在公共领域采购新能源汽车还能够对私人消费产生良好的示范效应。国内学者只有熊勇清等（2022）从供给方面考察了政府和公共机构采购在弥补高成本、高价格劣势及激励企业提高供给水平方面的效果。

当前的研究忽略了可再生能源和地区气温对新能源汽车推广的影响。从可再生能源和地区气温视角的探索性研究，不仅可以完善新能源汽车发展的理论和实证研究，而且有助于发现新能源汽车发展中可能被遗漏的现实阻滞，并指出相应的突破路径。

第三节 选题的理论意义和现实意义

一 理论意义

新能源汽车作为一个新兴的产业，其发展历史还比较短，直到2010年新能源汽车在世界范围内才得到大范围的商业化推广。当前新能源汽车相关方面的数据统计还不够系统完善，关于新能源汽车发展的理论研究还处于初始阶段，新能源汽车发展的经济学理论研究体系还未形成。另外，先前对新能源汽车发展的障碍和影响因素的研究都是零碎的、分散的、不系统的。本书第一次把新能源汽车发展面临的阻滞和影响因素纳入一个统一的经济学分析框架中，基于经济学需求理论和消费者购买车辆行为的效用函数，构建了新能源汽车推广的理论分析框架，尝试对中国新能源汽车发展的突破路径提出建议。本书对深化经济学中的需求理论、效用理论、外部性理论和示范效应理论等具有一定的理论价值。具体理论价值表现在以下六个方面。

第一，加深了战略性新兴产业政策理论研究的维度和深度。新能源汽车作为具有代表性的战略性新兴产业，其产业扶持政策还有许多缺陷和不足。本书基于经济学外部性理论分析新能源汽车产业扶持政策存在的合理性，量化评估新能源汽车推广的政策效果，剖析政策效果的地域差异成因，有助于找出中国新能源汽车产业政策在制定和实施过程中的不足和缺陷，总结新能源汽车产业政策制定的特点和规律，为新能源汽车产业政策的制定与设计决策提供理论基础和现实依据，加深了中国战略性新兴产业政策理论研究的维度和深度。

第二，再次审视了创新和需求的关系。长期以来，学者关于创新引致需求还是需求引致创新的争论从未停止过。本书以新能源汽车行业为研究对象，基于熊彼特创新诱导理论分析了新能源汽车技术进步决定市场需求的可能性，结合中国新能源汽车推广的现状，采用15个国家新能源汽车销量和专利数量的面板数据以及中国新能源汽车销量和专利数量的月度数据考察了技术创新对新能源汽车销量的影响，从新能源汽车行业为技术创新引致市场需求寻找了新的经验证据。

第三，丰富了间接网络效应的理论内涵。充电设施和新能源汽车需求之间的关系类似于"鸡与蛋"，究竟是谁先谁后一直存在争论。Yu等（2016）的研究认为，充电设施与新能源汽车需求之间"鸡与蛋"式的启动难题是新能源汽车发展缓慢的重要原因。一些学者将这种关系界定为间接网络效应。间接网络效应理论认为消费者的效用随着互补品数量和质量的增加而提高，因此，充电设施的规模影响消费者对新能源汽车的购买意愿。本书基于间接网络效应理论考察了充电设施对新能源汽车需求的影响，用间接网络效应理论来解释充电设施对新能源汽车需求的作用机制，丰富了间接网络效应在新能源汽车行业的理论研究。

第四，拓展了政府采购的政策内涵以及示范效应的理论和经验研究。长期以来，政府采购作为世界各国政府支持创新的政策，得到了许多学者的重视和关注。既有研究重点关注了政府采购的技术创新功能，少有研究深入分析并量化评估政府采购对私人消费的示范效应。本书从创新扩散的视角讨论了新能源汽车政府采购促进私人消费的作用机制，并且基于中国20个省份的面板数据考察了政府采购的示范效应，不仅拓宽了政府采购的政策内涵，重新审视了政府在创新扩散中的角色和作用，而且丰富了示范效应的理论和经验研究。

第五，发展了可再生能源与新能源汽车协同发展理论。随着新能源汽车与能源、交通、信息通信全面深度融合，新能源汽车与电网（V2G）能量互动更加频繁，促进新能源汽车与可再生能源高效协同发展变得更加迫切。使用可再生能源为新能源汽车充电是减少碳排放的关键策略，此外，V2G技术的发展使新能源汽车的广泛应用能够有效缓解电网高峰负荷。因此，可再生能源对新能源汽车推广的影响研究不仅有助于拓展可再生能源与新能源汽车协同发展理论，而且还能为可再生能源与新能源汽车协同发展提供经验依据。

第六，开创性地探讨并检验地区气温对新能源汽车推广的影响机制。虽然中国新能源汽车产业在近十年来总体上取得了巨大的发展成果，但发展的地区差异巨大，尤其在东北、西北、海南等高寒或炎热地区的市场推广效果不佳。鉴于此，本书首次利用中国20个省份2010—2018年新能源汽车销量的面板数据，探讨并检验气温对新能源汽车推广的影响机制，不仅丰富了气候对耐用品消费的相关研究，而且从气温和气候条件角度解释了新能源汽车推广效果存在地域差异的成因。

二　现实意义

发展新能源汽车是道路交通领域实现绿色转型和构建生态文明体系支撑经济高质量发展的内在要求，是落实碳达峰、碳中和任务的战略举措。目前，全球大概25%的二氧化碳是来自内燃机汽车的尾气，新能源汽车不燃烧汽油和柴油，主要靠使用电力充电助力，具有较好的环保性能。大力发展新能源汽车产业不仅可以减少中国对国外石油的依存度，缓解经济增长的能源需求与化石燃料枯竭的矛盾，而且可以降低汽车尾气排放和环境污染。因此，加快发展新能源汽车产业，不仅关系到汽车工业的转型升级，而且事关生态文明建设的战略全局。从生态安全视角谋划新能源汽车产业的布局规划，不仅体现了可持续发展的内在要求，更决定了中国是否能在推动构建人类命运共同体中发挥出应有的责任担当。本书对新能源汽车产业政策的制定、技术研发的方向、充电桩等新型基础设施建设的重点、政府和公共机构率先购买新能源汽车、V2G技术在智能电网中的运用及根据气候条件推广新能源汽车，都具有重要的现实意义。具体应用价值表现在以下六个方面。

第一，量化评估新能源汽车产业政策的效果有利于为中国后续政策的制定和调整提供依据。准确量化评估以往支持政策对新能源汽车推广的效果，不仅有利于中国政府在后补贴时代选择最优的补贴"退坡"速度，为产业支持政策体系的调整和优化提供经验和依据，而且能够有序推进中国新能源汽车发展由补贴驱动向市场驱动转变，实现新能源汽车产业的持续健康发展。

第二，实证研究技术进步对新能源汽车推广的影响，不仅从实践上为中国新能源汽车的推广与产业技术路线的制定提供了经验上的证据和依据，推动依靠科技创新破解绿色发展难题，而且从方向上明晰了在电池、电机和电控三类技术中，其中电池技术应该是当前技术创新的重点方向。此外，与混合动力汽车相比，纯电动汽车的推广更加依赖技术创新。

第三，研究政府采购对新能源汽车的示范效应，对带动和扩大新能源汽车消费具有十分重要的现实意义。由于新能源汽车技术本身的强公益性和弱经济性，发展新能源汽车是典型的"公共理性行为"，需要政府的示范引导才能推动其商业化。特别是在新能源汽车的市场导入期，信息不完全和有限理性的存在导致消费者对其了解较少，感知风险较强，购买意愿较低。政府采购能够缓解信息不完全和有限理性带来的认知障碍，从而提高消费者的购买意愿。政府采购实质上就是通过政府的公共消费行为来示范引导个人消费行为，培育激发新能源汽车产业的消费需求。

第四，实证研究充电设施的可见度、可用性及充电时间对新能源汽车推广的影响，不仅有助于提高充电设施的利用效率，正确把握充电技术创新的路线，而且有助于新能源汽车产业的培育和高质量发展的实现。充电基础设施作为新能源汽车的互补品，在很大程度上决定着新能源汽车的扩散速度。广泛分布的充电基础设施能够缓解消费者的里程（范围）焦虑，从而增加消费者在新能源汽车上的使用效用并促进新能源汽车的普及。然而，充电设施与新能源汽车需求之间"鸡与蛋"式的启动难题阻碍了新能源汽车产业的发展。因此，发挥与充电基础设施相关的间接网络效应能够加快新能源汽车产业的培育和发展。

第五，可再生能源与新能源汽车之间的协同发展有利于V2G技术在智能电网建设中的应用。传统电网系统难以克服实际用电负荷的波动性与发电机组额定工况下所要求的用电负荷稳定性之间的矛盾，处理电力系统的峰谷差一直是传统电网企业最难以解决的问题。基于V2G技术的应用，消费者通过可再生能源发电和电网系统给新能源汽车充电时，可以选择在电网的用电低峰期充电（电价低），在电网的用电高峰期把电动汽车电池中的电量输入电网—卖电（电价高），从而赚取"差价"。居民基于"经济动机"的充电—卖电行为在客观上可以起到削峰填谷的作用。与无数新能源汽车用户"买"电和"卖"电行为连接起来的电网就具有一定的自我调节能力（以下简称智能电网）。在智能电网中，电力系统的发、输、配、售、用及调度等各个环节能够形成有效的互动，成为一个智能化的有机整体，进而大大地提高了电力系统的安全性和可靠性。

第六，研究地区气温对新能源汽车推广的影响对中国地方各级政府及相关部门制定符合本地区气候条件实际的新能源汽车产业政策具有重要的现实启示。温度作为一种重要的自然要素禀赋，决定了不同地区新能源汽车推广的比较优势。在推广新能源汽车方面，部分地区由于缺乏合适的自然要素禀赋而存在天然的温度约束和比较劣势，如中国的东北地区。因此，在目前的技术水平下，地方政府应该根据当地的气温条件设定其新能源汽车推广的规模、增速目标和重点车型。

第四节　研究思路与研究方法

一　研究思路

在推动经济社会全面绿色转型与探索生态强国发展道路的背景下,本书旨在厘清当前新能源汽车发展面临的阻滞,并运用经济学理论和方法量化研究新能源汽车推广的影响因素,在此基础上指出中国新能源汽车持续健康发展的突破路径。研究脉络是沿着"现状分析—规范研究—实证研究—结论和政策建议"进行的,研究思路首先在回顾相关文献和分析新能源汽车发展现状的基础上,基于经济学中的需求理论,拓展 Berry 等(1995)、Diamond（2009）、Beresteanu 和 Li（2011）、Filippa 和 Lina（2018）提出的消费者购买车辆行为的效用函数,并构建影响新能源汽车需求的理论框架。其次,对各影响因素和新能源汽车需求之间的因果逻辑进行深入挖掘,通过计量经济学的回归分析,识别并量化研究各影响因素对新能源汽车销量的影响。最后,根据回归分析结果对新能源汽车发展的突破路径提出建议。本书技术路线如图 1-1 所示。

首先,在经济学需求理论的框架下,对新能源汽车推广的影响因素进行文献回顾。其次,结合新能源汽车发展现状总结新能源汽车推广的综合障碍机制及构建新能源汽车推广的影响机制和理论框架。再次,从第四章到第九章,各章分别研究产业政策、技术水平、基础设施、政府采购、可再生能源和地区气温对新能源汽车销量的影响。最后,第十章总结本书研究结论,并对中国新能源汽车产业的高质量发展提出政策建议。

第一章绪论。目前中国新能源汽车销量已跃居世界第一,但 2020 年市场份额仅为 5.4%,这与中国政府规划到 2025 年达到 20% 的远景目标仍相差甚远。那么,在加快经济社会全面绿色转型与着力推动高质量发展的背景下,当前中国新能源汽车发展面临哪些阻滞?哪些因素影响了新能源汽车的进一步推广?未来新能源汽车发展的突破路径是什么?针对这些问题,对研究的理论意义、现实意义、研究思路、研究框架、研究方法、创新点和不足等给予了说明。

第二章新能源汽车发展现状分析。从全球新能源汽车产业、中国新能源汽车产业、中国不同省份的新能源汽车产业、中国新能源汽车上市公司、新能源汽车车型五个方面来分析新能源汽车产业的发展现状。

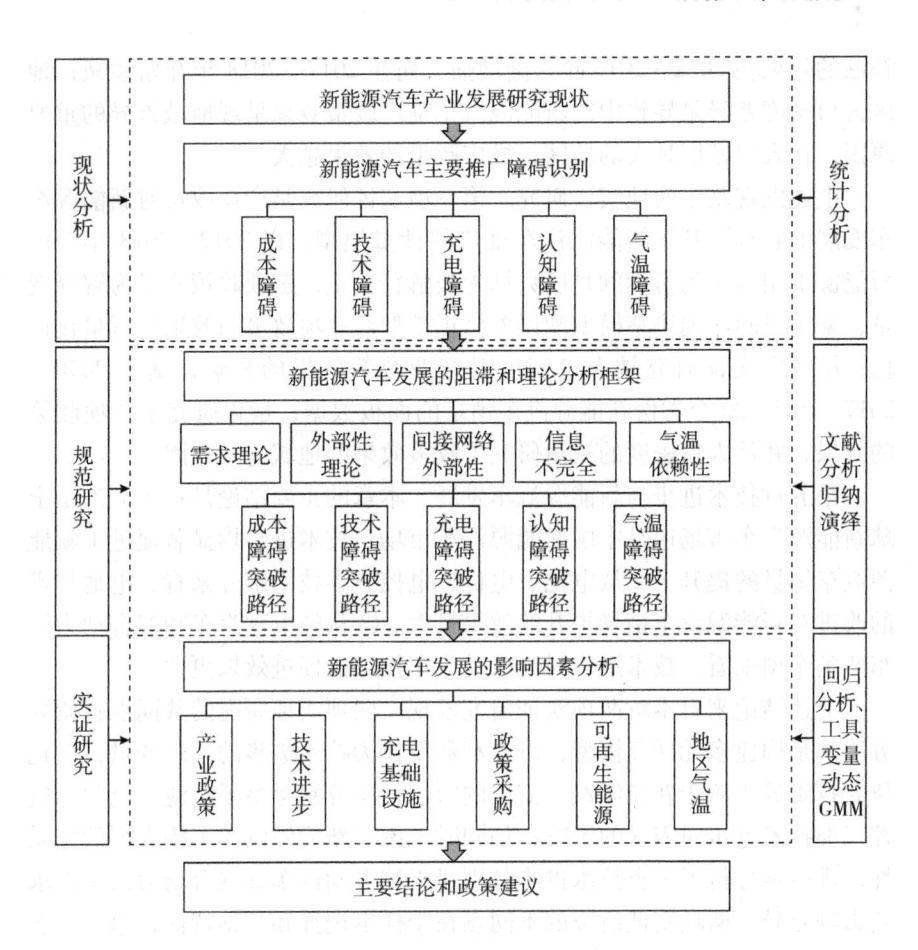

图 1-1 本书技术路线

第三章新能源汽车发展的阻滞和理论分析框架。首先，在新能源汽车产业特征的基础上结合问卷调查法总结出中国新能源汽车发展面临的五大障碍；在此基础上从产业政策、技术进步、充电基础设施、政府采购、可再生能源发电和地区气温六个方面探寻新能源汽车产业高质量发展的突破路径。其次，基于经济学的需求理论，结合新能源汽车需求的影响因素，拓展了 Berry 等（1995）、Diamond（2009）、Beresteanu 和 Li（2011）、Filippa 和 Lina（2018）提出的消费者购买车辆行为的效用函数，并构建了本研究中新能源汽车推广的理论分析框架和基准计量模型。

第四章产业政策与新能源汽车发展。本章研究的主要发现是：中国对新能源汽车实施的购买补贴、购置税减免和不限行不限购三项政策对加快新能源汽车推广都产生了积极的作用，其中，财政补贴的效果最大；财政补贴的效果在 2012—2016 年逐渐增强，而在 2017—2018 年开始递减；地区人口密度差异是导致中国新能源汽车推广政策效果呈现地域差异的重要原因，在人口密度越大的地区，推广政策的效果越大。

上述发现基于两项实证研究。第一项实证研究是产业政策对新能源汽车发展的影响，基于新能源汽车推广的计量模型，以 2012—2018 年中国新能源乘用车市场份额的月度数据为被解释变量，三项政策变量为解释变量，采用时间序列协整模型和误差修正模型对三项政策的效果进行量化评估；第二项实证研究是人口密度对产业政策效果的影响，基于 2010—2017 年中国 20 个省份新能源汽车销量的面板数据，量化研究了三项政策的效果，并从人口密度的视角研究了政策效果的地域差异成因。

第五章技术进步与新能源汽车发展。本章的主要结论是：①无论是全球新能源汽车市场还是中国新能源汽车市场，技术进步均显著促进了新能源汽车销量的提升。②从电池、电机、电控三类技术细分来看，电池技术的改进对新能源汽车销量提升的效果最大。③从纯电动汽车和混合动力汽车两类车型来看，技术进步对纯电动汽车推广的促进效果更大。

上述结论来自本章两项实证研究发现。两项实证研究的共同点：研究方法都是构建多元回归模型，以专利数量作为技术进步的代理变量，量化研究技术进步对于新能源汽车需求的影响；均分别考察了电池、电驱、电控三类技术进步对需求的影响；均同时考虑了新能源汽车车辆类型的异质性，进一步分析了三类技术进步分别对于纯电动汽车和混合动力汽车需求的影响差异。两项实证研究的不同点在于样本选择和数据特征，第一项实证研究是基于全球 15 个主要国家 2011—2017 年新能源汽车年度销量的面板数据进行的，第二项实证研究是利用中国 2012—2019 年新能源汽车月度销量的时间序列数据开展的。

第六章充电基础设施与新能源汽车发展。本章运用中国 2010—2018 年 20 个省份的面板数据得出以下结论：控制其他变量后，充电桩总量的增加显著提高了新能源汽车的销量；考虑到充电桩和新能源汽车之间存在类似"先有鸡还是先有蛋"的问题，使用居民住宅投资和住宅施工完成面积作为工具变量来处理内生性问题，结果显示以上结论依然成立；进一步来看，充电桩可用性、可见度和充电速度的提高均显著增加了新能源汽车的销量。

第七章政府采购与新能源汽车发展。本章基于中国 2010—2018 年 20 个省份的面板数据，研究发现：①政府采购在带动新能源汽车私人消费方面具有显著的示范效应，但示范效应的发挥存在时滞，地区上一年政府采购的新能源汽车数量每增加1%,该地区当年新能源汽车的私人购买量就会增加0.314%。②政府采购的示范效应存在门槛效应,只有当该地区政府采购新能源汽车的数量超过一定的门槛值时,示范效应才能凸显。③政府采购的示范效应受到新能源汽车技术水平的显著影响,新能源汽车的技术水平越高,政府采购的示范效应越好。

第八章可再生能源与新能源汽车发展。首先,可再生能源和新能源汽车具有高度的技术互补性。一方面,可再生能源发电具有间歇性、不连续性的特点,难以储存;另一方面,新能源汽车电池作为能量储存的载体,可以把可再生能源发电储存,通过智能电网平复用电的高峰和低谷。Axsen和Kurani(2013)针对消费者做了一项调查发现,如果电力来自可再生能源,那么新能源汽车需求将增加23%。也就是说,当电力来自可再生能源时,消费者具有购买新能源汽车的"环保动机"。其次,消费者通过可再生能源发电和智能电网系统给新能源汽车充电时,可以选择在电网的用电低峰期充电(电价低),在电网的用电高峰期把新能源汽车电池中的电量输入电网—卖电(电价高),从而赚取"差价",因此,消费者具有购买和使用新能源汽车的"经济动机"。基于"环保动机"和"经济动机",笔者首次提出重要假设:可再生能源发电占比越大,该国消费者对于新能源汽车的需求越大。最后,笔者运用2010—2015年14个国家的面板数据,并使用煤炭消费占比(一国的能源结构)作为可再生能源发电的工具变量,证实了上述假设并得出本章的核心结论:①可再生能源发电比例提高一个百分点,将导致该国新能源汽车需求大约增加2%。②可再生能源和新能源汽车应该协同发展。

第九章地区气温与新能源汽车发展。本章利用中国20个省份2010—2018年新能源汽车销量的面板数据,探讨并检验气温对新能源汽车需求的影响机制,从气温和气候条件角度解释了新能源汽车推广效果存在地域差异的成因。研究发现:首先,地区气温显著影响新能源汽车的销量,中国新能源汽车地区推广差异的1.5%—2.7%可以由地区气温差异来解释。其次,新能源汽车销量随地区气温变化呈现出倒"U"形变化趋势,低温和高温均不利于新能源汽车的推广应用。最后,气温对不同类型新能源汽车销量的影响具有异质性,与混合动力汽车相比,低温和高温对纯电动汽车销量的负面影响更大。

第十章主要结论和政策建议。在以上各章结论的基础上,本章对中国新能源汽车产业的高质量发展提出政策建议:①优化产业政策体系。②加快技术创新。③完善充电基础设施。④加强宣传示范和引导。⑤制定差异化的发展目标和激励政策。

二 研究方法

本书的研究方法主要有文献分析法和归纳演绎法、数学统计和计量分析方法、比较研究和系统研究方法。

（一）文献分析法和归纳演绎法

文献分析法主要是分析和总结当前新能源汽车发展面临的阻滞及影响因素，梳理和界定影响新能源汽车推广的主要解释变量，总结新能源汽车推广的综合障碍机制。归纳演绎法主要是用于新能源汽车推广的理论机制和分析框架的构建。基于经济学需求理论框架，拓展了 Berry 等（1995）、Diamond（2009）、Beresteanu 和 Li（2011）、Filippa 和 Lina（2018）提出的消费者购买车辆行为的效用函数，归纳演绎得到新能源汽车推广的理论分析框架。

（二）数字统计和计量分析方法

数学统计用来分析新能源汽车发展的现状和问题。时间序列协整回归和误差修正法用来量化中国产业政策（购置补贴、购置税减免、限行限购）的效果。计量经济学中的多元回归分析用来考察技术进步、充电基础设施、政府采购和可再生能源对新能源汽车推广的影响。工具变量法、动态 GMM 用来解决处理充电基础设施、可再生能源与新能源汽车销量的内生性问题。

（三）比较研究和系统研究方法

比较研究和系统研究方法主要用于研究新能源汽车产业现状。将全球新能源汽车产业与中国新能源汽车产业发展现状进行对比分析，同时对近年来中国各个省份新能源汽车产业、中国新能源汽车上市公司、新能源汽车车型发展的现状进行系统梳理，从横向与纵向两个层面对中国新能源汽车产业发展现状进行深刻剖析及总结。

第五节 创新和不足

一 创新

（一）理论上的创新

一是基于外部性理论阐述了新能源汽车产业支持政策的必要性，从人口密度的视角剖析了推广政策效果的地域差异成因。二是根据熊彼特的

"创新诱导需求"理论分析技术进步对提升新能源汽车市场需求的作用机制。三是探讨了充电设施的间接网络效应对于新能源汽车推广的作用机制。四是从创新扩散的视角阐述政府采购对新能源汽车私人消费产生示范效应的影响机制。五是分析了可再生能源发展对新能源汽车推广的理论机制。六是探讨了地区气温对新能源汽车推广的影响机制。

(二) 方法上的创新

本书找到了有效的工具变量解决新能源汽车销量和充电桩数量的内生性问题，以及新能源汽车销量和可再生能源发电的内生性问题。现有研究虽然考察了充电桩数量和可再生能源发电对新能源汽车销量的影响，但较少文献找到有效的工具变量去解决因变量和自变量之间互为因果导致的内生性问题。本书采用各省份城镇居民住宅投资和住宅面积作为充电桩的工具变量来处理内生性问题，把煤炭消费在能源消费中的占比（能源结构）作为可再生能源发电的工具变量。

二 不足

本书第八章初步研究了可再生能源对新能源汽车推广的影响，但对二者之间协同发展的理论基础和现实经验有待于进一步拓展和丰富，未来需要结合中国的现实做更深入的理论和经验研究。第四章至第九章的实证研究主要采用的是中国省际面板数据，随着市级统计数据的丰富和完善，未来的研究应该深入城市一级的数据来展开。

第二章 新能源汽车产业发展现状分析

　　减少碳排放是国际环境会议的中心话题，其中著名的有哥本哈根世界气候大会，会上发达国家承诺筹资帮助发展中国家减排；在巴黎召开的第21届联合国气候变化大会（COP21），会议的核心是控制碳排放，减少对化石燃料的依赖。众所周知，减少汽车尾气的排放是节能减排的中心环节，而既满足居民的出行需求又兼顾减少碳排放量的选择是找到燃油汽车的替代品，最完美的替代品就是新能源汽车。据测算，中国纯电动汽车单车平均从油井到车轮（含能源开采、运输、发电和电力传输）的二氧化碳排放量，比燃油汽车低35%（中国汽车工程学会，2018）。2021年国际能源署（IEA）发布的《全球电动汽车展望》指出，2020年全球新能源汽车销量突破300万辆，尽管全球汽车销量因疫情大流行而下降16%，但2020年电动汽车注册量增加了41%，全球新能源汽车销量约为300万辆（占4.6%的市场份额），保有量突破1000万辆，电动汽车市场仍保持着强劲的势头。同时，IEA还预测在可持续发展情景下，2030年全球电动汽车数量将达到2.3亿辆，市场份额占比为12%。迄今为止，已有17个国家宣布了"2050年100%零排放汽车目标"，逐步淘汰内燃机汽车，新能源汽车行业依然有光明的前景。为了全面研究新能源汽车产业的发展现状，本节将从全球新能源汽车产业、中国新能源汽车产业、中国不同省份的新能源汽车产业、中国新能源汽车上市公司、新能源汽车车型五个方面来分析新能源汽车产业的发展现状。

第一节　全球新能源汽车产业发展现状分析

　　2010年后新能源汽车在世界各个国家开始迅速推广，其型号也开始多样化，更重要的是，各国政府对于新能源汽车产业的支持和重视程度开始提高，新能源汽车产业开始飞速发展。

第一，全球新能源汽车保有量在 2010—2020 年迅速增加（见图 2-1），全球新能源汽车保有量不断上升，总体上呈现上升趋势，且保有量曲线越来越陡峭也证实了新能源汽车保有量的增速处在一个波动上升的过程中。其中，保有量增速最快的是 2018 年，保有量为 511.192 万辆，相对于 2017 年同比增长了 62.96%。最近的 2020 年全球新能源汽车保有量为 1000 万辆，比 2018 年同比增长了 95.62%，相当于 2010 年新能源汽车保有量的约 590 倍。

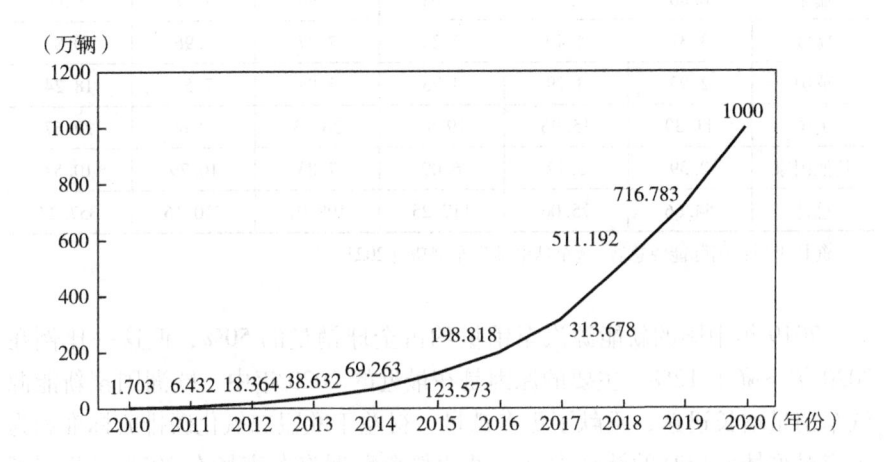

图 2-1　2010—2020 年全球新能源汽车保有量

资料来源：国际能源总署：《全球电动汽车展望（2021）》。

第二，从不同国家新能源汽车的销量来看，世界主要国家的新能源汽车销量和增速的差异仍巨大。表 2-1 列出了主要国家 2015—2020 年的新能源汽车销量。在 2015 年中国新能源汽车销量为 20.74 万辆，约占全球销量的 38%，位居世界第一，约是同期美国新能源汽车销量的 2 倍。2020 年，中国以 136.72 万辆位居世界第一，约占全球销量的 13.67%，而跟中国国土面积差不多的加拿大只有 5.12 万辆。

表 2-1　　　　　世界各主要国家 2015—2020 年新能源汽车
　　　　　　　（BEV、PHEV）销量数据　　　　　单位：万辆

国家	2015 年	2016 年	2017 年	2018 年	2019 年	2020 年
加拿大	0.68	1.23	2.28	4.53	5.06	5.12
中国	20.74	33.60	57.90	108.11	106.03	136.72

续表

国家	2015年	2016年	2017年	2018年	2019年	2020年
法国	2.30	9.55	3.76	4.67	6.14	18.23
德国	2.32	2.46	5.46	6.75	10.86	39.54
日本	2.47	2.47	5.41	4.98	3.89	3.67
韩国	0.33	0.50	1.46	3.49	3.19	4.22
荷兰	4.38	2.27	1.03	2.80	6.75	9.26
瑞士	0.86	1.34	2.04	2.90	4.07	9.53
挪威	3.37	4.49	6.23	7.27	7.96	10.85
英国	2.93	3.79	4.73	5.04	7.51	18.24
美国	11.39	15.96	19.84	36.13	32.66	29.67
其他国家	2.39	3.12	6.09	7.83	10.79	10.52
总计	54.66	75.06	117.25	198.01	210.16	357.27

资料来源：国际能源总署：《全球电动汽车展望（2021）》。

2019年中国的新能源汽车销量约占全球销量的50%，但这一比例在2020年下降了12%，主要的原因是在最近的2020年中，欧洲国家新能源汽车销量增长迅速，贡献了更多销量。得益于欧盟二氧化碳排放标准和为了应对疫情而提高的补贴力度，虽然整个欧洲汽车市场在2020年萎缩了22%，但欧洲新能源汽车的注册量仍在增加。2020年新能源汽车销量增加了一倍多，达到136.72万辆，占总销量的10%。其中，德国39.54万辆新车，法国18.23万辆。英国的销量数增加了一倍多，达到18.24万辆。挪威电动汽车的销售份额达到了创纪录的75%，比2019年增长了约1/3。电动汽车在瑞士超过30%，荷兰也达到了25%。

另一个值得注意的现象是，五年间，英国、美国、法国等老牌发达国家新能源汽车增速低于中国。五年间中国的新能源汽车销量呈现几何式增长，从2015年的20.74万辆迅速增长到2020年的136.7万辆，增幅约6倍，六年间同比增长率为559.18%，相比之下，美国、英国、法国三国新能源汽车销量在同一期间的同比增长率分别只有140%、348.72%、356.1%。但也有一些国家六年间销量的增速高于中国，如德国达到了1448%。总体上看，2015年至今，中国的新能源汽车销量已连续六年占据世界第一的位置，新能源汽车产业也成为推动全球新能源汽车产业发展的主要引擎。

第三，全球新能源汽车的销量和增速数据（见图2-2）显示新能源汽车销量一直保持增长态势。从 2015 年的 54.66 万辆五年内增长到 2020 年的 357.27 万辆，增幅约为 6.5 倍，同比增长率为 553.6%。

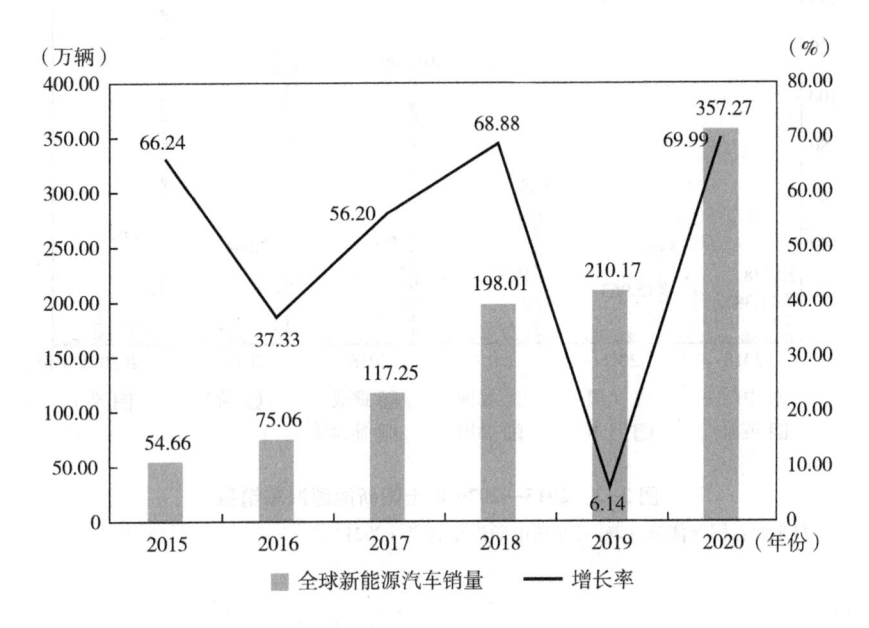

图 2-2　2015—2020 年全球新能源汽车销量与增长率

资料来源：国际能源总署：《全球电动汽车展望（2021）》。

新能源汽车销量增长率经历先下降后上升再下降三个阶段。其中，第一个阶段（2015—2016 年）增长率由 66.24%减少到 37.33%；第二个阶段（2016—2018 年）增长率由 37.33%增长到 68.88%，与 2015 年增长率水平相当；第三个阶段（2018—2020 年）增长率由 68.88%小幅度上升到 70%。另外，除 2019 年，其余年份增速均在 30%以上，增速最快的是 2020 年，增长了约 70%，增速最慢的是 2019 年，仅增长 6.14%，达到五年内最低水平，约为 2020 年增速的 1/10。

第四，中国、美国、德国、挪威、荷兰等十个有代表性国家的销量和市场份额数据（见图 2-3、图 2-4）显示，2015—2020 年，中国新能源汽车销量一直稳居世界第一的位置，而美国、德国同期销量分别排在第 2 位和第 3 位。然而，2015—2020 年新能源汽车市场份额最大的国家是挪威，排在第 2 位和第 3 位的是荷兰与瑞士，中国（5.8%）、美国（2.2%）、德国（13.8%）三国新能源汽车市场份额却不超过 15%，这与销量排名形成巨大差异。渗透率是反映市场份额的一个重要指标（乐为、

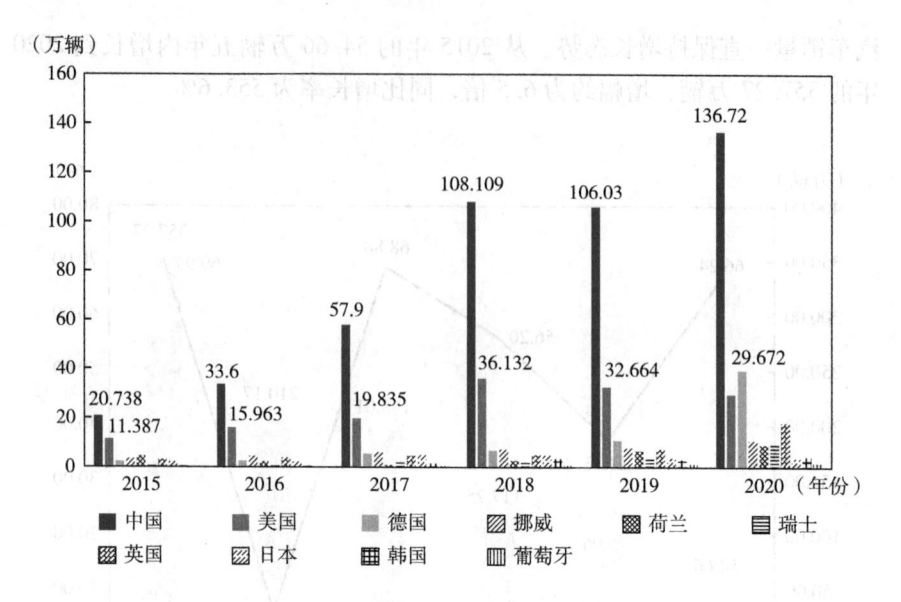

图 2-3　2015—2020 年十国新能源汽车销量

资料来源：国际能源总署：《全球电动汽车展望（2021）》。

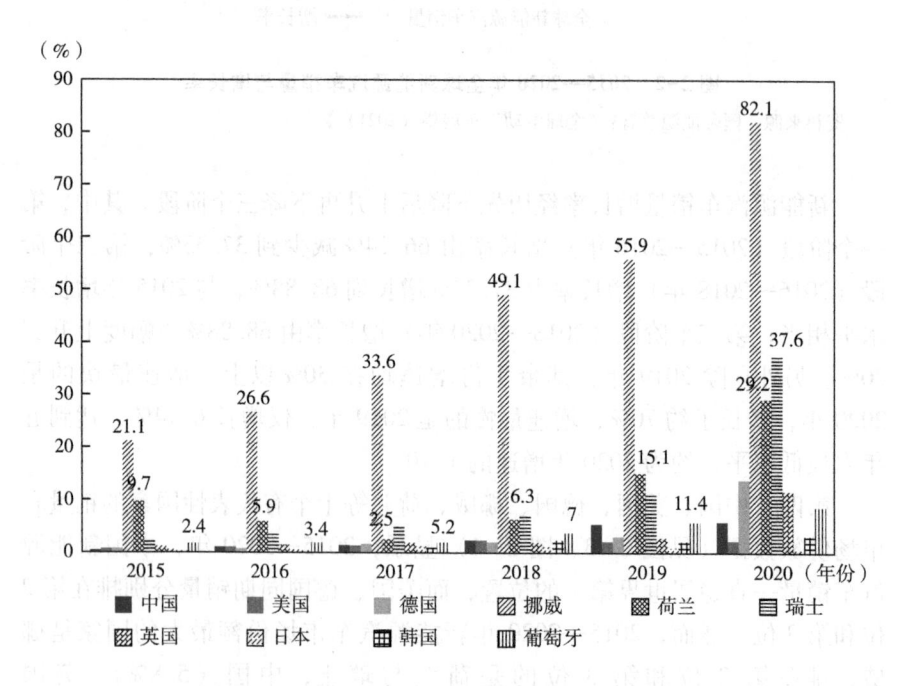

图 2-4　2015—2020 年十国新能源汽车市场份额

资料来源：国际能源总署：《全球电动汽车展望（2021）》。

何源，2019），差异现象一方面显示出中国、美国、德国三国新能源汽车销量虽然很高，但新能源汽车市场渗透率不高，而北欧部分国家新能源汽车市场渗透率相对较高；另一方面反映了全球的新能源汽车产业的发展存在不平衡、不充分的问题。

总体来看，不同国家直接销量和市场份额差异很大，全球的新能源汽车产业的发展存在不平衡问题；虽然新能源汽车销量增速较前期相比有所下降，但当前全球的新能源汽车产业仍处于快速发展的阶段。

第二节 中国新能源汽车产业发展现状

自2001年中国正式启动863计划电动汽车重大专项至今，中国新能源汽车行业经历战略规划期（2001—2008年）、导入期（2009—2015年）、成长期（2016年至今）三个发展阶段。在"十三五"时期，中国的新能源汽车的产销量快速增长，自2015年以来连续六年位居全球第一，累计推广超过570万辆，占全球50%以上，发展潜力巨大。

第一，截至2020年底，全国新能源汽车保有量达578万辆（见图2-5），占汽车总量的1.55%，与2019年底相比，增加197万辆，同比增长51.72%，新能源汽车增量连续三年超过100万辆，呈快速增长趋势。

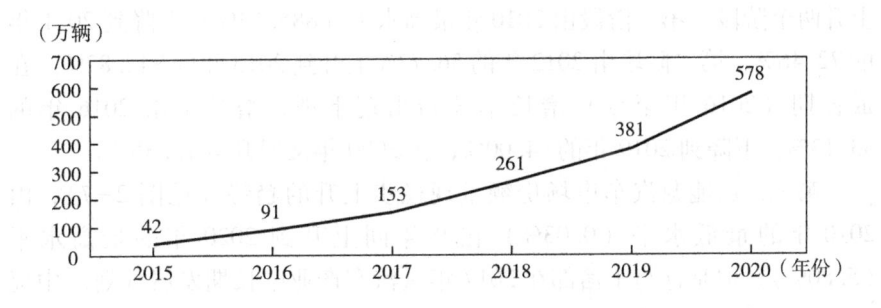

图2-5 2015—2020年中国新能源汽车保有量

资料来源：公安部交通管理局，https://www.mps.gov.cn/。

第二，中国的新能源汽车销量在2010—2018年呈现上升趋势（见图2-6），2010年新能源汽车销量仅0.473万辆，2015年新能源汽车销量达到33.11万辆，2018年销量首次突破100万辆，达到125.62万辆的历史最高水平，相对于2010年增幅约为265倍；在2019年，销量首次下降至

120.6万辆，但2020年新能源汽车产业一改颓势，销量继续突破新高上升至136.7万辆。

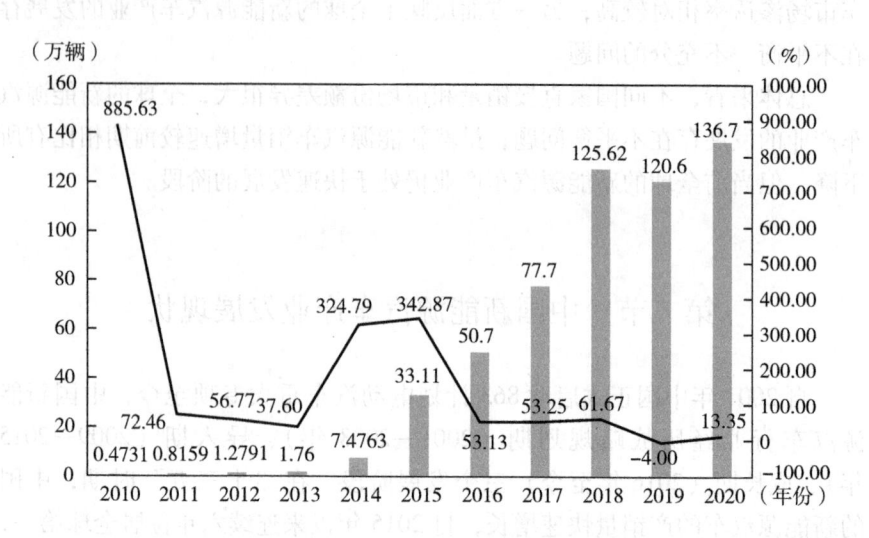

图2-6 2015—2020年中国新能源汽车销量

资料来源：中国汽车工业协会，http://www.caam.org.cn/chn/4/cate_39/list_1.html。

随着中国的新能源汽车保有量和销量不断提高，新能源汽车销量增长率呈现波动下降趋势。在导入期（2009—2015年）内，增长率存在下降上升两个阶段。第一阶段由2010年最高水平（885.63%）下降到2011年的72.46%，第二阶段由2012年的56.77%上升到2015年的342.87%。在成长期（2016年至今）增长率开始出现下滑，增长率由2016年的53.13%，下降到2019年的-4.00%，在2020年又回升至13.35%。

第三，新能源汽车市场份额呈现稳步上升的趋势（见图2-7），由2010年的最低水平（0.03%）在9年间上升到2020年的最高水平（5.80%），但是这与工信部在2017年《汽车产业中长期发展规划》中提出的2025年达到市场份额20%以上的目标还相差甚远。

市场份额增速呈现先上升后下降的趋势。造成这一现象的原因可能是：①新能源汽车销量和乘用车销量都在增加，但乘用车销量增速低于新能源汽车增速。②新能源汽车前期受补贴刺激销量增长很快，后期面临补贴退坡销量增长放缓，并在2019年首次出现销量降低，而乘用车销量一直上升。

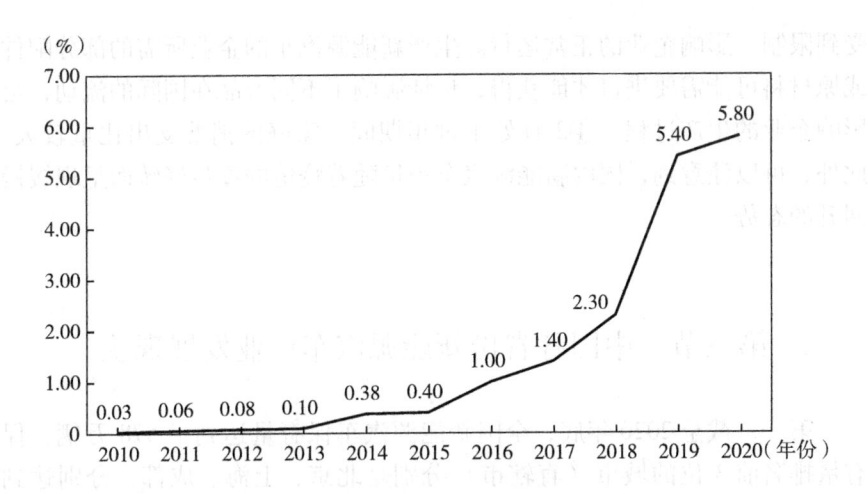

图 2-7 2010—2020 年新能源汽车市场份额

资料来源：中国汽车工业协会，http：//www.caam.org.cn/chn/4/cate_39/list_1.html。

第四，2020 年前三季度新能源汽车的销量较上年同期相比呈现明显的下降，第四季度销量出现大幅回升（见图 2-8）。原因主要可能有四个：①疫情影响了人们的出行需求。疫情防控期间人员流动和交通工具移动受到限制，相当于限制了人们的出行需求，会影响人们对于新能源汽车的需求。②疫情影响工作的开展进而影响新能源汽车企业。疫情防控期间工厂和各种企业的员工都只能赋闲在家，国家的工业体系处于停滞状态，只能通过线上办公，但这无疑降低了效率。③疫情会导致各种要素的流动

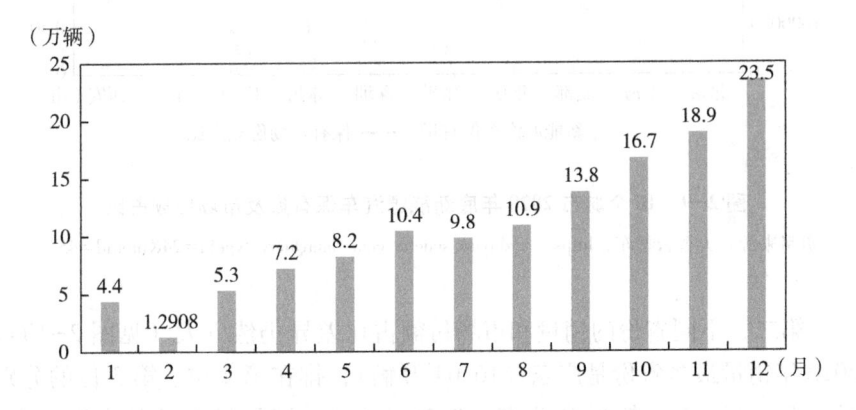

图 2-8 2020 年度中国新能源汽车月度销量

资料来源：电车资源，www.evpartner.com。

受到限制，影响企业的正常运行。生产新能源汽车的企业所需的部分配件或原材料可能需要进口才能获得，疫情影响了不同产品在国际的流动，会影响企业的生产过程。④2月处于过年期间，家庭的消费支出比重较大。此外，可以注意到，国内新能源汽车销量随着疫情的逐步好转而呈现缓慢回升的态势。

第三节　中国各省份新能源汽车产业发展现状

第一，截至2020年底，全国新能源汽车保有量达到了578万辆，保有量排名前3位的城市（直辖市）分别是北京、上海、成都，分别达到了594.53万辆、499.49万辆、492.16万辆，且不同城市之间的新能源汽车保有量差异依然很大（见图2-9）。

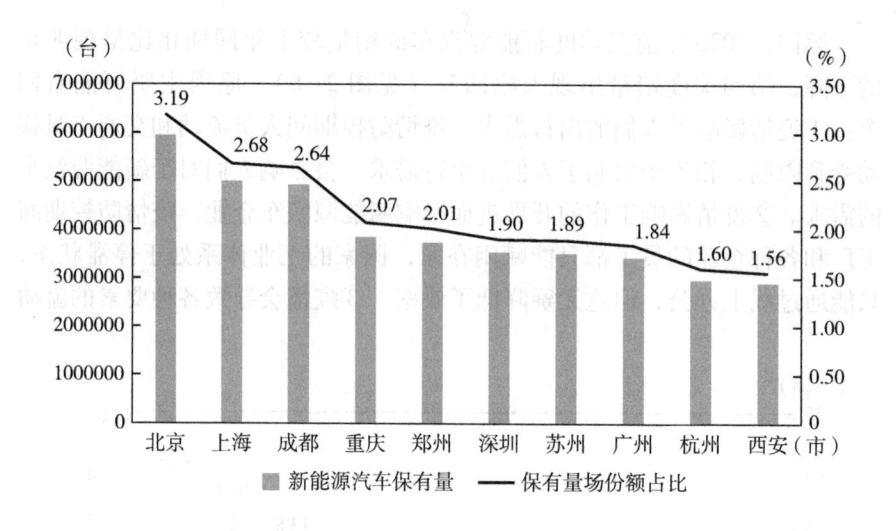

图2-9　10个城市2020年底新能源汽车保有量及市场份额占比

资料来源：大智云搜车，https：//zhiyun.souche.com/dataQuery?typeId=24&prodId=45。

第二，不同省份的销量和市场份额占比差异仍然巨大（见图2-10）。2020年销量最多省份是广东（16.64万辆），排在第2位、第3位的分别是上海（12.82万辆）和北京（9.36万辆）；销量最低的是青海（240辆）仅是销量第一位广东的0.0014%，这一结果显示了不同省份之间新能源汽车销量和产业推广效果存在着巨大差异，这也与很多学者的研究相一致（李晓敏等，2020）。

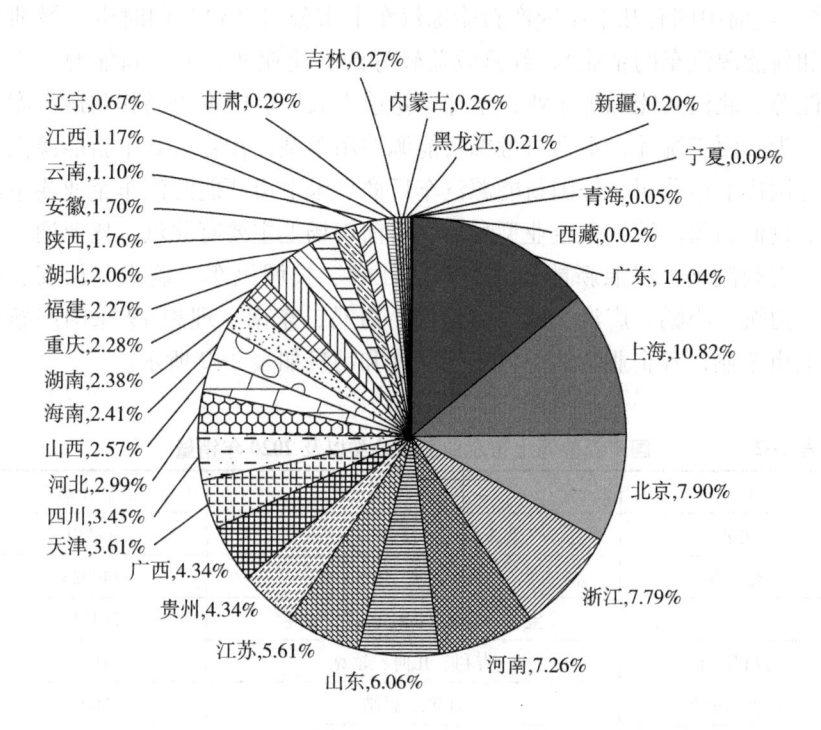

图 2-10　2020 年中国新能源汽车销量不同省份所占份额

资料来源：中国汽车工业协会。

同样，虽然新能源汽车产业在中国发展迅速，但不同的省份新能源汽车市场份额差异也巨大（见图 2-10）。市场份额占比排名前五位的分别是广东（14.04%）、上海（10.82%）、北京（7.90%）、浙江（7.79%）、河南（7.26%），这五个地区基本上占据了 2020 年新能源汽车市场份额一半，而青海（0.05%）、宁夏（0.09%）、西藏（0.02%）市场份额占比很低。

第四节　2020 年中国新能源汽车上市公司发展现状

在 2010 年成立新能源汽车产业联盟后，为了适应国家产业政策的变动，越来越多的汽车企业开始入盟并大力发展自身的新能源汽车（王静宇等，2016）。中国新能源汽车上市公司在过去 10 年间发展迅速。根据车研咨询发布的《中国新能源汽车制造业市场发展趋势与投资前景预测报告》，当前中国有几十家国产新能源汽车上市公司（包含同时生产燃油汽车和新能源汽车的企业），经营效益较好的有比亚迪、上汽新能源、广汽新能源、北汽新能源等企业，全球销量前十大厂商中本土品牌共占五席。

  为了便于统计，本书只考虑新能源乘用车型，在除去其中新能源汽车配件制造上市公司、外国新能源汽车厂商、未上市新能源汽车企业或市场份额过低的新能源汽车企业型号后，目前市场上主要有北汽、比亚迪、上汽、吉利汽车、江淮新能源、一汽、江铃、长城汽车、蔚来、长安、东风、力帆、小鹏、广汽、威马、众泰、海马、东南、理想19家国产新能源上市企业，各企业新能源汽车子品牌和销量如表2-2所示。

表2-2 国产新能源上市企业品牌分类以及2020年销量

厂商	品牌	销量（辆）
北汽	北京汽车、昌河、Acrfox	47470
比亚迪	比亚迪、腾势	149025
上汽	宝骏、荣威、MG名爵、五菱	214612
吉利汽车	吉利、几何、领克	30532
江淮新能源	江淮、思皓	5001
一汽	一汽、红旗、新特	9574
江铃	江铃、易致	2018
长城汽车	长城、WEY、欧拉	55273
蔚来	蔚来	43369
长安	长安、欧尚、凯程	29436
东风	风神、风行、启辰、雷诺、裕隆	17868
力帆	力帆	4
小鹏	小鹏	27329
广汽	传祺、埃安、广汽、合创、理念	68056
威马	威马	17494
众泰	众泰	591
海马	海马	655
东南	东南	277
理想	理想	33458

资料来源：电车资源，https://www.evpartner.com/。

第二章　新能源汽车产业发展现状分析　41

第一，19家国产新能源汽车上市企业2020年的销量数据显示（见表2-2）：①上汽、比亚迪、广汽作为中国新能源汽车龙头企业，其在2020年的销量远远高于其他企业；另外北汽、东风、长城、蔚来等企业也占据了相当的市场份额。②很多新能源上市企业通过自研、兼并或合资的手段引入不同的子品牌来丰富自身产品的多样性，比如：东风、上汽、广汽。③除老牌车企和龙头企业，市场上还有许多新创的新能源汽车企业占据了一定的市场份额，这一类企业大多是互联网汽车企业，比如：蔚来、理想、威马等，其创新之处是开创了互联网技术+汽车的模式。

第二，不同上市公司所占市场份额数据显示（见图2-11）：上汽新能源汽车的销量占据2020年中国市场的约1/4，远远高于其他企业；比亚迪、长城、北汽、蔚来、理想等企业依次占据了第2位到第5位的市场份额，并和上汽共占据了约70%的市场份额，余下的新型汽车企业瓜分了剩余的市场份额；整体来看，国内新能源汽车上市公司呈现"一超多强"的局面，竞争激烈，这主要是因为不同企业发展的不平衡，但在未来国家相关政策的扶持之下，占据支持份额较小的企业也会因此获得提升的机会；国内新能源汽车市场竞争十分激烈，产业处于成长期[①]，各大新能源汽车厂商为快速抢夺市场份额并树立自身企业形象，会加快相关技术的创新，不断改善其产品和服务（迈克尔·波特，2005）。

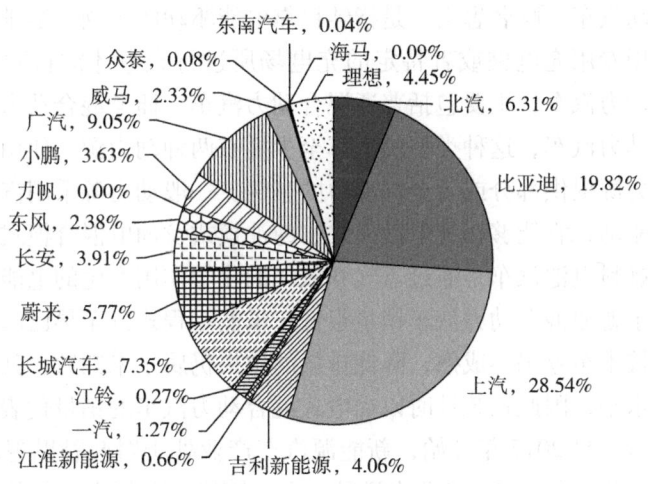

图2-11　2020年19家上市企业新能源汽车销量市场份额占比

资料来源：中国汽车工业协会。

① 《中国新能源汽车发展报告（2019）》，恒大研究院，2019年9月24日。

第五节 新能源汽车车型发展现状

新能源汽车产业发展至今，基于不同能源供应设计理念诞生了多种不同的新能源车型。当前，市场上销售的新能源汽车主要有纯电动汽车、混合动力汽车、燃料电池汽车三种类型，在此基础之上又衍生出了多种不同的车型，如图2-12示。

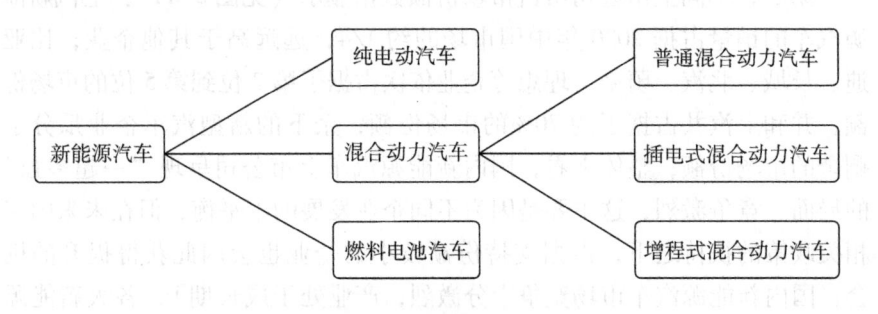

图 2-12 新能源汽车类型
资料来源：笔者根据中国汽车工业协会的相关信息手动整理。

纯电动汽车，顾名思义，是指纯粹靠电能驱动的车辆，零排放，但是它必须使用专用充电桩或者特定的充电场所进行充电才能行驶，如特斯拉；混合动力汽车，主要包括普通混合动力汽车、插电混合动力汽车、增程式混合动力汽车，这种类型的汽车至少拥有两种动力源，使用其中一种或多种动力源提供部分或者全部动力的车辆。一般动力源采用汽油机和电动机混合驱动，它能够在纯电动模式、纯油模式及油电混合模式三种状态下行驶；燃料电池汽车是通过氢气和氧气的化学作用产生的电能驱动车辆行驶。由于普通混合动力汽车销量很低；虽然增程式汽车早已问世，但是增程器的技术至今仍不成熟，降低排放的效果仍属于未知数，其销量也保持在较低水平，因此在统计时以插电式混合动力汽车的销量代表混合动力汽车的销量。自2015年开始，新能源汽车产业处于财政补贴退坡的过程中①，这对于新能源汽车产业来说是一个大挑战（孙健夫、贺佳，2021）。2015—2020年不同车型新能源汽车保有量如图2-13所示，由于燃料电池

---

① 《关于进一步做好新能源汽车推广应用工作的通知》，国家发展改革委，2014年2月8日。

第二章　新能源汽车产业发展现状分析　43

汽车保有量水平很低未在图中反映。

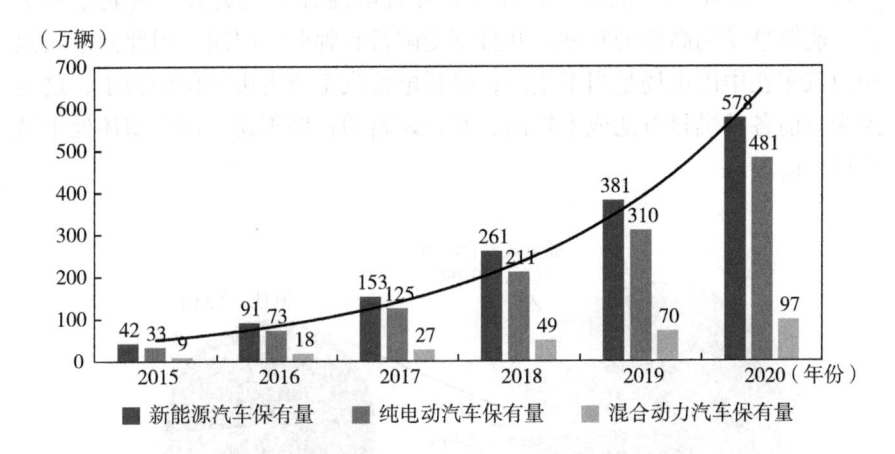

（万辆）

年份	新能源汽车保有量	纯电动汽车保有量	混合动力汽车保有量
2015	42	33	9
2016	91	73	18
2017	153	125	27
2018	261	211	49
2019	381	310	70
2020	578	481	97

图 2-13　2015—2020 年不同类型新能源汽车保有量

资料来源：公安部交通管理局，https://www.mps.gov.cn/。

第一，不同类型的新能源汽车保有量均保持上升趋势，且纯电动汽车的保有量明显高于插电式混合动力汽车（见图 2-13）。截至 2020 年底全国新能源汽车 578 万辆的保有量中，纯电动汽车保有量约 481 万辆，约占新能源汽车总量的 83.22%；混合动力汽车保有量约 97 万辆，约占新能源汽车总量的 16.78%[①]。

第二，2020 年新能源汽车全年销量约 136.7 万辆，相较于 2018 年的 120.6 万辆有所上升。2020 年新能源汽车销量主要包括：纯电动汽车销量为 106.97 万辆；插电式混合动力汽车销量为 26.36 万辆；燃料电池汽车销量为 1497 辆，其中，燃料电池客车销量为 1351 辆，燃料电池专用车销量为 146 辆。份额占比见图 2-14。另外，中国汽车工业协会的数据显示，在 2015—2020 年，中国燃料电池汽车的销量分别为 10 辆、629 辆、1275 辆、1527 辆、2737 辆、1497 辆，2020 年的销量是 2015 年的 149.7 倍，同比下降 45%，仍有很大的发展空间。

当前纯电动汽车占据市场较大份额，其缺点是电池的续航里程和电池寿命较短，温度对电池容量的影响非常大，但由于电能的来源广泛，在未来还会有更清洁的电能产生，因此纯电动车是未来的最终发展趋势；插电

---

① 《全球电动汽车展望（2021）》，IEA，2021 年 4 月，这里未统计保有量过低的增程式汽车。

式混合动力汽车占据约 1/5 的市场份额，插电式混合动力汽车比纯电动汽车多了一个插电口，能够外接充电，并且电池容量也更大，续航里程更长，能够享受到高额的补贴，并且不受限行和牌照的限制，因此插电式混合动力汽车在中国市场是当下主流；燃料电池汽车所占市场份额很小，这是因为目前各种燃料电池成本较高，并且燃料的存储不易，该车型还处于试验推广阶段。

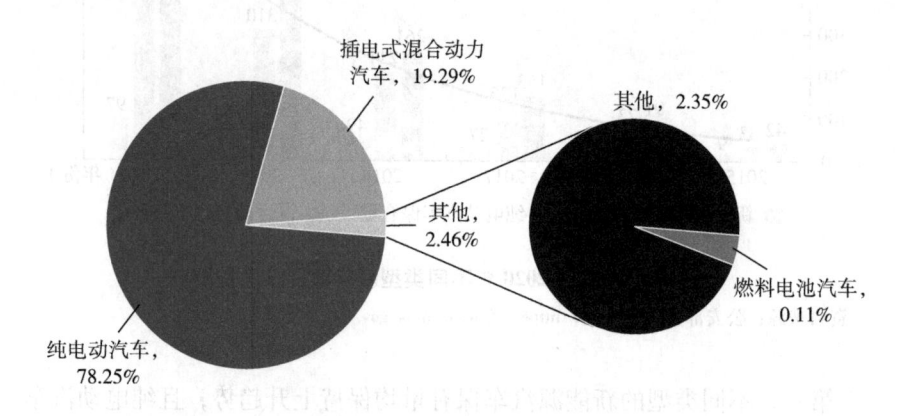

图 2-14　2020 年中国不同类型新能源汽车销量市场份额占比

资料来源：乘用车市场信息联席会，www.cpcaauto.com/news.asp?types=bgzl&anid=78&nid=14。

第三章 新能源汽车发展的阻滞和理论分析框架

自 2010 年以后，虽然新能源汽车在全球发展迅速，但 2020 年世界范围内新能源汽车市场份额只有 4.2%，实现对传统燃油汽车的大规模替代还有很长的路要走，目前新能源汽车的发展还面临诸多阻滞。作为缓解能源危机和环境危机的战略性新兴产业，新能源汽车产业不仅具有传统新兴产业的特征，还拥有传统新兴产业不具备的节能环保等优势，因此，其发展天然面临许多障碍，新能源汽车发展的理论机制也错综复杂（Sierzchula et al., 2014）。只有准确掌握新能源汽车产业的特征，深入分析新能源汽车发展的阻滞，并厘清新能源汽车发展的理论机制，才能找到新能源汽车发展的突破路径，从而实现中国新能源汽车产业的高质量发展。因此，本章将从以下四个方面展开研究。第一节阐述分析新能源汽车产业的基本特征；第二节基于新能源汽车产业的基本特征，总结和阐述新能源汽车发展的阻滞；第三节问卷调查分析新能源汽车发展的阻滞；第四节从理论上分析新能源汽车发展阻滞的突破路径；第五节基于经济学中的需求理论，结合新能源汽车推广的障碍机制，拓展了 Berry 等（1995）、Diamond（2009）、Beresteanu 和 Li（2011）、Egnér 和 Trosvik（2018）提出的消费者购买车辆行为的效用函数，并构建了本书中新能源汽车推广的理论机制和分析框架。

第一节 新能源汽车产业的特征

一 环境的正外部性

与传统汽车相比，新能源汽车的正外部性在于节约了稀缺的石油资源和减少了碳排放，有利于保护环境。据测算，纯电动汽车相比传统汽油车在燃料周期阶段（又称"从油井到车轮"，英文 Well-to-Wheels）的二氧化碳排放削减比例从34%（2015年）增至57%（2020年），并有望达到69%（2030年）①。一般而言，在存在正外部性的情况下私人活动的水平常常要低于社会所要求的最优水平。如果把使用新能源汽车的这种正外部性，或者使用新能源汽车的边际外部收益，加上使用新能源汽车的边际私人利益，就得到了使用新能源汽车的边际社会收益。使用新能源汽车的边际社会收益包含使用新能源汽车的边际私人收益和其向社会溢出的边际收益。如图3-1所示，边际社会收益曲线高于边际私人收益曲线，两者的差额是增加1辆新能源汽车使用所产生的边际外部收益。

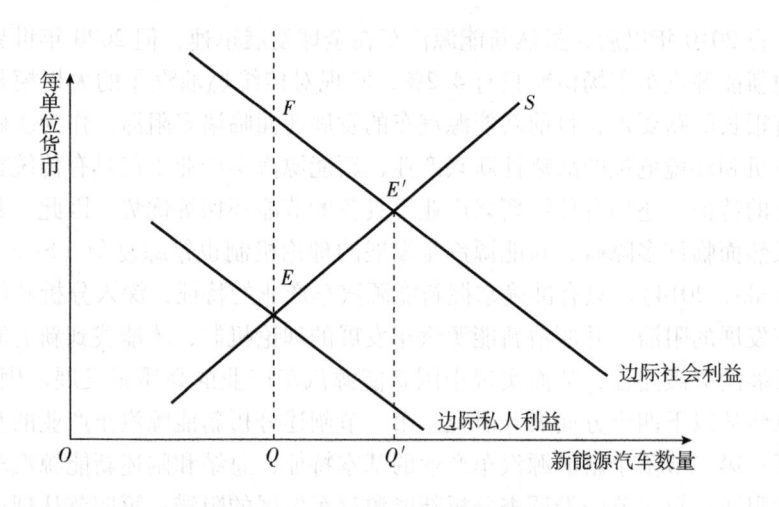

图 3-1 新能源汽车的正外部性

如果购买多少新能源汽车是一种严格的私人决策，新能源汽车的购买量决定于图3-1中供给曲线与需求曲线的交点E。新能源汽车供给曲线反映企业提供每辆新能源汽车的边际成本，其与私人边际收益曲线相交，表明新能源汽车的边际成本等于私人边际收益，像一般企业一样，这个利润最大化规则决定其提供的新能源汽车数量。

但从社会的观点来看，Q并不是最优化的汽车数量。因为增加1单位新能源汽车的边际社会收益高于边际成本，所以，当新能源汽车的供给量超过Q的时候，社会福利便增加。只要增加新能源汽车的边际社会收益超过边际成本，便可以通过增加新能源汽车而增加社会福利。图3-1中

---

① 《清华大学在中国电动汽车生命周期碳减排的驱动因素解析方面取得进展》，易碳家网站（http://m.tanpaifang.com/article/97113.html）。

的 E' 点代表最大化的社会福利，该点提供的新能源汽车数量为 Q'，边际社会收益等于由供给曲线反映的边际成本。三角形 FEE' 表明当把新能源汽车数量从 Q 增加到 Q' 时形成的社会净福利的增加。当政府不加干预的情况下，当存在正外部性的时候，基于私人收益的决策所形成的新能源汽车均衡数量必少于社会最优化的数量。因此，新能源汽车减少环境污染和节约化石燃料的潜力受到了正外部性的限制。新古典经济学认为，应该通过政府干预来纠正这种情况（Struben and Sterman，2008）。

此外，由于个体收益和社会收益的不一致，在没有政府干预的情况下，新能源汽车生产企业对生产和投资缺乏积极性，因为对社会（环境）有益的收益并不包括在产品价格中。换句话说，即使许多社会成员从新能源汽车替代燃油汽车的过程中获利（如环境质量提高带来的健康好处，尽管幅度很小），企业也无法对这些个人收取费用。由于企业无法将减少污染的社会收益包括在生产成本中并按此定价，那么生产者就会面临较高的生产成本，进而环境有益创新的提供水平会较低（Brown，2001）。汽车产业的一个典型特征是，长期平均成本只有在很大的生产规模上才能带来规模经济的好处，实现平均成本的下降。因此，新能源汽车在发展的早期阶段，往往有着较高的生产成本。

综上所述，由于环境的正外部性及在产业发展的早期阶段难以实现规模经济带来的长期平均成本下降，这会让新能源汽车产业推广面临较高的成本障碍。

二 研发的正外部性

新能源汽车是全球汽车产业转型升级、绿色发展的主要方向，也是中国汽车产业高质量发展的战略选择。战略性新兴产业发展的重要动力之一是基础性科学研究的重大突破，而基础性科学研究属于公共物品（程贵孙、芮明杰，2013）。公共物品具有非竞争性和非排他性两个特征。非竞争性是指一个人消费某件物品并不妨碍其他人同时消费同一件物品，非排他性是公共物品不能排斥社会上任何人免费地消费该物品（林学军，2012）。一旦基础研究的成果产生出来，任何单位和个人都能非竞争和非排他地消费该成果，即无法避免其他人的"搭便车"行为（李晓华、吕铁，2010）。除专利及知识产权，大量知识、通用性技术、基础科学都具有公共物品的属性。尽管专利和知识产权保护制度给创新者提供了排他性的权利，但专利申请的前提是要提供创新的细节，这就使许多知识可以为竞争者所获得（李晓华、吕铁，2010）。另外，企业的创新活动还会由于员工的流动、对供应商的培训甚至通过产品扩散到企业之外，即技术产生了"溢出效应"（陈明明、郑猛，2021）。

经济学理论认为，资源在价格等于边际成本的时候获得有效配置。但是一旦知识被生产出来，额外用户使用的边际成本为零。如果收取为正的价格，那么一些潜在的用户就会被排除在外，产生效率的损失；而如果价格为零，那么以盈利为目的的私人企业就不会生产该产品，进而导致技术创新不足。研发正外部性的存在使技术创新者不能完全获得创新产生的收益，这会导致创新活动的供应不足。

新能源汽车产业具有研发的正外部性特征。电池、电机和电控技术是新能源汽车发展的三项关键技术。任何一种技术的基础性研发突破，都会或多或少惠及整个新能源汽车产业的生产商，更遑论行业巨头出于某种战略考虑故意向业内开放专利权。2014年6月12日，特斯拉的创始人马斯克宣布将免费公开特斯拉所有专利；同年6月21日，特斯拉公司在全球范围内公开了271项专利①。特斯拉公司在上海设立集研发、制造、销售等功能于一体的公司和电动汽车研发创新中心，对于中国本土电动汽车品牌、上下游产业链各产业会有一个技术溢出，倒逼整车厂商降低成本，电池、自动驾驶、其他零部件厂商则由于配套而获得先进技术，对全行业带来正向作用②。研发的正外部性的存在，会天然导致该产业的技术创新低于社会最优的创新水平，即技术创新不足。

三 信息的不完全性

一项新技术或新产品在刚进入市场之际，由于市场信息的不完全，潜在消费者通常无法全面掌握这类产品的性能、质量、价格等方面的信息，特别是在一个颠覆性新技术的需求市场中（杨强等，2017）。这里的信息不完全性主要是指由于外在环境的复杂性和不确定性，消费者所掌握的信息不可能无所不包。同时，由于有限理性及认知能力的限制，人们通过所掌握的信息也不可能预见一切。市场信息不完全的存在使人们在决策时面临许多不确定性，不确定性的存在提高了消费者的感知风险，不利于新产品的扩散（孙晓华、王林，2014）。这种不确定性的减少有赖于提高消费

---

① 特斯拉并不是放弃专利权，只是不追究侵权责任。马斯克说："任何人出于善意想要使用特斯拉的技术，特斯拉不会对其发起专利侵权诉讼。"

② 周毅：《特斯拉来华将对新能源汽车带来正向作用》，《中国经济时报》（http://www.chinathinktanks.org.cn/content/detail/id/y4ckns45）。

者对该产品信息的了解和认知程度，同时需要承担一定的经济成本（杨强等，2017）。

新能源汽车作为一种颠覆性技术支撑的新产品，在大多数购买者心中属于新兴事物，其市场的信息不完全就更加明显。在信息不完全的情况下，市场机制有时不能很好地起作用。消费者的消费选择可能会出现"失误"，如购买了一些有害健康的"坏"商品，而错过了一些有益健康的"好"商品。一般商品的需求曲线是右下方倾斜，即随着商品价格上升需求量下降。但是，当消费者掌握的市场信息不完全时，他们对商品的需求量就可能不随价格的下降而增加，而是相反，随着价格的下降而减少。这时，就出现了"逆向选择"问题。

具体在新能源汽车市场上，在消费者的信息不完全的条件下，降低新能源汽车的价格不一定能够刺激对新能源汽车的需求。当消费者对新能源汽车存在不完全信息时，消费者只知道新能源汽车有不同的质量，但并不具体知道其中哪一个质量高、哪一个质量低。在这种情况下，消费者除根据保修期限和生产规模来判断某种品牌的新能源汽车的质量，还常常根据新能源汽车的价格来判断商品的"平均"质量。图3-2描绘了新能源汽车的价格与其平均质量之间的关系。图3-2中横轴 P 代表新能源汽车的价格，纵轴 q 代表新能源汽车的平均质量。图中曲线 qc 为价格—质量曲线。价格质量曲线的特点是向右上方倾斜，表示新能源汽车的平均质量随着其价格的上升而上升。此外，该曲线还具有两个特点：一是向上凸出，意味着新能源汽车的平均质量是随着价格的上升而上升的，但上升的"速度"越来越慢。换句话说，价格变动对平均质量的影响是"递减"的。二是与横轴的交点大于零，这意味着在价格下降为零之前，平均质量就已经下降到"零"。

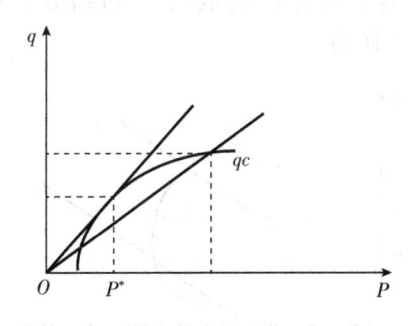

图 3-2　价格质量曲线

从新能源汽车的价格与其质量之间的关系，可以得到新能源汽车的价格与其所谓"价值"之间的关系，而从后面这种关系，就可以推导在消费者信息不完全条件下的新能源汽车需求曲线。消费者在购买新能源汽车时不仅要考虑它的价格，而且要考虑它的质量。一款新能源汽车，即使价格很低，如果质量太差，也不会有人问津；反之，如果价格较高，但质量很好，也值得购买。价格和质量这两个指标可以综合在一起构成一个新的指标，即每单位价格上的质量 q/P。这个指标可以叫作新能源汽车的"价值"。消费者购买新能源汽车时要考虑他在该新能源汽车上支出的每单位价格所得到的质量，即要考虑该新能源汽车的"价值"。在不同的价格水平上，新能源汽车的平均质量是不同的，该平均质量与价格的比值即新能源汽车的"价值"也是不同的。在图 3-2 中，每一价格水平上的新能源汽车"价值" q/P 的几何表示是，价格—质量曲线在相应价格水平上的点到原点的连线的斜率。由图 3-2 可见，这个连线的斜率在价格为 P^* 时达到最大。换句话说，新能源汽车的"价值"在一开始时随着价格的上升而上升，上升到最高点之后，再随着价格的上升而下降。

现在再来看消费者对新能源汽车的需求曲线。消费者追求的是新能源汽车的最大"价值"。这个最大"价值"根据图 3-2 在价格为 P^* 时达到。因此，我们可以认为，消费者对新能源汽车的需求在价格为 P^* 时达到最大。当价格由 P^* 上升或下降时，由于新能源汽车的"价值"都是下降的，消费者对新能源汽车的需求量也将是下降的。由此，我们就得到了一条与以前所遇到的很不相同的需求曲线：它不再只是向右下方倾斜，而且包含一段向右上方倾斜的部分。需求曲线现在是向后弯曲的。这条向后弯曲的需求曲线在图 3-3 中表示为曲线 D。在图 3-3 中，当纵轴代表的价格 P 恰好为 P^* 时，横轴的需求量 Q 达到最大，为 Q_d。当价格高于 P^* 时，需求曲线与通常的一样，向右下方倾斜，当价格低于 P^* 时，需求曲线出现"异常"，向右上方倾斜。

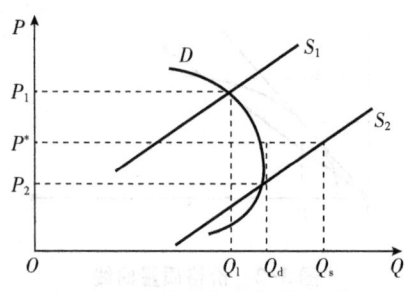

图 3-3 不完全信息与市场失灵

我们假定不完全信息只出现在消费者一方，故只有消费者的需求方面出现"异常"，生产者的供给方面仍然与以前一样，不会有任何变化。现在把向右上方倾斜的供给曲线与向后弯曲的需求曲线合在一起考虑市场的均衡情况。

供给曲线的位置有两种情况：它或者与需求曲线向右下方倾斜的部分相交，如图3-3中的S_1所示；或者与需求曲线向右上方倾斜的部分相交，如图3-3中的S_2所示。当供给曲线为S_1，与需求曲线向右下方倾斜的部分相交时，结果就与以前一样，没有什么不同：市场均衡将出现在供给曲线的交点上，该交点决定了均衡的价格和产量分别为P_1和Q_1。这里不存在任何的低效率市场失灵。但是，当供给曲线为S_2，与需求曲线向右上方倾斜的部分相交时，结果将与以前大不相同。此时，尽管供求均衡时的价格为P_2，但它不是最优的价格。这是因为，如果我们把价格从P_2稍微提高一点，则根据需求曲线，就可以增加产量，而在较高的产量上，需求曲线高于供给曲线，即需求价格高于供给价格，消费者和生产者都将获得更大的利益。但是，价格也不能提高到超过P^*。如果价格超过P^*，则根据需求曲线，产量不仅不会增加，反而会减少，从而消费者和生产者的利益都将受到损失。因此，最优价格应当是P^*。但是，当价格为P^*时，注意到，生产者的供给将大于消费者的需求，出现了非均衡状态。这种非均衡状态显然违背了帕累托最优标准。例如，当价格为P^*时，产量为Q_d，但是，在Q_d上，新能源汽车的需求价格超过了供给价格，这意味着，消费者愿意为最后一单位产品支付的价格超过了生产者生产最后一单位产品所花费的成本。也可以说，在产量Q_d上，社会的边际收益大于社会的边际成本。因此，从社会的角度来看，消费者在产品质量上的信心不完全导致了生产过低的产量。此外，当新能源汽车的市场价格在P^*以下时，降低价格反而会导致需求量下降，无法增加新能源汽车需求。

综上所述，信息的不完全导致消费者存在认知障碍，消费者对新能源汽车的需求量就可能不随着价格的下降而增加，反而随着价格的下降而减少。所以，认知障碍也是阻碍新能源汽车推广的重要原因。

四 间接网络外部性

新能源汽车的正常运行离不开充电基础设施，作为新能源汽车的互补品，一定数量的充电基础设施是新能源汽车发展中必不可少的配套保障。这意味着新能源汽车产业具有间接网络外部性的特征。间接网络外部性是指消费者从产品中所获得的效用随着互补品数目的增加而增加的效应。在间接网络外部性的作用下，消费者购买新能源汽车所获得的效用与互补品的数量有关（孙晓华等，2018）。这些效用来自提高使用便利性和降低使用成本两个方面。在提高使用便利性方面，充电桩和公共充电站的建设数量增加能够大幅缩短消费者对新能源汽车充电过程中的等待时间，节约消费者的时间成本，增加充电过程中的便利性（孙晓华等，2018）。换电站和售后服务的供给也能够有效地提升服务质量，提升消费者在使用新能源汽车中的满意度。在降低使用成本方面，在市场经济的作用下互补品供给数量随着用户规模的不断扩大而增加。互补品的供给在增加的过程中会产生规模经济效应，再加上竞争的加剧，从而导致互补品的价格下降，进而导致消费者后续的使用成本也下降（Zhu et al.，2019）。

在新能源汽车的日常使用过程中，最主要的互补品就是充电桩，除此之外还有换电站。截至 2021 年底，中国公共及私人充电桩保有量总计 261.7 万台，换电站 1298 座[①]，中国充电基础设施建设已进入发展的"快车道"。2021 年发布的《中国主要城市充电基础设施监测报告》显示 25 座城市中心城区公用桩平均覆盖率为 73.5%，上海市、陕西省西安市、深圳市等 11 座城市公用桩覆盖率超过 80%，最高的上海市则达到了 92%，但是中国充电基础设施建设依然存在"落地难、找桩难、充电难、充电慢、利用率低"等诸多问题。该报告提到，在 25 座城市中，平均桩数利用率超过 40% 的城市仅有 9 座。地方政府相关规划的缺失、土地资源的不足、市场化运营与基础设施属性的矛盾等众多复杂因素导致充电设施的可用数量仍存在一定缺口，相对缺乏的充电设施已经成为制约消费者提高其使用环节便利性的关键因素，阻碍了新能源汽车的进一步推广。

五　对气温的依赖性

虽然新能源汽车具有节能和环保的技术优势，但是受当前电池驱动系统与保温隔热技术水平的限制，新能源汽车的正常使用需要一个适宜的气温环境。在低温和高温环境下，新能源汽车会遇到充电慢、续航里程降幅大、安全性差等问题，这会导致新能源汽车对消费者的吸引力下降，并阻碍进一步的市场推广（中国科技部，2021）。在中国的部分低温和高温省份，如黑龙江、吉林、辽宁、海南，新能源汽车推广的效果确实不佳。

当前新能源汽车使用的主要电池类型是盐酸铁锂电池，盐酸铁锂电池

[①] 《适度超前建设充电基础设施，充电设施发展现状分析》，中研网视点（https://www.chinairn.com/news/20220214/101705743.shtml）。

在气温达到40℃和0℃时，平均能量损耗功率会提高到2.98瓦与2.82瓦（20℃时仅为1.98瓦），而且随着气温的持续升高或降低，损耗功率也会进一步提高（Demircali et al.，2018）。电池组的这一特性意味着新能源汽车的最佳工作环境存在一个温度区间（Reddy，2011），超过这个区间的高温或低温都会影响电池的活性，从而影响车辆性能（续航里程、充放电效率及车辆的能耗）（Delosreyes et al.，2016），而车辆性能最终会影响消费者对新能源汽车的需求（Egbue and Long，2012）。

综上所述，高温或低温都不利于电动汽车性能的最佳发挥，进而影响消费者的需求。新能源汽车对气温的依赖性表明当前新能源汽车推广存在气温障碍。

第二节 新能源汽车发展的阻滞

通过第一节的分析可知，新能源汽车产业具有环境的正外部性、研发的正外部性、信息的不完全性、间接网络外部性和对气温的依赖性五个特征，这导致新能源汽车发展面临五大障碍：成本障碍、技术障碍、认知障碍、充电障碍和气温障碍。

一 新能源汽车发展面临的成本障碍

新能源汽车作为传统燃油汽车的替代品，具有缓解空气污染和能源安全的相对优势。其环境的正外部性和研发的正外部性使车企在进行汽车生产制造时需要独自承担减少污染排放和知识外溢的社会成本，车企对环境成本和研发成本的内化大大提高了新能源汽车的市场价格，因此新能源汽车在与燃油汽车的市场竞争中存在成本劣势（Sierzchula et al.，2014）。

当前，新能源汽车的高成本体现在较高的购买成本、使用成本和折旧成本上。《中国用户新能源汽车消费决策和调研报告（2021）》显示，新能源汽车价格过高是影响用户消费的主要因素，目前续航500公里以上的新能源汽车补贴后的价格大约为20万元，相对于同等排量的燃油汽车购买价格较高。卢利霞（2019）基于全生命周期成本的视角比较了新能源汽车和燃油汽车的总拥有成本，发现电动汽车全生命周期成本是燃油汽车的1.18倍，插电式混合动力汽车的全生命周期成本是燃油汽车的1.25倍。

目前，新能源汽车的购买成本过高主要原因在于电池制造成本高（Ajanovic and Haas，2016）。在新能源汽车的成本构成中，"三电"动力系统占整车成本的50%以上，其中电池成本占三电系统的76%。电池制造成本高一方面是由与电池制造相关的原材料如锂、钴等价格过高所致。根据第一电动网数据统计，2014—2020年，碳酸锂从不到4万元/吨一路攀升至18万元/吨，且大多时候还需要进口。目前，工业级碳酸锂价格最高可达15万—16万元/吨，电池级碳酸锂最高可达17万—18万元/吨。与此同时，钴的价格在2010—2019年涨幅超过了400%。另一方面是由于目前电池研发技术不成熟，高容量、高密度的电池虽然可以提升续航里程，但同时这也意味着更高的制造成本。

新能源汽车过高的电池成本还导致了过高的使用成本，主要体现在较高的电池更换成本。由于电池使用寿命较短，大约为6年（Quak et al.，2016），并且随着车辆利用率的提高，电池老化还会加速，因此，在车辆的使用期内可能需要更换电池，而更换电池成本非常高昂，几乎占整车制造成本的1/3[1]，以比亚迪唐汽车为例，消费者更换一块电池的成本高达8万元[2]。

除较高的购买成本和使用成本，新能源汽车的折旧成本也非常高，主要体现在二手车的折价率比较高，目前没有统一的价格评估体系，且二手车市场非常不成熟。中国汽车流通协会2021年12月发布的数据显示，传统燃油车折价率通常为：第一年15%，第二年25%，第三年32%—35%，三年综合折价率在30%左右。而新能源汽车由于评估体系没有统一的标准，缺乏相应的定价机制，两三年的二手新能源汽车折价率在70%左右，远远高于同等年限、价位的汽油车的折价率。

二 新能源汽车发展面临的技术障碍

新能源汽车是颠覆传统汽车技术的新产物，特别是纯电动汽车和燃料电池汽车。因此，新能源汽车产业的发展十分依赖原始的重大科学突破，其所带动的新兴技术尚处于混沌状态，未来产业主流技术的发展方向难以预测，即使在主流技术总体发展方向明确的情况下，实现它的具体技术路径也可能有许多种，技术不确定性较高（孙晓华、王林，2014）。这里的技术不确定性主要指的是在创新过程中始终存在尚不知道该如何解决的技

---

[1]《天价换修迷局：换电池真的比买一台新车还贵吗》，皆电网（https://www.geek-nev.com/tech/264/2647627.html）。

[2]《新能源汽车电池更换价格昂贵：原因分析》，易车网（https://news.yiche.com/hao/wenzhang/82825062/）。

术问题，技术供应的方向、数量与质量是不确定的（龚惠群等，2011）。例如，当前新能源汽车电池技术的突破面临两难境地，那就是续航里程与安全性难以兼顾。如果想要提高续航里程就要增加电池能量密度，然而电池能量密度的增加会导致更高的电池自燃概率，引发安全问题；如果不增加电池能量密度，新能源汽车的"里程焦虑"障碍就难以克服[①]。此外，目前新能源汽车产业发展还存在纯电动汽车和混合动力汽车的技术路线之争，究竟是大力发展纯电动汽车还是混合动力汽车仍存在争议（王燕妮，2017）。在技术路线还未确定之前，企业不愿意将大量的人力、物力、财力投入相应产品的研发和生产当中，市场上就无法提供足够规模的高质量产品（龚惠群等，2011）。

当前，新能源汽车技术在产品生产端、电池等核心零部件技术方面尚不成熟，新能源汽车的生产者和零部件供给者并未形成良好的配套关系，在与技术早已成熟的传统汽车的竞争中，技术成熟度偏低，处于明显劣势。现阶段新能源汽车发展面临的技术障碍主要有续航能力差、安全性不高、使用寿命短。艾瑞咨询发布的数据显示，用户在购车时关注的主要因素为电池质量（60.8%）、续航里程（59.2）和安全性能（54.0%）等，而用户未购买新能源汽车的原因是续航里程短（49.7%）、电池寿命短（48.1%）、安全性不高（22.4%）[②]。

续航能力不仅是新能源汽车的一个技术挑战，而且也被认为是目前新能源汽车推广的主要障碍之一（Egbue and Long，2012；Xu and Xu，2020）。以工信部推广目录中产品的续航里程为标准，2017年第一批目录中，新能源汽车的续航里程仅200公里左右，仅能满足城内以及郊区代步通勤需求，应用场景较窄，而2020年第五批推广目录中，新能源汽车的续航里程已大幅提升至平均400公里，实现了翻倍增长。但实际上，由于驾驶条件的限制，官方宣称的续航里程通常难以达到（Quak et al.，2016）。而传统燃油汽车加一次油就能够行驶500—1000公里，且加油站数量众多，几乎不存在续航问题，因此，有限的续航里程成为新能源汽车推广亟须解决的技术障碍。

除续航能力外，安全性能也是决定新能源汽车能否被大规模采纳的关

[①] 《新能源汽车是怎样"火"起来的!》，第一电动网（https：//www.d1ev.com/kol/90842）。

[②] 《高出手率为何带不火新能源汽车二手市场?》，金台资讯（https：//baijiahao.baidu.com/s?id=1700874106425783649&wfr=spider&for=pc）。

键因素。目前，国轩高科研制的三元锂电池单体电池能量密度达302瓦时/千克，系统能量密度突破200瓦时/千克，接近液态电池能量密度的极限，续航提升了，但极易引起火灾①。相反，在安全性能方面，传统燃油汽车的技术已经成熟，不易发生自燃事故。Hannan 等（2017）指出，与传统燃油汽车相比，新能源汽车在行驶过程中增加了平均约20%的安全风险，并且混合动力汽车发生碰撞的可能性比传统燃油汽车高出了2倍。

此外，电池容量不够、使用寿命短也是影响新能源汽车扩散的重要因素（Hao et al.，2020）。研究显示，新能源汽车电池的使用寿命大约为6年，并且随着车辆利用率的提高，电池老化还会加速，而传统燃油汽车的使用寿命超过15年（Quak et al.，2016）。新能源汽车电池过短的使用寿命降低了新能源汽车在使用环节的比较优势，进一步增加了新能源汽车的普及难度。新能源汽车的推广过程是一种创新的扩散过程（Egnér and Trosvik，2018），技术的不成熟使新能源汽车的推广失去了创新扩散的技术支撑。

三　新能源汽车发展面临的充电障碍

新能源汽车发展面临的充电障碍主要有充电桩总量不足、利用率低、建设难度大及充电时间长。根据中国充电联盟数据统计，截至2020年12月底，中国新能源汽车保有量达到了578万辆，同期的公共充电桩保有数量约为80.7万个，私人充电桩数量约为87.4万个，车桩比约为3.43∶1。尽管图3-4显示2015—2020年中国新能源汽车与充电桩保有量比值在逐

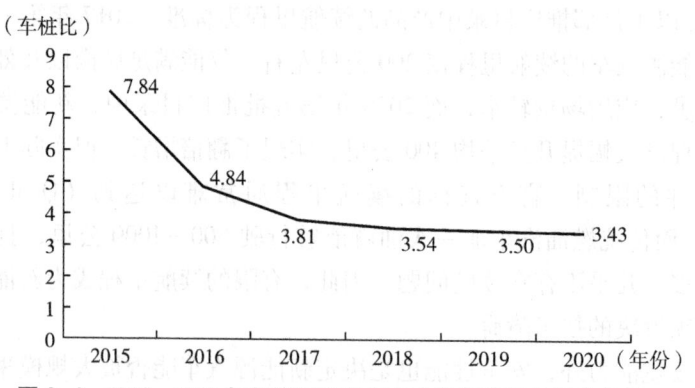

图3-4　2015—2020年新能源汽车与充电桩保有量比值变化情况

资料来源：中国充电联盟2019—2020年报和2020—2021年报。

---

① 《国轩高科发布续航1000km磷酸锰铁锂电池 预计2024年量产》，证券时报（https://baijiahao.baidu.com/s?id=1766322301866856170&wfr=spider&for=pc）。

年下降，但目前的实际情况与《电动汽车充电基础设施发展指南（2015—2020年）》中规划的建设目标（车桩比1∶1）仍存在较大的差距，新能源汽车充电桩在总量方面仍有较大的增长空间。

另外，部分充电基础设施建设布局不合理、充电设施分布不均等问题造成充电桩整体利用率较低，行业平均利用率为3%—5%①。个别区域能基本满足周边群众的充电需求，但很多区域都无法满足，特别是在节假日等出行频率较高的时间节点，即使是在充电设施较完善的区域也容易出现"排长队"现象。这种现象表面上看是充电市场上充电时间的过度集中问题，实质上反映出充电桩在充电时间上缺乏优化配置，导致利用率低。此外，部分充电桩企业为了获取政府补贴，跳过安全环节盲目扩建技术含量较低的慢速充电桩其至是虚假充电桩；充电桩故障、公共充电桩停车位被非电动汽车违规停放、充电桩生产标准不统一造成了充电接口不兼容等也是充电设施利用率较低的原因。

不仅如此，充电障碍还表现为充电基础设施建设难度较大及充电时间过长。在私人乘用车领域，大量停车位不固定的用户因不具备安装条件而无法安装私人充电桩；对于具备安装条件的用户，存在业主委员会不支持和物业服务企业不配合的现象。此外，由于建设充电桩还涉及公共电网、用户侧电力设施、道路管线改造等问题，这也加大了建设私人充电桩的难度。根据中国充电联盟数据，截至2020年9月，联盟内成员整车企业116.9万辆新能源汽车中，未随车配建充电设施35.7万台，整体未配建率高达30.5%。在Illmann和Kluge（2020）研究中发现，充电时间过长是充电障碍产生的根本原因。根据北京市公用充电设施数据信息服务平台发布的数据，2019年，用户单笔使用公共快充桩充电时长为1.32小时，公共慢充桩充电时长为5.09小时，且不包含排队的时间②。与之相比，一辆普通的燃油车加满油只需要4—10分钟，且大部分时间花在进入加油站或者排队上。

综上所述，当前存在的充电障碍导致新能源汽车推广缺乏后劲推力。

四　新能源汽车发展面临的认知障碍

新能源汽车能够大幅减少或完全消除温室气体的排放，为缓解气候变

---

① 《中汽协王耀：充电桩平均利用率仅3%—5%》，新京报（https://www.bjnews.com.cn/detail/163466062514720.html）。
② 《新能源车充电报告显示：北京每晚11时是充电量高峰》，第一电动网（https://www.d1ev.com/news/shichang/106013）。

化、实现"双碳"目标提供了一个潜在的解决方案。因此，研究新能源汽车采用的宏观经济驱动因素在过去几年越来越受关注，一个经常被调查的与消费者个人购买意向有关的是消费者的认知行为。计划行为理论（TPB）解释了影响消费者购买行为的前因后果，个人的态度可能是消费者购买新能源汽车的主要驱动因素，它受到知识和经验的影响。与新能源汽车销售有关的态度维度主要包括消费者获取的信息、消费者理性和消费者的环保意识等。相应地，信息不完全、有限理性及较低的环保意识被认为是新能源汽车发展面临的认知障碍。根据 Kumar 和 Alok（2020）的研究，认知障碍是影响新能源汽车采用潜在机制的中介因素。认知障碍与前面所提到的成本、技术、充电等变量对新能源汽车采纳意愿的影响不同，了解认知变量可以帮助更好理解消费者的采用动机。

新能源汽车作为一个颠覆性新技术的需求市场，在大多数购买者心中属于新兴事物，其市场具有明显的信息不完全性特征。在新能源汽车的市场导入期，消费者很难全面了解新能源汽车性能、价格、配套设施、维修成本、运营成本等信息，导致消费者在进行购买决策时存在很大的不确定性、感知风险高、购买意愿不强。Barisa 等（2016）研究发现，许多潜在买家没有关于新能源汽车车型及其可用性的足够信息，并且不能从环境角度来确定其益处。例如，经销商无法获得新能源汽车的具体车型信息，不仅限制了潜在客户查看和测试体验，而且还造成了信息鸿沟。由于信息鸿沟的存在，买家通常对新能源汽车产品的营销活动和声明缺乏信任。根据 Qian 和 Yin（2017）的观点，高感知风险的存在抑制了新能源汽车的采用意愿，并建议制定公共政策以最大限度地降低新技术的感知风险。不仅如此，在新能源汽车的市场扩散过程中，市场的信息不完全性还大大增加了消费者的信息搜寻成本，进一步降低了消费者的购买意愿（Berkeley et al.，2018）。

导致新能源汽车扩散缓慢的另一个认知障碍是消费者的有限理性，有限理性导致个人在决策时无法掌握完全的信息，而是更多地依赖知识和经验来指导他们的购买行为（Sierzchula et al.，2014）。因此，消费者在购买车辆抉择时，过分注重购买价格而非使用成本和生命周期成本（Levine et al.，1995），从而产生非理性的决策行为。Sierzchula 等（2014）研究发现，有限理性的存在使消费者更容易受车辆初始购买价格的影响，而无法从产品使用全生命周期的视角来评估车辆的购买价格、运营费用和寿命成本。事实上，与 ICEV 相比，EV 的初始购买价格虽然高昂，但 EV 的运营费用和寿命成本更低，EV 总拥有成本要低于 ICEV（Egnér and Trosvik，2018）。

此外，新能源汽车技术本身具有环境有益特征，消费者购买新能源汽车的同时意味着承担了一份对环境有益的社会成本。如果没有较强的环保意识，根据"理性人"假设，消费者很难主动承受这份社会成本。Quak等（2016）发现，环境有益性（如低二氧化碳排放）是消费者接受新能源汽车的一个重要动机。Schuitema等（2013）得出结论，"亲环境身份"预测了对新能源汽车的有利态度。Smith等（2017）在类似的思路下，研究了环境爱好者的偏好，发现有环境偏好的商人对新能源汽车有更高的采纳意愿。除此之外，其他一些研究也证实了新能源汽车的早期采用者更具有环保意识（Axsen et al.，2016）。与发达国家相比，中国的环保事业仍有很大的发展空间。从发达国家的经验来看，环保事业的最初推动力来自公众。例如，美国20世纪60年代高速的工业化给许多城市带来了严重的环境污染。1962年，美国著名学者丹·卡森出版的《寂静的春天》一书在美国引起巨大反响，同时敲响了美国环境的警钟。1970年4月22日，美国2000万名群众参加了环保游行，由此拉开了美国声势浩大的环境治理序幕。此后，政府环保机构和各类民间环保组织相继成立，一系列相关法律法规的出台，使美国的环保事业纳入了由政府主导、志愿环保组织和公众参与的法治化轨道。上海交通大学发布的2019年《中国城市居民环保意识调查》显示，环境污染对自身健康造成明显影响的受访者的占比仅为33.2%，中国城市居民的环保意识总体上还比较弱。消费者环保意识的薄弱使社会上缺少新能源汽车普及推广的舆论发声，欠缺社会规范的压力，导致新能源汽车扩散缓慢。根据IEA发布的新能源汽车的相关数据，经过测算可得，中国2020年每十万人拥有80.6辆新能源汽车，美国2020年每十万人拥有89.24辆新能源汽车。这在一定程度上表明，消费者环保意识的薄弱影响了新能源汽车的推广。

五 新能源汽车发展面临的气温障碍

新能源汽车发展面临的气温障碍主要包括由外界高温和低温引起的续航能力与加速能力大幅减弱、充电效率大幅降低与汽车安全事故概率的提升。温度会通过新能源汽车性能来影响新能源汽车的推广与应用。一个可观察到的经验事实是，在中国较为严寒和炎热的部分省份，如黑龙江、辽宁、海南，新能源汽车推广的效果不佳，本节以2019年中国不同省份的平均气温和新能源汽车销量分布为例，进一步解释这一问题。2019年中国广东省新能源汽车销量为186982辆，远高于其他省份，剩余新能源汽车销量主要集中在中部、东部、北部。然而，在寒冷地区的黑龙江省、吉林省、内蒙古自治区和青海省，新能源汽车的销量分别为 1636 辆、2113 辆、3261 辆和 642 辆。同样，位于炎热地区的海南省、云南省和贵州省的新能源汽车销量分别为 11133 辆、9346 辆和 7233 辆。数据表明，低温和高温都可能会阻碍当地消费者购买新能源汽车。最后，高温省份的新能源汽车销量通常大于低温省份的销量，这表明高温和低温对电动汽车销量的影响可能存在一些差异。此外，极端气温不仅会弱化新能源汽车的续航能力与加速能力，扩大消费者对新能源的"里程焦虑"与"速度焦虑"，而且也会加大消费者的"充电焦虑"和"安全焦虑"。换言之，高温或低温都不利于新能源汽车性能的最佳发挥，进而影响消费者的需求，形成新能源汽车推广的气温障碍。

六 小结

基于上述分析可知，新能源汽车发展面临着成本障碍、技术障碍、充电障碍和气温障碍，如图 3-5 所示。目前新能源汽车发展的阻滞在于：过高的成本降低了消费者对新能源汽车的购买意愿，导致新能源汽车推广缺乏内生动力；极端气温以及技术的不成熟降低新能源汽车的使用效用，使新能源汽车扩散的技术支撑乏力；充电设施的不完善以及过长的充电时间削弱了新能源汽车在使用环节的比较优势，导致新能源汽车推广的后劲推力不足；消费者认知障碍的存在使新能源汽车的应用和普及缺少社会规范的压力。

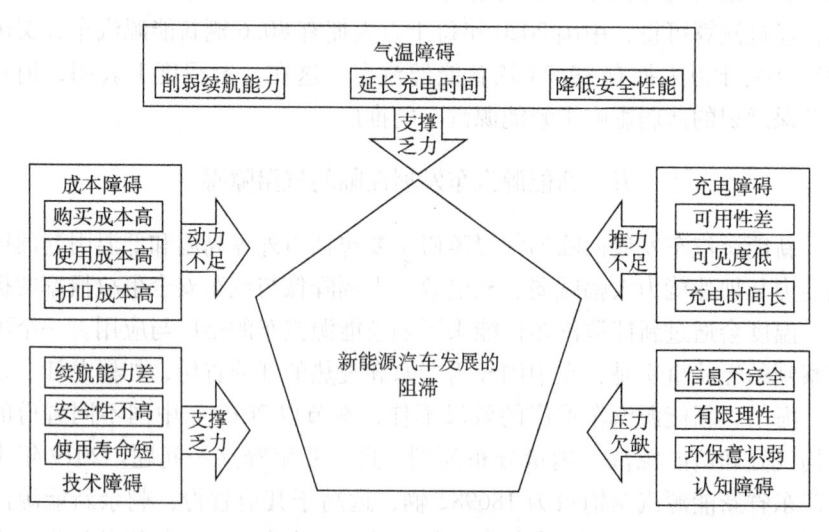

图 3-5 新能源汽车发展的阻滞

第三节　新能源汽车发展阻滞问卷调查分析

通过第二节的分析可知，新能源汽车发展面临五大障碍：成本障碍、技术障碍、认知障碍、充电障碍和气温障碍。为增加该论证的可信性与现实依据，本节基于问卷调查法分析新能源汽车发展阻滞的影响因素。

一　问卷设计、发放与回收

基于以往文献和前文的分析，本节针对新能源汽车发展的阻滞因素设计了如下调查问卷：首先，问卷的第一部分是有关受访者的个人信息的调查，包括性别、年龄、职业、收入等。其次，问卷的第二部分是主体部分，通过问题调查新能源汽车推广的障碍。受访者需要在本节设定的13个因素（购买成本、使用成本、技术水平、认知因素、充电因素、气候因素、政府补贴、产品特性、企业因素、社会特征、燃油汽车的限制因素、新能源汽车的路权优先因素、新能源汽车的低碳属性）中选择其在购买新能源汽车时最看重的3—5个因素。最后，问卷的第三部分关联于第二部分。这一部分基于第二部分中的因素设计了更为具体的问题，受访者需要回答其所看重因素对应的具体问题。调查问卷的设计实例如表3-1所示。

完成问卷设计后，考虑到问卷调查的发放成本与时效性，我们采用网络调查的方式，通过"问卷星"平台生成和发放问卷。"问卷星"平台拥有广泛的样本库，且平台的群体覆盖了各个年龄段、收入水平和职业的潜在消费者。同时，为提升问卷的回收质量，我们在正式发放问卷之前，邀请了50名志愿人员开展预测试。预测试过程不仅有助于我们就志愿者感到疑惑且不易理解之处进行修改，而且有助于我们对问卷的答题时间进行评估，以优化问卷的设计。在正式发放问卷时，我们遵循以下原则：首先，合法性原则：发放过程确保调查问卷的目的和研究问题的清晰明确，并且与调查对象的利益相关，同时不侵犯调查对象的权益。其次，自愿性原则：发放的被调查对象应该自愿参与调查，未受到任何形式的威胁或压力。再次，透明性原则：我们提前告知被调查对象调查的目的、研究问题、调查方法和使用方式，并尽可能提供调查结果的反馈。最后，公正性原则：发放过程尽可能随机，尽量避免主观性和偏见，不歧视任何特定的调查对象，保证调查结果的客观性和公正性。

表 3-1 调查问卷

影响因素	受访者的回答和看重程度			
1. 性别	男	女		
2. 年龄	25岁及以下	26—35岁	36—45岁	46—55岁	56岁及以上
3. 职业	政府/事业单位工作人员	公司职员	管理人员	工人/技术人员	企业主/股东	离休人员/学生/自由职业
4. 年收入	5万及以下	6万—10万元	11万—20万元	21万—30万元	31万—50万元	50万元及以上
5. 教育背景	高中及以下	大专	本科	硕士及以上	
6. 在以下因素中选出在购买新能源汽车时最看重的3—5项	购买价格因素	使用成本因素	社会特征	认知因素	充电因素	气候因素
	产品特性	新能源汽车企业因素	技术水平	燃油车的限制因素	路权优先因素	低碳属性
7. 政府补贴政策	车辆价格/购置税	非常不重要	不重要	一般	重要	非常重要
8. 购买成本	电价/油价/保养与维修成本/保险费用	非常不重要	不重要	一般	重要	非常重要
9. 使用成本	安全性/续航里程/使用寿命/加速能力	非常不重要	不重要	一般	重要	非常重要
10. 技术水平	对技术性能、充电信息、政府相关政策的了解程度	非常不重要	不重要	一般	重要	非常重要
11. 认知						

第三章 新能源汽车发展的阻滞和理论分析框架　63

续表

	影响因素		受访者的回答和看重程度			
12.	充电	充电设施的数量/速度/使用时的便利性/价格/维护和管理	非常不重要	不重要	一般	重要	非常重要
13.	气候	高温/低温/日照时长/是否降雨	非常不重要	不重要	一般	重要	非常重要
14.	政府补贴政策	购置补贴/税收减免/电价补贴	非常不重要	不重要	一般	重要	非常重要
15.	产品特性	外观/时尚/操控	非常不重要	不重要	一般	重要	非常重要
16.	企业	折扣/售后/宣传	非常不重要	不重要	一般	重要	非常重要
17.	社会特征	亲感、朋友推荐/从众心理/保护环境责任感	非常不重要	不重要	一般	重要	非常重要
18.	燃油车的限制	限行/限购/排放标准	非常不重要	不重要	一般	重要	非常重要
19.	路权优先	不限购/不限行	非常不重要	不重要	一般	重要	非常重要
20.	低碳属性	降低碳排放/空气污染能源依赖	非常不重要	不重要	一般	重要	非常重要

注：第 7—19 题分别按次序依赖第 6 题的第 1—13 个选项。

其间，我们共发放问卷 500 份，在去除无效问卷后共计收回有效问卷 344 份，问卷回收率为 68.8%。针对回收的有效问卷，本节使用 Spss 软件进行相关的描述性统计分析和信效度检验。

二 描述性统计

问卷的第一部分是有关受访者的个人信息的调查。我们经过对有效问卷进行整理和统计后发现，受访者有以下特点：①性别比例平衡，男性受访者为 176 人，占 51.16%；女性受访者为 168 人，占 48.84%。②年龄结构，25 岁及以下的受访者 88 人，占 25.58%；26—35 岁的受访者 153 人，占 44.48%；36—45 岁的受访者 65 人，占 18.9%，这三个年龄段的受访者也是新能源汽车主要的潜在购买群体。③职业，公务员/事业单位、公司职员分别占 29.94% 和 26.16%，表明大部分受访者拥有稳定的工作。④受教育程度，本科学历和硕士及以上学历受访者分别有 158 人和 160 人，分别占 45.93% 和 46.31%，表明受访者学历水平较高，普遍具有本科以上学历。⑤收入水平，年收入在 5 万元以上的受访者占 64.25%，表明大部分受访者拥有购车的能力。

问卷的第二部分是受访者在购买新能源汽车时，最为看重的 3—5 个因素，这也是本节关注的核心部分。频数分析的结果见图 3-6。图 3-6 显示在 13 个因素中，受访者最关注的前五名因素分别为成本因素（购买成本+使用成本+政府补贴）、技术水平因素（技术水平+特性）、充电因素、

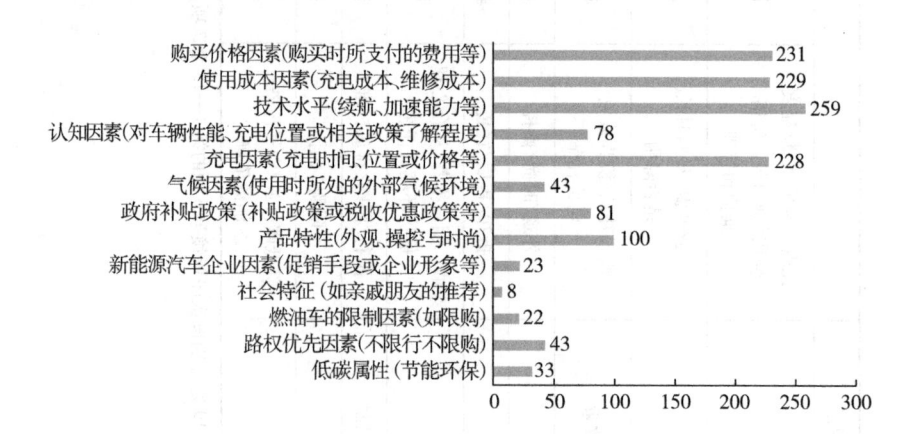

因素	频数
购买价格因素(购买时所支付的费用等)	231
使用成本因素(充电成本、维修成本)	229
技术水平(续航、加速能力等)	259
认知因素(对车辆性能、充电位置或相关政策了解程度)	78
充电因素(充电时间、位置或价格等)	228
气候因素(使用时所处的外部气候环境)	43
政府补贴政策(补贴政策或税收优惠政策等)	81
产品特性(外观、操控与时尚)	100
新能源汽车企业因素(促销手段或企业形象)	23
社会特征(如亲戚朋友的推荐)	8
燃油车的限制因素(如限购)	22
路权优先因素(不限行不限购)	43
低碳属性(节能环保)	33

图 3-6 受访者最看重因素的频数分析

资料来源：笔者基于问卷星数据由 Stata 整理得到。

认知因素与气候因素。该发现与本书前文的分析相符,即成本障碍、充电障碍、技术障碍、认知障碍与气温障碍是制约新能源汽车产业发展最显著的五大障碍。新能源汽车企业因素、社会特征、燃油车的限制、路权优先因素与低碳属性也是制约新能源汽车产业发展的重要障碍。然而,问卷数据显示受访者购买新能源汽车时,对新能源汽车企业因素、社会特征、燃油车的限制、路权优先因素与低碳属性关注程度较低,这说明这些因素影响消费者购买决策的重要性低于上述五个因素。

三 信度分析

信度是指测量实验结果的一致性、可靠性或稳定性,根据研究者关心的重点不同,可分为内在信度和外在信度。内在信度重在考察一组评价项目是否测量的是同一个概念,这些项目之间是否具有较高的内在一致性。一致性程度越高,评价项目就越有意义,其评价结果的可信度就越强。外在信度是指在不同时间对同批被调查者实施重复调查时,评价结果是否具有一致性。如果两次评价结果相关性较强,说明项目的概念和内容是清晰的,因而评价的结果是可信的。信度分析的方法有多种,有 Alpha 信度和分半信度等,都是通过不同的方法计算信度系数,再对信度系数进行分析。目前最常用的衡量是 Alpha 信度,一般情况下我们主要考虑量表的内在信度——项目是否具有较高的内在一致性。通常认为,信度系数应该在 0—1,如果量表的信度系数在 0.9 以上,表示量表的信度很好;如果量表的信度系数在 0.8—0.9,表示量表的信度可以接受;如果量表的信度系数在 0.7—0.8,表示量表需要修订;如果量表的信度系数在 0.7 以下,表示量表需要抛弃。本节基于 Spss 进行信度分析的结果显示,项数为 61,克隆巴赫 Alpha 系数为 0.829,大于 0.8,表明问卷数据具有可靠性。

四 效度分析

效度检验,即检验问卷的有效性,通俗来说,就是要确定设计的题项是否合理,能否有效反映研究人员的研究目标。效度分析的目的在于判断问卷是否可以有效地估计本书所提到的影响因素,即检验问卷中的问题是否准确有效。效度一般包括内容效度和结构效度。

关于内容效度的检验,本节的题项设定均来自现有制约新能源汽车推广因素的国内外文献(见文献回顾部分),并非本节的主观设计。同时,本节的问卷已进行预测试并完成了相应的修改。因此,该问卷的题项确实表征现有文献和研究问题,即具有良好的内容效度。关于结构效度的检验，探索性因子分析是当前使用最广泛一种结构效度分析测量方法，此方法可以通过 SPSS 软件实现。探索因子分析结果表明，KMO 检验和巴特利特检验结果 KMO=0.829>0.5 且 $P=0<0.05$，表明样本量足够，符合球形度检验，问卷结构效度良好。内容效度与结构效度的结果共同表明本书的问卷具有良好的效度。

第四节 突破路径的理论分析

本节针对新能源汽车发展面临的成本障碍、技术障碍、充电障碍、认知障碍和气温障碍，从理论上探讨实现新能源汽车产业高质量发展的突破路径。

一 成本障碍突破路径分析

产业政策扶持是克服成本障碍的有效途径。新能源汽车产业受到政策支持的合理性在于环境的正外部性。新古典经济学认为，外部性导致无效率的社会产品配置，即市场失灵。假定某个新能源汽车生产企业生产一辆新能源汽车的私人利益为 V_p，该生产行为所产生的社会利益为 V_s。由于存在外部经济，私人利益小于社会利益：$V_p<V_s$。如果这个企业生产一辆新能源汽车所遭受的私人成本 C_p 大于私人利益而小于社会利益，即有 $V_p<C_p<V_s$，从私人的角度来看，这个企业显然不会生产这辆汽车，尽管从社会的角度来看该生产行为是有利的。显而易见，在这种情况下，帕累托最优状态没有得到实现，还存在帕累托改进的余地。如果这个企业采取生产行动，则他所受的损失为 (C_p-V_p)，社会上其他人由此得到的好处为 (V_s-V_p)。因为 (V_s-V_p) 大于 (C_p-V_p)，所以可以从社会上其他人所得到的好处中拿出一部分来补偿生产者的损失。结果是使社会上的某些人的状况变好而没有任何人的状况变坏。一般而言，在存在正外部性的情况下，私人活动的水平要低于社会所要求的最优水平。

关于纠正外部性所造成的资源配置不当，西方微观经济学理论提出了三种政策建议。一是使用税收和津贴。对造成负外部性的企业，国家应该征税，其数额应该等于该企业给社会其他成员造成的损失，从而使该企业的私人成本恰好等于社会成本。反之，对于造成正外部性的企业，国家则可以采取津贴的办法，使企业的私人利益与社会利益相等。二是使用企业合并的方法。三是使用规定财产权的办法（高鸿业，2018）。根据以上政策思路，中国针对新能源汽车实施了购买补贴、购置税减免、不限行不限购以及《乘用车企业平均燃料消耗量与新能源汽车积分并行管理办法》（以下简称"双积分"政策），这些产业支持政策旨在推动中国新能源汽车产业的发展。

二 技术障碍突破路径分析

技术创新是突破技术障碍的关键。技术创新是指与新产品的制造、新工艺过程或设备的首次商业应用有关的技术的、设计的、制造及商业的活动（庄芹芹等，2020）。由此可见，技术创新与产品息息相关，技术创新必然导致产品类型和生产工艺发生改变，进而影响产品的市场需求（张辉等，2021）。无论是新产品还是旧产品都是关于成本和收益的函数，技术创新能够改变企业要素投入产出的效率，进而影响产品的成本和收益函数（王晟锴等，2020；解茹玉、安立仁，2020；池仁勇等，2021）。通常而言，技术创新能够降低产品生产成本，提高消费者的产品使用收益，进而极大地促进产品需求（李晓敏等，2020）。Lin 等（2011）以及 Park 和 Lee（2012）在进一步的研究中发现，在一个颠覆性创新的产业里，由于消费者有限理性的存在，消费者很难向技术供应方发出明确的信号和想法，此时消费者偏好更容易受到创新的影响（削弱或增强），因此，技术创新决定市场需求的情形更容易在新兴产业中出现。

现阶段，与传统汽车相比，新能源汽车在创新扩散过程中面临着许多技术障碍（孙晓华等，2018；刘雅琴、余谦，2020），如充电时间过长、有限的续航里程以及不稳定的安全性等障碍（Illmann and Kluge，2020；Mahmoudzadeh et al.，2017）。这些技术障碍的存在会影响新能源汽车的性能与质量，增加消费者对新技术的感知风险，不利于技术扩散甚至会导致消费者需求外溢（孙早、许薛璐，2018；孙晓华等，2018）。中国汽车工业协会数据显示，尽管新能源汽车在中国发展迅速，但是相较于传统燃油汽车，新能源汽车的市场份额仍然较小，2020 年包括纯电动汽车（BEV）和混合动力汽车（PHEV）在内的中国新能源汽车的市场份额仅为 5.4%，全球新能源汽车的市场份额仅为 3.66%。创新理论认为，只有不断进行技术创新，才能够提高产品性能，进而通过技术扩散与规模经济降低产品的生产成本，增强产品的市场竞争优势，即"创新引致需求"（熊彼特，2015）。因此，想要完成新能源汽车对传统燃油汽车的替代，就需要通过技术创新延长一次充电的巡航里程，增加安全性能，降低售价，提高其在汽车市场中的竞争优势，进而加快新能源汽车的推广步伐

(李晓敏等，2022）。当前，技术创新的关键领域是"三电"技术，即电池技术、电机技术和电控技术。另外，新能源汽车与可再生能源发电、储能技术、移动能源互联网的结合，是未来的技术发展方向①。

三 充电障碍突破路径分析

完善充电网络是突破充电障碍的关键路径。广泛分布的充电基础设施能够缓解消费者的里程（范围）焦虑，从而增加其在新能源汽车上的效用并促进新能源汽车的普及（Morrissey et al., 2016; Zhang et al., 2018）。充电基础设施作为新能源汽车的互补品，在很大程度上决定着新能源汽车的扩散速度（孙晓华等，2018）。间接网络效应理论认为充电基础设施作为新能源汽车的互补品，其数量的增加能够提高消费者购买新能源汽车的使用效用（孙晓华等，2018）。这种网络效应主要体现在两个方面：提高使用便利性和降低使用成本。在提高使用便利性方面，充电桩和公共充电站的建设数量增加能够大幅降低消费者在新能源汽车充电过程中的等待时间，节约消费者的时间成本（Zhu et al., 2019）；在降低使用成本方面，市场经济作用下的充电基础设施的供给数量随着新能源汽车用户规模的不断扩大而增加，在这种规模经济效应的影响下，充电服务提供者的竞争加剧导致充电成本下降，消费者后续的使用成本也随之下降，从而能够提高消费者的购买意愿（孙晓华等，2018）。如果充电设施发展滞后，将会严重限制新能源汽车的市场扩散。Yu 等（2016）基于博弈模型描述了美国新能源汽车及充电站市场的一般均衡状态，认为充电设施与新能源汽车需求之间"鸡与蛋"式的启动难题是新能源汽车发展缓慢的重要原因。因此，如何发挥与充电基础设施相关的间接网络效应，是新能源汽车市场培育需要解决的核心问题（孙晓华等，2018）。

四 认知障碍突破路径分析

政府采购和可再生能源发展对克服认知障碍至关重要。作为一种新的环境有益创新，新能源汽车采用水平较低与环境有益创新的扩散过慢息息相关（Egnér and Trosvik, 2018）。在新能源汽车推广初始阶段，因市场信息不完全和消费者有限理性的存在，消费者很难全面了解新能源汽车性能、配套设施、使用成本、维护成本等信息，对新能源汽车了解和认知程

---

① 欧阳明高：《补贴退坡 新能源汽车的未来在哪里？》，网易新闻（https://www.163.com/dy/article/ET7P4TS405509P99.html）。

度低，存在较高的感知风险，导致新能源汽车的扩散极为困难（孙晓华等，2018）。因此，消费者的知识和经验是提高新能源汽车采纳意愿的关键因素（Bakker and Trip，2013）。只有通过加快信息传播，丰富消费者关于新能源汽车的知识和经验，提高其对新能源汽车的认知，才能消除和缓解信息不完全和有限理性障碍，加快新能源汽车的扩散。

(一) 政府采购

政府采购对新能源汽车私人消费具有"示范效应"。政府采购能够通过示范引导促进新能源汽车知识信息的传播和消费者驾驶经验的积累，进而显著提高消费者对新能源汽车的采纳意愿（Bakker and Trip，2013；Egnér and Trosvik，2018）。一方面，政府在公共领域采购新能源汽车能够向公众传达政府支持该技术的态度，形成对新能源汽车支持的社会舆论，促进新能源汽车知识和信息的传播，强化消费者对新能源汽车的理解和认知程度，降低消费者对新能源汽车的感知风险，加快新能源汽车的扩散（Bakker and Trip，2013）；另一方面，政府采购还能够作为一种商业化平台，给予潜在消费者近距离观察驾驶新能源汽车的机会和驾驶体验，为消费者积累驾驶经验（Egnér and Trosvik，2018），提高消费者对新能源汽车的技术信任程度（孙晓华等，2018），进而提高消费者对新能源汽车的采纳意愿。此外，基于直接网络效应理论可知，政府在公共领域采购新能源汽车还意味着市场上新能源汽车用户基数的扩大，能够提高潜在消费者购买新能源汽车的效用，从而引发消费者的从众心理和攀比心理（Kestera et al.，2018）。特别是在新能源汽车具有路权优先的城市，当政府领导出行以及大规模集体活动的用车均为新能源汽车时，消费者的从众心理和攀比心理更加强烈（Bakker and Trip，2013），这是因为新能源汽车作为一种新产品，容易被视为引领潮流，拥有新能源汽车可能成为一种时尚（孙晓华等，2018）。

(二) 可再生能源发展

大力发展可再生能源能够激发消费者的"环保动机"和"经济动机"，进而提高消费者购买新能源汽车的意愿。首先，可再生能源与新能源汽车二者具有高度的技术互补性，协同发展的潜力巨大（Dias et al.，2014；Hennings et al.，2013；Weiller and Sioshansi，2014）。只有当新能源汽车充电的电力来源为可再生能源时，新能源汽车才是真正意义上环保的清洁汽车，从新能源汽车的整个生命周期来讲才能够减少污染排放（Haddadian et al.，2015；Mclaren et al.，2016）。因此，有环保意识的消费者会更倾向于用可再生能源发电来给新能源汽车充电。Axsen 和 Kurani

(2013)针对消费者做了一项调查发现,如果电力来自可再生能源,那么电动汽车需求将增加23%。其次,消费者通过可再生能源发电和智能电网系统给新能源汽车充电时,可以选择在电网的用电低峰期充电(电价低),在电网的用电高峰期把电动汽车电池中的电量输入电网,即卖电(电价高),从而赚取"差价",因此,消费者具有购买和使用新能源汽车的"经济动机"。

五 气温障碍突破路径分析

技术创新对克服气温障碍也至关重要。当前在低温和高温环境下,新能源汽车续航里程降幅大、充电慢、安全性差等问题降低了新能源汽车对消费者的吸引力,阻碍了新能源汽车的市场推广。当前新能源汽车市场推广的四大障碍("里程焦虑""速度焦虑""安全焦虑""充电焦虑")均与气温密切相关。首先,高温或低温天气会影响电池的活性,从而弱化新能源汽车的续航能力与加速能力,扩大消费者的"里程焦虑"与"速度焦虑"。其次,高温或低温会促使消费者打开车载空调以调节车内温度,进一步降低续航能力,扩大"里程焦虑"。此外,极端高温或低温还会影响新能源汽车的安全性,增加了新能源汽车发生事故的概率和"安全焦虑"。最后,极端高温或低温还会降低新能源汽车的充电效率,延长充电时间,提高了消费者的等待成本和"充电焦虑"。当前,受电池系统与车辆保温隔热系统技术水平的限制,极端气温影响了新能源汽车性能,进而阻碍了新能源汽车推广。因此,长远来看,只有通过技术创新实现新能源汽车的全气候运行,才能有效地克服气温障碍对新能源汽车推广的约束。

六 小结

基于以上分析,本书重点从产业政策、技术进步、充电基础设施、政府采购、可再生能源发电和地区气温六个方面探寻新能源汽车产业高质量发展的突破路径。产业政策能够为消费者提供经济激励,减少成本障碍;技术创新可以改善新能源汽车性能,减少新能源汽车推广的技术障碍和气温障碍;充电基础设施的完善能够缓解里程焦虑,破除充电障碍;政府采购和可再生能源发展则可以通过示范效应和加快新能源汽车相关信息的传播,提高消费者对新能源汽车的认可度和接受度,进而降低认知障碍。如图3-7所示。

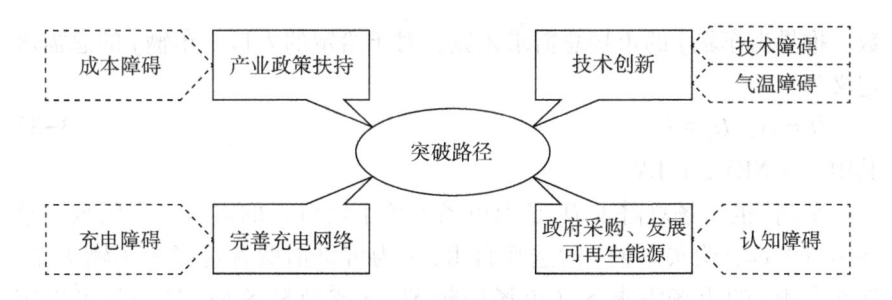

图 3-7　新能源汽车发展的突破路径

本章第五节构建了新能源汽车发展的理论机制和分析框架，在此基础上，第四章至第九章分别实证研究产业政策、技术进步、充电基础设施、政府采购、可再生能源发电和地区气温对新能源汽车发展的影响。

第五节　新能源汽车发展的理论机制和分析框架

关于新能源汽车推广的理论机制和分析框架的构建，本书首先模拟个体消费者对车辆购买的行为，建立车辆选择的效用函数。这一模型最早由 Berry 等（1995）建立，后经 Diamond（2009）、Beresteanu 和 Li（2011）、Egnér 和 Trosvik（2018）扩展。本书在此基础上进一步拓展。假设单个消费者的行为选择是其效用最大化的权衡结果，并且为了简单起见，本书假设消费者在新能源汽车和传统燃油汽车之间进行选择。本书让 i 表示消费者，j 表示车辆，其选择集包括新能源汽车（New Energy Vehicles, NEV）和传统燃油汽车（Internal Combustion Engine Vehicles, ICEV）。在给定时间段内，消费者 i 购买车辆 j 的效用函数被定义为

$$U_{ij} = F(\theta_j; x_j; \xi_j; p_j; \lambda_i) + \varepsilon_{ij} \tag{3-1}$$

式中：θ_j 为与车辆 j 相关的政策变量；x_j 为车辆 j 的可观察到的产品属性；ξ_j 为车辆 j 的不可观测到的产品属性；p_j 为车辆 j 的价格；λ_i 为表征消费者 i 偏好和社会经济特征的向量；ε_{ij} 为一个包含随机冲击和其他车辆需求特征的误差项。

在给定的时间段内，消费者选择购买新能源汽车，当且仅当

$$U_{i,NEV} \geq U_{i,ICEV} \tag{3-2}$$

这就是说，当且仅当购买 NEV 的效用高于（或等于）购买 ICEV 的效用时，该个体消费者才会选择购买 NEV。基于方程（3-1）中的效用函

数，推导出车辆 j 的市场总需求函数。对于给定的人口，车辆 j 的总需求定义为

$$D_j = \{i: U_{ij} \geq U_{ir}\} \tag{3-3}$$

其中：r = NEV，ICEV。

车辆 j 的市场总需求 D_j 是由市场上单个消费者的需求总和组成，这些消费者具有购买车辆 j 的选择自由；r 为可供消费者选择的车辆类型。那么车辆 j 的市场需求 S_j（市场份额 Share 或销量 Sales）进一步可以定义为

$$S_j = F(\theta_j; x_j; \xi_j; p_j; \lambda_i) + \varepsilon_{ij} \tag{3-4}$$

此时，车辆 j 市场需求仍然是关于政策变量、车辆属性、车辆不可观测属性、消费者经济社会属性、车辆价格的函数。其中，S_j 为车辆 j 的市场份额 $Share_j$ 或者销量 $Sales_j$。

为了更直观地表示各变量的含义，可用 $Policy_j$ 替换 θ_j 表示与车辆 j 相关的政策变量；x_j 是车辆 j 的可观测到的产品属性，新能源汽车的车辆性能主要取决于其技术水平（李晓敏等，2020），因此，用新能源汽车行业的技术水平 $Technology_j$ 替换车辆属性 x_j。ξ_j 表示车辆 j 的不可观测到的产品属性和外部环境因素，如产品使用的成本、相关配套设施的完备性和地区气候条件等。当前，同新能源汽车配套设施紧密相关的就是充电基础设施的完善程度（孙晓华等，2018），用 $Charger_j$ 表示。此外，新能源汽车的性能在不同气温条件下也会出现很大差异，特别是电池的续航能力（Li, et al., 2022），故在模型中单独引入气温 $Temperature$ 表征外部环境因素。λ_i 为新能源汽车消费者 i 的经济社会属性，本书采用城镇居民人均收入水平 $Income$、受教育水平 $Education$ 等变量来表征。

进一步，政府采购在带动新能源汽车私人消费方面具有示范效应（李晓敏、刘毅然，2023），可再生能源发展能够促进新能源汽车需求（Li et al., 2019）。因此，在模型中还引入政府采购水平 $Procurement$ 和可再生能源发电占比 $Renewables$。

综上所述，新能源汽车市场需求，现在可以定义为：

$$S = F(Policy; Technology; Charger; Procurement; Renewables; Temperature; Price; Gasprice; Income; Education) + \varepsilon \tag{3-5}$$

式（3-5）是本书实证研究的基准计量模型，各章基于研究目的、数据类型和数据可得性的情况，引入的变量和研究方法不尽相同。

第四章 产业政策与新能源汽车发展

第一节 中国新能源汽车产业政策实施现状

目前，中国是全球新能源汽车销量最大的市场，这和中国多元化的产业政策息息相关，多样的产业政策能够引导新能源汽车产业的发展方向，有效调整优化新能源汽车产业，推动新能源汽车产业结构升级。为了促进新能源汽车产业的快速发展，中国出台了一系列的产业激励政策。本节从购买补贴、购置税减免、不限行不限购三个方面分析了中国新能源汽车产业政策的现状。

一 购置补贴

（一）推广范围越来越大

2007年，中国开始将新能源汽车投入市场，为了促进新能源汽车的销量，2009年1月23日，财政部、科技部联合发布《关于开展节能与新能源汽车示范推广试点工作的通知》，在北京、上海、重庆等13个城市开展节能与新能源汽车示范推广试点工作，提出政府及地方财政将对购买和使用新能源汽车的单位给予购买补贴。2010年5月31日，财政部、科技部、工信部及国家发展改革委联合印发了《关于扩大公共服务领域节能与新能源汽车示范推广有关工作的通知》，在现有13个试点城市的基础上，增加天津、海口、郑州、厦门、苏州、唐山、广州7个试点城市。由于此时新能源汽车产业刚处于起步阶段，大众对该新兴产业还知之甚少，中央将重点放在公交、环卫、出租和邮政等公共服务领域率先进行推广。随着新能源汽车产业的逐渐成长，仅在公共服务领域推广使用是远远不够的，中国开始出台相应的政策挖掘私人对新能源汽车的需求。同样是在2010年5月31日，四部门联合发布《关于开展私人购买新能源汽车补贴试点的通知》，确定先在北京、深圳、上海、杭州、合肥、长春6个城市启动私人购买新能源汽车补贴试点工作，补贴最高额度为6万元。2013年9月13日，四部门联合出台《关于继续开展新能源汽车推广应用工作的通知》，继续依托城市尤其是特大城市推广应用新能源汽车。重点在京津冀、长三角、珠三角等细颗粒物治理任务较重的区域，选择积极性较高的特大城市或城市群实施。该文件表明中国政府对私人购买领域和公共服务领域的扶持补贴范围进一步扩大。为保持政策连续性，促进新能源汽车产业加快发展，2015年4月22日，四部门联合发布了《关于2016—2020年新能源汽车推广应用财政支持政策的通知》，将在全国范围内开展新能源汽车推广应用工作。2016年12月29日，四部门联合发布《关于调整新能源汽车推广应用财政补贴政策的通知》，要求从2017年1月1日起：提高推荐车型目录门槛并动态调整；在保持2016—2020年补贴政策总体稳定的前提下，调整新能源汽车补贴标准；改进补贴资金拨付方式。继2018年2月12日《关于调整完善新能源汽车推广应用财政补贴政策的通知》出台后，《关于支持新能源公交车推广应用的通知》《关于完善新能源汽车推广应用财政补贴政策的通知》于2019年5月8日和2020年4月23日相继出台。

从表4-1对中国近十几年的购买补贴政策的梳理可以看出，中国对于

表4-1 中国近十几年新能源汽车财政补贴推广范围

年份	2009	2010	2010	2013	2015	2016	2020
政策名称	《关于开展节能与新能源汽车示范推广试点工作的通知》	《关于扩大公共服务领域节能与新能源汽车示范推广有关工作的通知》	《关于开展私人购买新能源汽车补贴试点的通知》	《关于继续开展新能源汽车推广应用工作的通知》	《关于2016—2020年新能源汽车推广应用财政支持政策的通知》	《关于调整新能源汽车推广应用财政补贴政策的通知》	《关于完善新能源汽车推广应用财政补贴政策的通知》
推广范围	在北京、上海等13个城市的公共服务领域试点推广	在现有13个试点城市的基础上，增加天津、海口等7个试点城市	增加北京、深圳等6个城市进行私人购买新能源汽车补贴试点	京津冀、长三角、珠三角等细颗粒物治理任务较重的区域	全国范围		

注：如无特殊说明，本书表格中所称"年份"均为政策出台或印发年份；下同。

资料来源：笔者根据政策文件内容整理所得。

新能源汽车的购买补贴政策的推广范围越来越大。从广度上看，经历了从试点城市推向城市群，进而推向全国；从深度上看，在示范推广初期，主要选择部分大中城市的公交、出租、公务、环卫和邮政等公共服务领域进行试点，之后扩展到试点城市的私人领域，进而扩展到全国范围。

（二）技术门槛越来越高

2009 年，财政部第一次发布有关新能源汽车购买补贴的政策《关于开展节能与新能源汽车示范推广试点工作的通知》时，对插电式混合动力汽车、纯电动汽车、燃料电池汽车的补助分别以它们的节油率及最大电功率为标准。2010 年，《关于开展私人购买新能源汽车补贴试点的通知》规定，纯电动乘用车和插电式混合动力乘用车动力电池组能量应分别高于 15 千瓦时和 10 千瓦时。2013 年，《关于继续开展新能源汽车推广应用工作的通知》首先明确，2013—2015 年私人购买领域补贴标准根据电池续航里程数确定，这向企业明示了技术创新方向，可以有效解决电动汽车里程不足的问题。公共服务领域根据车型进行差异化补贴。为加快新能源汽车产业发展，推进节能减排，促进大气污染治理，2015 年 4 月 22 日，四部门联合发布了《关于 2016—2020 年新能源汽车推广应用财政支持政策的通知》，补助标准主要依据节能减排效果，提高了纳入中央财政补助范围的新能源汽车产品的里程等技术要求。2016 年 12 月 29 日，《关于调整新能源汽车推广应用财政补贴政策的通知》出台，并于 2017 年 1 月 1 日开始执行。该通知提高了申领补贴的产品技术门槛，增加了整车能耗要求，提高了整车续驶里程门槛、动力电池的安全性和循环寿命、充放电性能以及汽车安全的要求。2018 年《关于调整完善新能源汽车推广应用财政补贴政策的通知》对新能源汽车推广应用财政补贴政策进行了调整完善，进一步提高了各类新能源汽车的电池系统能量密度门槛和整车能耗要求，同时不断提高燃料电池汽车技术门槛。2020 年，《关于完善新能源汽车推广应用财政补贴政策的通知》进一步完善了新能源汽车的财政补贴政策，在技术指标方面，主要是稳步提高新能源汽车动力电池系统能量密度的门槛要求，适度提高新能源汽车整车能耗和纯电动乘用车续驶里程的门槛要求。

从表 4-2 对新能源汽车财政补贴计算标准的梳理可以看出，中国对于新能源汽车的购买补贴的技术门槛越来越高：一方面，对于汽车的技术要求越来越多；另一方面，对于补贴计算的各项技术要求的下限越来越高。购买补贴政策逐渐引导着技术门槛要求不断提高，鼓励高能量密度和低电耗技术，这不仅能够减轻新能源汽车的成本障碍，而且可以促进企业技术创新，从而不断提高产业技术水平，增强核心竞争力，消除新能源汽车在技术上的推广障碍。

表4-2　　　　　　　　新能源汽车财政补贴计算标准

年份	2009	2010	2013	2015	2016	2020
政策名称	《关于开展节能与新能源汽车示范推广试点工作的通知》	《关于开展私人购买新能源汽车补贴试点的通知》	《关于继续开展新能源汽车推广应用工作的通知》	《关于2016—2020年新能源汽车推广应用财政支持政策的通知》	《关于调整新能源汽车推广应用财政补贴政策的通知》	《关于完善新能源汽车推广应用财政补贴政策的通知》
计算标准 纯电动汽车（BEV）	最大电功率比	动力电池组能量	续航里程	续航里程	续航里程、电池系统质量、能量密度、百公里耗电量	续航里程、电池系统质量、能量密度、百公里耗电量
计算标准 插电式混合动力车（PHEV）	节油率、最大电功率比	动力电池组能量	续电续航里程	续电续航里程、燃料消耗水平	续电续航里程、燃料消耗水平	续电续航里程、燃料消耗水平
计算标准 燃料电池汽车（FCEV）	最大电功率比	动力电池组能量	续航里程	续航里程	电池系统额定功率、纯电续航里程	"以奖代补"：对示范城市给予奖励

资料来源：笔者根据政策文件内容整理所得。

（三）退坡力度越来越大

为刺激新能源汽车的消费，财政部在2009年和2010年分别发布的针对公共服务领域和私人购买领域的政策中均规定，对于纯电动汽车、插电式混合动力汽车、燃料电池汽车分别给予每辆最高6万元、5万元、25万元的补贴。2013年，在《关于继续开展新能源汽车推广应用工作的通知》中，对于插电式混合动力汽车、燃料电池汽车的最高补助都有所降低，指出2014年和2015年纯电动乘用车、插电式混合动力（含增程式）乘用车、燃料电池汽车补助标准在2013年标准基础上分别下降5%和10%。2015年4月22日，财政部、工信部、科技部、国家发展改革委四部门联合发布的《关于2016—2020年新能源汽车推广应用财政支持政策的通知》中提到，除燃料电池汽车外其他车型补助标准适当退坡。2016年12

月 29 日，出台《关于调整新能源汽车推广应用财政补贴政策的通知》，加快了退坡速度和规定了各种补贴的上限，除燃料电池汽车外，各类车型 2019—2020 年中央及地方补贴标准和上限，在现行标准基础上退坡 20%。2018 年、2019 年分别对新能源汽车推广应用财政补贴政策进行调整完善，补贴标准方面，加大退坡力度、分阶段释放压力；规定 2019 年补贴标准在 2018 年基础上平均退坡 50%；过渡期结束后不再对新能源汽车（公交车和燃料电池汽车除外）给予购置补贴。受多重不利因素叠加影响，2019 年中国新能源汽车销量同比下降 4.0%，加上新冠疫情的冲击，1—3 月新能源汽车销量同比下降 56.4%[①]。为保持新能源汽车产业的活力，2020 年 4 月 23 日，财政部、工信部、科技部、国家发展改革委四部门在《关于完善新能源汽车推广应用财政补贴政策的通知》中精准施策，延续了对新能源汽车的财税政策支持，使中国新能源汽车产业保持良好的发展势头，提升产业竞争力。一方面延长补贴期限、平缓补贴退坡力度和节奏，将新能源汽车推广应用财政补贴政策实施期限延长至 2022 年底，原则上 2020—2022 年补贴标准分别在上一年的基础上退坡 10%、20%、30%；另一方面首次增加设置了年度补贴 200 万辆上限和 30 万元限价的考虑，可避免补贴资金大量流向奢侈消费，使产业逐步向市场化发展平稳过渡。

从表 4-3 对新能源汽车财政补贴标准的梳理可以看出，中国对新能源汽车的购买补贴退坡幅度越来越大。一方面，退坡速度越来越快，随着新能源汽车产业的发展，退坡速度由 2014 年在上一年基础上退坡 5%，演变到新规规定的 2020—2022 年补贴标准分别在上一年基础上退坡 10%、20%、30%；另一方面，补助上限越来越低，2009—2022 年，对纯电动汽车的补贴由最高 6 万元/辆演变为 2.25 万元/辆，对插电式混合动力汽车由最高 5 万元/辆演变为 0.48 万元/辆。

总体来看，购买补贴政策能够积极引导新能源汽车产业的创新发展。在产业发展初期，通过补贴等方式降低新能源汽车与传统汽车的成本差距，有助于快速扩大规模、启动市场。随着产销规模不断扩大，将产生规模效应，与传统车的差距加快缩小，补贴等政策相应地逐步退出。实践证明，2016 年以来的补贴政策动态调整机制，能够积极推动新能源汽车产业做优、做强、做大，提升竞争力，实现产业高质量发展。

---

① 《关于〈财政部工业和信息化部科技部发展改革委关于完善新能源汽车推广应用财政补贴政策的通知〉（财建〔2020〕86 号）的解读》，中华人民共和国财政部网站（http：//jjs.mof.gov.cn/tongzhigonggao/202004/t20200423_3503075.htm），2020 年 4 月 23 日。

表 4-3 新能源汽车财政补贴标准

实施时间	2009年1月23日至2013年9月15日	2013年9月16日至2015年12月31日	2016年1月1日至2017年12月31日	2017年1月1日至2018年2月11日	2018年2月12日至2020年4月22日	2020年4月23日至2020年12月31日	2021年1月1日至2021年12月31日	2022年1月1日至2022年12月31日
政策名称	《关于开展节能与新能源汽车示范推广试点工作的通知》	《关于继续开展新能源汽车推广应用工作的通知》	《关于2016—2020年新能源汽车推广应用财政支持政策的通知》	《关于调整新能源汽车推广应用财政补贴政策的通知》	《关于调整完善新能源汽车推广应用财政补贴政策的通知》	《关于完善新能源汽车推广应用财政补贴政策的通知》	《关于进一步完善新能源汽车推广应用财政补贴政策的通知》	《关于2022年新能源汽车推广应用财政补贴政策的通知》
财政补贴标准 纯电动汽车(BEV)	最高6万元/辆	根据续航里程80—250公里补贴3.5万—6万元 在2013年基础上退坡5%, 2014年退坡5%, 2015年退坡10%	根据续航里程100—250公里补贴2.5万—5.5万元	根据续航里程等10多项要求补贴2万—4.4万元	根据续航里程等10多项要求补贴1.5万—5万元	根据续航里程等10多项要求补贴1.62万—2.25万元	在2020年基础上退坡20%, 根据续航里程等10多项要求补贴1.3万—1.8万元	根据续航里程等10多项要求补贴0.91万—1.26万元
插电式混合动力汽车(PHEV)	最高5万元/辆	3.5万元/辆 2014年退坡5%, 2015年退坡10%	3万元/辆	2.4万元/辆	2.2万元/辆	0.85万元/辆	0.68万元/辆	0.48万元/辆
燃料电池汽车(FCEV)	25万元/辆	20万元/辆 2014年退坡5%, 2015年退坡10%	20万元/辆	6000元/千瓦, 上限20万元/辆	6000元/千瓦, 上限20万元/辆	—	过渡期同销售的燃料电池汽车按2018年对应标准的0.8倍补贴	—

资料来源：笔者根据政策文件内容整理所得。

二 购置税减免

（一）技术标准越来越高

为扩大汽车消费，加快汽车产业结构调整，推动节能与新能源汽车产业化，中国出台了免征车辆购置税政策大力支持新能源汽车产业。2014年8月1日，财政部、国家税务总局、工信部、科技部发布的《关于免征新能源汽车车辆购置税的公告》首次提出了新能源汽车行业的减免购置税政策。2014年9月1日至2017年12月31日，对续航里程分别达到80公里、50公里、150公里的纯电动汽车、插电式（含增程式）混合动力汽车和燃料电池汽车免征车辆购置税。2017年12月26日，财政部等四部门发布的《关于免征新能源汽车车辆购置税的公告》新增了免征车辆购置税各类新能源车型新的技术标准并提高了对于续航里程要求的门槛。2020年4月22日，财政部、国家税务总局、工信部联合发布《关于新能源汽车免征车辆购置税有关政策的公告》提出2021年1月1日至2022年12月31日继续对购置的新能源汽车免征购置税，2022年9月18日，《关于延续新能源汽车免征车辆购置税政策的公告》将这一政策有效期延续到2023年12月31日。新能源汽车购置税减免标准如表4-4所示。

表4-4　　　　　　　新能源汽车购置税减免标准

实施年份	2014年9月1日至2017年12月31日	2018年1月1日至2020年12月31日	2021年1月1日至2022年12月31日	2023年1月1日至2023年12月31日
政策名称	《关于免征新能源汽车车辆购置税的公告》	《关于免征新能源汽车车辆购置税的公告》	《关于新能源汽车免征车辆购置税有关政策的公告》	《关于延续新能源汽车免征车辆购置税政策的公告》
减免标准 纯电动汽车（BEV）	续航里程≥80公里	续航里程≥100公里 电池系统的质量能量密度 百公里耗电量		续航里程≥100公里 电池系统的质量能量密度 百公里耗电量
插电式（含增程式）混合动力汽车（PHEV）	续航里程≥50公里（工况法）≥70公里（等速法）	续航里程≥50公里 燃料消耗水平 百公里耗电量		续航里程≥50公里 燃料消耗水平 百公里耗电量
燃料电池汽车（FCEV）	续航里程≥150公里	续航里程≥300公里 额定功率≥10千瓦		续航里程≥300公里 额定功率≥10千瓦

资料来源：笔者根据政策文件内容整理所得。

(二) 企业要求越来越细

2014年8月1日，财政部等四部门在《关于免征新能源汽车车辆购置税的公告》中提出，2014年9月1日至2017年12月31日，对纯电动汽车、插电式（含增程式）混合动力汽车和燃料电池汽车免征车辆购置税，此时对于企业的要求是对新能源汽车动力电池、电机、电控等关键零部件提供不低于5年或10万公里（以先到者为准）质保和有较强的售后服务保障能力，目前还没有作出进一步详细的要求。2017年12月26日，财政部、国家税务总局、工信部、科技部发布《关于免征新能源车辆购置税的公告》，规定了新能源汽车企业在生产、售后服务等方面的具体要求并提高了技术要求标准。首先，企业应向消费者提供动力电池等储能装置、驱动电机、电机控制器质量保证。其次，乘用车企业应提供不低于8年或12万公里（以先到者为准）的质保期限。最后，企业应当建立包含新能源汽车产品质量保证承诺、售后服务项目及内容等7项售后服务承诺制度；应当建立新能源汽车产品运行安全状态监测平台，对已销售的全部新能源汽车产品的运行安全状态进行监测等，这进一步激发了企业的创新动力并确保了新能源汽车产品的安全保障体系正常运行。2020年4月22日，财政部、国家税务总局、工信部等联合发布《关于新能源汽车免征车辆购置税有关政策的公告》，提出2021年1月1日至2022年12月31日继续对购置的新能源汽车免征购置税。新能源汽车购置税减免政策企业要求如表4-5所示。

表4-5　　　　　新能源汽车购置税减免政策企业要求

实施时间	2014年9月1日至2017年12月31日	2018年1月1日至2020年12月31日	2021年1月至2023年12月31日
政策名称	《关于免征新能源汽车车辆购置税的公告》	《关于免征新能源汽车车辆购置税的公告》	《关于新能源汽车免征车辆购置税有关政策的公告》
企业要求	提供不低于5年或10万公里质保，有较强的售后服务保障能力	不低于8年或12万公里质保，建立新能源汽车产品售后服务承诺制度，建立新能源汽车产品运行安全状态监测平台等	不低于8年或12万公里质保，建立新能源汽车产品售后服务承诺制度，建立新能源汽车产品运行安全状态监测平台等

资料来源：笔者根据政策文件内容整理所得。

可以看到，购置税减免政策在短期内将持续有效，在补贴逐渐退坡的趋势下，作为同财政补贴平行的替代性货币激励手段，购置税减免政策在扩大新能源汽车消费中发挥了重要作用。

三 不限行不限购

不限行不限购政策是继购买补贴、购置税减免之后中国出台的又一项促进新能源汽车推广的具有中国特色的优惠政策，针对的是部分省份实施汽车限行限购政策后消费者购车消费的痛点。从2010年12月23日北京公布《北京市小客车数量调控暂行规定》成为国内首个发布汽车限购令的城市，到2018年海南宣布全省开始限购，中国共计有三个直辖市（北京、上海、天津）、五个大城市（广州、深圳、石家庄、杭州、贵阳）和一个省（海南）正在或已施行汽车限购。限购的方式主要有"车票摇号"和"车牌竞拍"两种方式，摇号买车的方法是先报名预约排队，再统一参加摇号；车辆竞拍即拍卖，是指以公开竞价的形式，将汽车财产权利转让给最高应价者的商业方式。而限行政策是北京在2007年奥运会测试赛期间，为了缓解城市交通压力出台，到今天限行已成为缓解交通拥堵的有力措施并在多地实施。

无论是限购还是限行政策都增加了居民购买小客车的难度和成本，限购政策直接减少了居民对汽车的需求量，限行政策在一定程度上降低了居民购买汽车的决策意愿，两者共同作用降低了居民对汽车的需求（如图4-1所示）。正因如此，针对新能源汽车放松限购和限行的措施恰好迎合了消费者急于购车的心理需要，成为支持新能源汽车推广的有效政策。

图4-1 机动车限行限购政策对传统燃油车和新能源汽车需求的影响
资料来源：笔者自行绘制。

2014年7月21日，国务院办公厅《关于加快新能源汽车推广应用的指导意见》要求实行差异化的新能源汽车交通管理政策，有关地区为缓解交通拥堵采取机动车限购、限行措施时，应当对新能源汽车给予优惠和便利；改进道路交通技术监控系统，通过号牌自动识别系统对新能源汽车的通行给予便利。这是中国首次对新能源汽车在放松限行限购方面作出规定，但由于各地实际情况的差异，全国范围的新能源汽车不限行不限购并没有真正实施。

（一）不限行城市逐渐增加，不限行范围逐步拓宽

随着人们对绿色出行的认可不断提高，以及对友好环境的诉求不断增强，一些省份在探索本地的不限行不限购政策方面取得了一定程度的进展。在不限行方面，在全面放开新能源汽车限行前，有多个省份为了促进整个汽车产业的发展，还老百姓蓝天白云的倡议，出台过不少地方性的政策。如2015年6月①，北京市为了鼓励市民使用纯电动新能源汽车，规定纯电动小客车从6月1日起工作日高峰时段不限行。这是第一个机动车限行政策的例外。2015年10月②，甘肃省公安部门出台了差别化的交通管理规定措施：在明确对新能源汽车不实行机动车限号、限行措施的同时，对新能源汽车独立分类注册登记并发放专属号段，于甘肃省注册登记的新能源汽车，在省内将享受停车费减半的优惠，并享受共用城市公交专用车道等通行便利。天津市自2016年1月1日起，核发号牌的新能源汽车不受机动车尾号限行管理措施限制。山西省规定，2015年1月1日至2017年12月31日，对标注的燃气重卡和甲醇重卡汽车，在山西省境内高速公路通行时减半征收高速路通行费。2016年4月，上海市七部门联合发布的《上海市鼓励购买和使用新能源汽车暂行办法（2016年修订）》提出，在采取机动车限行措施时，应当对新能源汽车给予优惠和通行便利。2017年9月，《关于印发促进道路货运行业健康稳定发展行动计划（2017—2020年）的通知》要求对于符合标准的新能源配送车辆给予通行便利，完善城市物流配送体系。2017年11月，公安部宣布为新能源电动汽车推出专属牌照，实行"绿色车牌"，并于2017年12月正式施行。2018年上半年公安部宣布在全国所有城市、所有片区全面启用新能源号牌。该项政策使市民和执法人员能够更好地区分燃油车和新能源汽车，突出新能源汽车在不限行方面的优势。放松限行政策的城市不断扩展（见图4-2）。以成都为例：悬挂绿色车牌的车辆可以不受尾号限行，享受大量停车场免费两小时停车等多项优惠条件。

---

① 《北京：纯电动小客车从6月1日起工作日高峰时段不限行》，央视网（http://news.cntv.cn/2015/05/20/ARTI1432083231869140.shtml）。
② 《甘肃推广新能源汽车：不限号不限行停车费减半》，央视网（http://news.cntv.cn/2015/10/04/ARTI14439216321116406.shtml）。

图 4-2　放松限行政策的城市不断扩展

资料来源：央视网数据。

2018年9月17日，国务院办公厅发布《推进运输结构调整三年行动计划（2018—2020年）》的通知，要求结合城市配送需求，制定新能源城市配送车辆便利通行政策，改善车辆通行条件。在重点物流园区、铁路物流中心、机场、港口等推广使用电动化、清洁化作业车辆。

通过总结不同时期出台的各项政策，可以从不同的侧面看出针对新能源汽车的限行政策是逐步放开的，从2015年北京放开纯电动新能源汽车限行令到2016年上海给予新能源汽车优惠通行条件，对新能源汽车放松限行政策得到了更大范围的认可和推广。另外，从甘肃省新能源汽车享受共用城市公交专用车道、山西特定新能源车辆高速通行费减半征收，到推出绿色车牌，新能源汽车不限行的范围是逐步拓宽的，这都对新能源汽车产业的发展和新能源汽车的推广产生了长足的正向影响，如图4-3所示。

图 4-3　不限行范围逐渐扩大

资料来源：央视网数据。

（二）限购令不断放松，插电式混合动力等多种类型新能源汽车获同等待遇

在不限购方面，国内有相当一部分城市一方面强调要大力鼓励新能源汽车产业发展，另一方面仍对新能源汽车实行"摇号"上牌的实际性限制政策，这在客观上阻碍了新能源汽车的普及和推广。为了改变这种状

况，2015年9月，国务院常务会议要求各地不得对新能源汽车实行限购，已实行的应当取消，这是推动新能源汽车不限购前进的一大步。这次规定的另一个重要意义是一直被排除在一些城市新能源汽车政策以外的插电式混合动力汽车获得了与纯电动汽车同等的待遇。作为新能源汽车之一的插电式混合动力车，长期以来并没有享受到与其他类型新能源汽车同样的优惠政策，如上文提到的北京市放开新能源汽车限行措施针对的是以可充电电池作为唯一动力来源、由电动机驱动的小客车，不包括插电式混合动力汽车。2019年6月，《推动重点消费品更新升级畅通资源循环利用实施方案（2019—2020年）》在全国层面对新能源汽车不限行不限购政策作出了规定，提出各地不得对新能源汽车实行限行、限购，已实行的应当取消。严禁各地出台新的汽车限购规定，已实施汽车限购的地方政府应当地实际情况加快由限制购买转向引导使用。

2020年7月，《关于完善新能源汽车推广应用财政补贴政策的通知》[①] 再次强调完善配套政策措施，营造良好发展环境，根据资源优势、产业基础等条件合理制定新能源汽车产业发展规划，并要确保规划落实。推动落实新能源汽车免限购、免限行、路权等支持政策，提高新能源汽车使用优势。

第二节 产业政策对新能源汽车发展的影响

关于产业政策对新能源汽车推广的效果，国内外学者开展了广泛而深入的研究。根据政策工具的不同产业政策可分为两类。

第一类是货币性政策。不少研究发现货币补贴政策在弥补新能源汽车高成本、高价格劣势方面具有正向的积极作用。Hong等（2012）使用Logit模型研究了韩国的税收优惠和初始的购买补贴对消费者购买新能源汽车概率的影响，发现税收优惠将使购买概率提高14%，而初始的购买补贴仅使购买概率提高7%，前者的有效性是后者的两倍。Gass等（2014）分析了澳大利亚三种不同政策的激励效果，发现与购买补贴相比，二氧化碳税减免和燃油税减免对推广的影响有限。Sierzchula等（2014）以2012年30个欧洲国家为样本，检验了购买补贴（或使用补

---

① 《关于完善新能源汽车推广应用财政补贴政策的通知》，中华人民共和国财政部中央人民政府网站（http://www.mof.gov.cn/index.htm）。

贴)与新能源汽车市场份额之间的关系,发现货币补贴对新能源汽车渗透率有显著的正向影响。Langbroek等(2016)的研究结果表明,使用补贴能够减少新能源汽车的使用成本,增加新能源汽车销售的概率。Mersky等(2016)通过市场用户调查研究了挪威现行的货币激励措施的有效性,研究表明价格激励政策相比免费充电或允许使用公交车专用通道更加有效。Lévay等(2017)基于欧洲8个国家的销售数据考察了财政补贴对新能源汽车的总拥有成本和净价格的影响,发现登记税免除和年税免除促进了大型新能源汽车的销售,总的购买补贴促进了小型新能源汽车的销售。与以上研究结论不同,Aasness和Odeck(2015)的研究结果显示,购置税减免和增值税豁免是新能源汽车最重要的购买动力。

一些学者特别研究了中国的问题。Han等(2014)分析了中国两阶段新能源汽车津贴计划(EVSS)对新能源汽车市场渗透率的影响,认为短期内中国的EVSS对于新能源汽车保持成本竞争优势十分必要。Helveston等(2015)研究了新能源汽车在中国要达到特定的市场份额需要多少补贴。宋燕飞等(2015)从企业资产角度研究发现,政府补贴对中国新能源汽车推广的作用不可替代。曹霞等(2018)基于政府、企业和消费三方演化博弈分析得出,政府对基础设施建设、企业技术研发的补贴越高,越有利于新能源汽车产业实现规模化,并提高消费者的购买积极性。高秀平和彭月兰(2018)对中国新能源汽车财税政策实施效果进行了评价,研究表明,财政补贴有利于促进企业研发创新,税收优惠更能提升企业的经营绩效。

第二类是非货币性政策。有学者还研究了其他非货币激励政策,如允许占用公交车道、免费停车和其他福利等政策工具对新能源汽车的影响。Langbroek等(2016)研究发现,作为财政补贴的替代性政策工具,免费停车和允许使用公交车道这些基于使用方面的刺激政策成本更低且更有效。Ajanovic和Haas(2016)认为,政府允许新能源汽车使用公共车道能够在消费者群体中产生良好的示范效应,从而提高消费者对新能源汽车的认可程度,进一步加快新能源汽车的推广。Jenn等(2018)考察了HOV车道[①]通道激励政策对新能源汽车推广的影响,发现在HOV车道密度高的州,政府实施HOV车道通道激励政策可以提高消费者的使用效用,

---

[①] HOV车道(High occupancy vehicle lane)也称高乘载车道,交通管理中将仅供乘坐至少某一规定乘客数的车辆通行的车道称为高容量车道,是美国、加拿大等国家为提高道路使用效率、缓解交通拥堵、促进交通节能减排而采用的交通管理措施。

进而提高消费者对新能源汽车的采纳意愿。还有一些学者从新技术扩散的视角考察了政府和公共机构采购政策的效果。Bakker和Trip（2013）认为地方政府通过政府采购，可以向公众传达政府支持新能源汽车的态度，加速新能源汽车技术的扩散。Filippa和Lina（2018）基于挪威的市级面板数据考察了公共采购的政策效果，结果显示，公共采购政策能够产生良好的示范效应，从而消除有限理性和不完全信息在消费者购买环节中的障碍，提高公众对新能源汽车的认可度和接受度，进而增加新能源汽车的销售份额。

陈麟瓒和王保林（2015）基于全寿命周期成本理论评估了新能源汽车需求侧创新政策的有效性，发现限行倾斜的政策效果要弱于购买补贴政策。与之相反，张国强和徐艳梅（2017）采用案例分析法比较了不同城市新能源汽车产业扶持政策的效果，结论显示不限行不限购等非财税类工具对新能源汽车销量的正向激励要优于财税类政策。李国栋等（2019）使用嵌套Logit需求模型对新能源汽车推广政策效果进行了定量评估，研究表明，单独使用财政补贴对新能源汽车推广效果不佳，限购政策和补贴政策组合使用可以显著提高上海市新能源汽车的销量。

综上所述，当前对新能源汽车产业政策的研究存在以下问题。一是由于新能源汽车行业缺少综合的市场需求数据，现有文献基于宏观销量数据方面的实证研究不足。二是基于问卷调查数据的实证研究因数据失真而影响结论的可靠性。根据经济学的显示性偏好理论，问卷调查数据并不能反映消费者的真实偏好，宏观的销量数据更能准确反映消费者的真实需求。三是关注政府和公共机构采购政策效果的研究匮乏。当前国内学者只有熊勇清等（2018）从供给方面考察了政府和公共机构采购政策对车企的激励效果。鉴于此，本节基于第三章第五节新能源汽车推广的计量方程式（3-5），以2012—2018年中国新能源乘用车市场份额的月度数据为被解释变量，以财政补贴、免购置税和不限行不限购三种政策为解释变量，加入新能源汽车电池专利申请量、充电桩数量、公共采购、新能源汽车售价、电池价格、油电价格之差作为控制变量，采用时间序列协整模型和误差修正模型对三项政策的效果进行量化评估。准确量化评估以往支持政策对新能源汽车推广的效果，可以为产业支持政策体系的调整和优化提供经验和理论依据。这不仅有利于中国政府在后补贴时代选择最优的补贴退坡速度，而且能够有序推进中国新能源汽车发展由补贴驱动向市场驱动转变，实现新能源汽车产业的持续健康发展。

一 研究方法和数据来源

（一）研究方法

为了检验新能源汽车销售份额同各变量之间是否存在长期稳定的协整（Cointegration）关系，本书选用 AE-G 两步检验法，以 ln$Share$ 为被解释变量，三类政策变量为主要解释变量，对各时间序列变量取过对数后，进行 OLS 回归并对其残差项单位根进行检验。

协整回归只考察了变量之间的长期关系，为进一步考察新能源汽车销售市场份额与各变量因素之间的短期动态关系，本书采用误差修正模型（Error Correction Model）来作进一步分析。本书保留了协整方程的残差作为误差修正项 ECM，并加入被解释变量 ln$Share$ 的差分滞后项，进一步对各变量进行误差修正分析。

（二）数据来源

新能源汽车在中国大规模推广是在 2011 年之后，基于新能源汽车市场份额和其他自变量数据的可得性，采用中国 2012 年 1 月至 2018 年 12 月的月度数据作为实证研究的数据基础。表 4-6 列出并描述了实证分析所使用的变量及数据来源。

表 4-6　　变量及数据来源

变量	变量解释	数据来源
$Share$	私人购买的新能源乘用车销量占全国乘用车销售市场的比例	全国乘用车市场信息联席会
$Subsidy2$ $Subsidy3$ $Subsidy4$	将 2012 年 1 月至 2018 年 12 月期间的中央最高财政补贴额划分为四个阶段，用三个虚拟变量表示	财政部、科技部、工业和信息化部、国家发展改革委
$Exemption$	新能源汽车购置税减免政策	财政部、国家税务总局、工业和信息化部
$Privilege$	新能源汽车全国不限购及不限行政策	国务院
$Demand$	因大城市机动车限购抑制的购车需求量，单位：辆	各城市交管局小汽车指标管理部门网站
$Patent$	新能源汽车电池储能领域月度专利申请数，单位：个	佰腾专利
$Charger$	全国公共充电桩的月度数量，单位：个	中国充电联盟

续表

变量	变量解释	数据来源
Procurement	公共采购,用政府和公共机构在公交、环卫、邮政、公务等公共领域新能源汽车的采购数量表示,单位:辆	节能与新能源汽车网、前瞻数据库
Price	新能源汽车售价,用上海汽车荣威 E550 月度成交价格来表示,单位:万元(全国成交均价)	达示数据平台
Battery	新能源汽车的电池成本,用比亚迪公司电池的月度售价来表示,单位:元	太平洋汽车网、比亚迪汽车官网
Cost	油电价格之差,单位:元	东方财富网、《中国电力年鉴》

因变量 Share 是中国新能源乘用汽车销售的市场份额,以全国私人购买的新能源乘用车(9 座以下的纯电动和插电式混动车)每月销量占全国乘用车总销售量之比表示。这里的全国新能源乘用车月度销量只包含私人购买的新能源汽车,不包含政府和公共机构采购的新能源汽车,这是因为与私人购买行为相比,公共采购是一种完全不同的决策行为。因变量之所以采用市场份额而不用销量是因为采用市场份额能够克服经济发展、居民收入增长、汽车行业周期等外部冲击对汽车(包括燃油汽车)销量的影响,更准确地捕捉新能源汽车需求的变化。许多学者在研究新能源汽车需求影响因素时,都采用市场份额这一指标,如 Sierzchula (2014)、Filippa 和 Lina (2018) 以及 Sónia 等 (2019)。此外,在样本研究期间,中国新能源汽车的月度市场份额最小为 0.37%,最大为 7.12%,均值为 0.013,方差为 0.016,具有一定的变化幅度。

主要的解释变量是中国新能源汽车的支持政策工具,包括财政补贴、免购置税和不限行不限购三类政策。根据中央财政补贴额度的不同,把财政补贴划分为 4 个阶段,以三个虚拟变量 $Subsidy2$、$Subsidy3$、$Subsidy4$ 来表示。第 1 阶段(2012 年 1 月至 2013 年 12 月):$Subsidy2=Subsidy3=Subsidy4=0$;第 2 阶段(2014 年 1—12 月):$Subsidy2=1$,$Subsidy3=Subsidy4=0$;第 3 阶段(2015 年 1 月至 2016 年 12 月):$Subsidy3=1$,$Subsidy2=Subsidy4=0$;第 4 阶段(2017 年 1 月至 2018 年 12 月):$Subsidy4=1$,$Subsidy2=Subsidy3=0$。对于中央财政补贴阶段的划分,国家 2010 年 6 月出台的《关于开展私人购买新能源汽车补贴试点的通知》明确指出,中央财政对试点城市私人购买、登记注册和使用的插电式混合动力乘用车和纯电动乘用车根据动力电池组能量确定给予一次性补贴,最高为 6 万元，故 2012 年 1 月至 2013 年 12 月是本书划分的第一阶段；2013 年 9 月出台《关于继续开展新能源汽车推广应用工作的通知》规定，补贴标准从 2014 年开始根据电池续航里程数确定，且补贴最高标准较 2013 年下降 5%，因此将 2014 年划分为第二阶段；2015 年 4 月，中央出台《关于 2016—2020 年新能源汽车推广应用财政支持政策的通知》，规定补贴标准进一步退坡，较 2013 年退坡 10%，因 2015 年与 2016 年的中央最高补贴额差距较小，故将 2015 年和 2016 年定义为第三阶段；2017 年中央出台的《关于调整新能源汽车推广应用财政补贴政策的通知》规定，2017 年开始补贴标准会更加细化和严格，补贴标准中加入电池能量密度、百公里耗电量，且补贴最高标准较 2016 年下降 20%，故将 2017 年和 2018 年定义为第四阶段（见图 4-4）。

图 4-4　新能源乘用车市场份额与中央最高补贴额

资料来源：全国乘用车市场信息联席会以及财政部、科技部、工业和信息化部、国家发展改革委官方网站。

Exemption 表示新能源汽车购置税减免政策（车船税征收金额较低，因此不纳入本文研究范围）。该变量为虚拟变量，用 0 表示政策尚未出台，2014 年 9 月政策出台后该变量为 1。

Privilege 表示新能源汽车不限购以及不限行政策，同样设置为虚拟变量，用 0 表示政策尚未出台，从 2015 年 9 月政策出台后该变量为 1。2015 年 9 月以来，国家在北京、上海、广州、杭州、天津和深圳 6 个经济发达城市通过车牌管制发放对燃油汽车进行限购，同时鼓励新能源汽车购买。此外，还在北京、杭州、天津等11个城市对机动燃油车尾号限行，而对新能源汽车实施不限行政策。

本书还考虑了因大城市燃油车限购而被抑制的购车需求，用来刻画中国特有的汽车限购政策所抑制的购车需求对新能源汽车推广的影响。*Demand* 表示因大城市燃油车限购而被抑制的购车需求变量，以每月申请机动车牌照的数量减去最终发放的牌照数量来表示。基于数据的可得性，本书以北京、上海、天津、广州、深圳和杭州6座城市每月因牌照发放管制限购政策而被抑制的购车需求之和来表示。

控制变量包括电池专利申请量、充电桩数量、公共采购数量、新能源汽车售价、电池成本、油电价格之差。*Patent* 表示中国新能源汽车行业的电池技术水平，基于 Choi（2018）的研究，用电池储能领域的月度专利申请量来衡量。*Charger* 表示充电桩数量，以全国公共充电桩月度新增数量来衡量。*Procurement* 表示新能源汽车的公共采购数量。根据熊勇清等（2018）对新能源汽车公共采购的定义，本书用全国各级政府和公共机构在公交、环卫、邮政、公务等公共领域推广的新能源汽车数量来表征。*Price* 表示新能源汽车售价，以上海汽车公司旗下的新能源汽车荣威 E550 的月度成交均价来表示，这样做一是基于数据可得性的考虑，二是面临新能源汽车市场的竞争某一款车型月度成交均价的变化可以反映出全国新能源汽车售价的整体变动情况。*Battery* 表示新能源汽车的电池成本，用比亚迪电池组更换的月度价格来衡量。*Cost* 表示油电价格之差，用每升成品汽油价格减去每度居民用电价格来表示，该变量可以反映新能源汽车在使用成本上比较优势的变化。

二　实证结果和分析

（一）协整结果分析

首先，对各时间序列变量进行了单位根检验，检验结果显示各变量都存在单位根，非0阶平稳序列。进一步对各变量进行一阶差分，结果显示各变量均为一阶单整的平稳序列。其次，对各变量进行 OLS 回归，结果如表4-7所示。从模型估计结果可以看出，R^2 和 Adjusted R^2 分别为 0.962、0.956，拟合结果显示回归方程和变量的实际趋势拟合度较好。进一步保留模型残差项，对其进行单位根检验，结果如表4-8所示：检验结果显示协整回归模型的 t 值小于1%水平临界值，因此残差项没有单位根，这表明残差序列是平稳的，协整回归模型的被解释变量和解释变量之间存在长期稳定的趋势，即变量之间具有协整关系。

表 4-7　　　　　　　　时间序列协整回归结果

解释变量	系数	t 值	P 值
$Subsidy2$	0.771	2.215	0.014
$Subsidy3$	1.177	3.305	0.002
$Subsidy4$	0.843	2.667	0.009
$Exemption$	0.424	1.961	0.046
$Privilege$	0.710	2.184	0.032
$lnDemand$	0.312	1.856	0.068
$lnPatent$	0.285	2.193	0.031
$lnCharger$	0.606	3.312	0.002
$lnProcurement$	0.331	6.563	0
$lnPrice$	-3.804	-4.099	0
$lnBattery$	-0.228	-1.646	0.093
$lnCost$	1.624	2.361	0.024
常数项	-0.301	-0.693	0.491
R^2	0.962	Mean dependent var	-5.266
Adjusted R^2	0.956	S. D. dependent var	1.604
S. E. of regression	0.335	F-statistic	166.728

资料来源：笔者根据 Stata 软件的运行结果整理所得。

表 4-8　　　　　　　模型 3 残差序列单位根检验结果

ADF 检验值		t-Statistic	Prob.*
		-6.284	0
检验临界值	1% level	-3.511	
	5% level	-2.898	
	10% level	-2.586	

注：* MacKinnon（1996）单侧检验 P 值。

资料来源：笔者根据 Stata 软件的运行结果整理所得。

由协整模型估计结果可知，财政补贴变量 $Subsidy2$、$Subsidy3$ 和 $Subsidy4$ 系数全部在 5% 的水平上显著为正，表明财政补贴政策在长期内对新能源汽车推广起到了正向的促进作用，因为财政补贴弥补了新能源汽车产业发展初期高成本和高价格带来的市场竞争劣势。其中 Subsidy2、Subsidy3 系数分别为 0.771、1.177，表明财政补贴对新能源汽车推广的激励效果在第一、第二和第三阶段是逐渐递增的。从以下两个方面来分析这种情况的原因。

第一，中国新能源汽车财政补贴的范围不断扩大，导致可能购买新能源汽车的潜在消费者群体（规模）不断扩大。一是新能源汽车推广地域由试点推向全国。从 2009 年开始，国家首先在北京、上海、重庆、杭州、深圳等 12 个城市开展节能与新能源汽车示范推广试点工作，2013 年，国家继续扩大试点城市范围，将推广城市扩大到 28 个城市群。2015 年，中央出台了《关于 2016—2020 年新能源汽车推广应用财政支持政策的通知》，开始在全国范围内推广新能源汽车。二是推广范围由公共领域扩展到私人领域。2009 年，首先在公交、出租、公务、环卫和邮政等公共服务领域推广新能源汽车，2010 年进一步开始在试点城市向私人宣传和推广，2015 年开始对全国消费者宣传和推广。

第二，财政补贴的车型不断增多，补贴领域不断扩大，同时国家在一定程度上破除了地方保护，市场上的消费者能够选择的产品类型和样式越来越多，随着新能源汽车的选择空间和使用效用的提高，消费者的购买意愿也在增强。自 2010 年开始，中央政府会定期更新新能源汽车推广应用推荐车型目录，新推出的车型都能享受到国家财政补贴。此外，补贴领域不断扩大，不再局限于技术领域，例如，2014 年 11 月，四部委发布《关于新能源汽车充电设施建设奖励的通知》，规定对充电站等基础配套设施的建设给予奖励和补贴，新能源汽车基础配套设施不断得到完善，新能源汽车使用便利性大幅提高。不仅如此，鉴于 2014 年之前地方保护限制了消费者享受补贴的车型数量（Wan et al., 2015），国务院在 2014 年印发了《关于加快新能源汽车推广应用的指导意见》，明确指出要破除地方保护，在全国范围内统一新能源汽车推广的目录和标准，提高了新能源汽车在全国市场中的流动性。

Subsidy4 系数为 0.843，相较于 Subsidy3 有所回落，说明 2017—2018 年（第四阶段）财政补贴的促进效果相较于 2015—2016 年（第三阶段）开始递减。这可能是由两个方面原因造成的，一方面，财政补贴的大幅度退坡，2017—2018 年财政补助标准在 2016 年的基础上下降了 20%，国家对于新能源财政补贴基准的大幅度退坡大大超过了市场中生产者和消费者的预期，财政补贴对于消费者购买新能源汽车的吸引力下降；另一方面，中国财政补贴自 2009 年开始以来，到如今已经实施了 10 余年，财政补贴累计金额也已超过了千亿元，随着新能源汽车产业化的实现，财政补贴的激励效应开始减弱。因此，2017—2018 年财政补贴对新能源汽车推广的政策效果有所减弱。

两个虚拟变量 *Exemption*、*Privilege* 系数分别为 0.424 和 0.710，均在 5%水平上显著为正。这表明免购置税政策和不限行不限购政策对新能源汽车的推广起到了正向的积极作用。免购置税政策降低了消费者的购买成本，吸引了更多的消费者购买新能源汽车，因此对新能源汽车市场份额产生了正向影响。当前，新能源汽车主要集中在大城市，不限行不限购政策能够在使用环节降低新能源汽车的使用成本，提高其使用效用，进而扭转新能源汽车在市场竞争中的价格劣势，提高消费者的采纳意愿。通过比较财政补贴、购置税减免以及不限行不限购三个变量的回归系数可知，2012—2018 年，财政补贴对新能源汽车推广的效果最大。

在控制变量中，ln*Demand* 系数为 0.312 且在 10%的水平上显著为正，表明中国大城市对燃油汽车的限购政策所引起的被抑制购车需求可以显著提高市场上新能源汽车的需求。被抑制的购车需求每增加 1%，就会导致新能源汽车市场份额上升 0.312%。这是因为车辆限购政策不仅可以通过摇号或者竞价上牌管制抑制市场上燃油汽车的供给数量，而且能够通过新能源车上牌便利的优势吸引更多的潜在消费者购买新能源汽车。

ln*Patent* 的系数显著为正，表明电池技术的进步有助于新能源汽车市场份额的提高，这与 Sónia 等（2019）和 Choi（2018）的研究结果一致。当前，新能源汽车的"成本焦虑""里程焦虑""安全焦虑"是否能消除全都取决于电池技术的进步（Mahmoudzadeh et al.，2017；She et al.，2017），未来新能源汽车市场渗透率要想大幅度提升，就必须降低电池成本，在电池技术上进行突破（Egbue and Long，2012；Krause et al.，2016）。《中国新能源汽车产业发展报告（2018）》显示，2017 年中国新能源乘用车主流车型的续驶里程已经达到 300 公里以上，电池密度也达到了 150 瓦时/千克，新能源汽车在性能、安全性和可靠性方面大幅度提高，增加了更多的新能源汽车购车需求。

公共充电桩数量 ln*Charger* 的系数为 0.606，且在 1%水平上显著为正，可见充电基础设施的完善，有助于提高新能源汽车的市场份额。同加油站相比，当前中国充电站普及程度小，限制了新能源汽车在使用环节的比较优势。因此，中央政府在推广新能源汽车的过程中高度重视充电基础设施建设，从 2012 年开始出台了一系列鼓励和完善充电基础设施建设的政策，包括完善技术标准、合理规划布局、财政补贴、创新商业模式、纳入城乡建设和小区住房建设规划等手段。2010年中国充电桩数量仅为2000多个，2018年达到77.7万个，同时充电技术也在不断进步，快速充电桩比例超过32%。充电基础设施的不断完善克服了消费者的"充电焦虑"和"里程焦虑"，使新能源汽车的市场份额不断增加。

公共采购 ln$Procurement$ 系数是 0.331，且在 1% 水平上显著为正。这表明 2012—2018 年，政府和公共机构采购在新能源汽车推广过程中起到了良好的示范效应。政府和公共机构采购数量每增加 1%，就会导致新能源汽车市场份额上升 0.331%。中央政府从 2009 年就开始对新能源汽车实行了公共采购，通过采用行政管制、补贴、试点城市示范等手段鼓励地方政府在公交、环卫、邮政、公务等公共领域采购新能源汽车，逐步完善政府和公共机构的新能源汽车采购制度，以期发挥政府和公共机构采购政策创造和引导市场需求的作用，在全社会形成良好的示范推广效应。《2018中国新能源公交车城市推广研究报告》显示，2017 年全国政府和公共机构采购新能源汽车的数量超过 30 万辆，主要集中在公交车领域。政府和公共机构采购规模的扩大也带动了新能源汽车私人用车数量的增加，2015年中国私人购买的新能源汽车数量开始超过公共领域用车数量，有效地带动了新能源汽车的私人需求。通过比较财政补贴、购置税减免、不限行不限购三个变量的回归系数可知，2012—2018 年，财政补贴对新能源汽车推广的效果最大。

新能源汽车售价 ln$Price$ 和电池价格 ln$Battery$ 的回归系数在模型中均显著为负，表明汽车售价和电池成本的提高不利于新能源汽车的推广。当前，新能源汽车推广困难的重要原因就是市场上在售的新能源汽车价格较高，而新能源汽车的高价格又是由较高的电池成本导致的。油电价格之差 ln$Cost$ 的系数在模型中显著为正，这符合本书的预期：油价和电价之差越大，意味着新能源汽车在使用成本上的比较优势越大，就会吸引更多的消费者购买新能源汽车。

为了检验回归结果的稳健性，本书采用新能源乘用车销量作为因变量进行协整回归，结果显示，主要解释变量和其他控制变量系数的方向和显著性均没有变化，这说明本书的研究结果具有稳健性。限于篇幅，回归结果不再列出。

（二）误差修正结果分析

1. 误差修正模型

为了进一步考察新能源汽车市场份额与各变量之间的短期动态关系，

本书采用误差修正模型（Error Correction Model）进行分析。在协整模型回归结果的基础上，保留模型残差作为误差修正项 ECM，并加入自变量 ln$Share$ 差分后的滞后项，进一步对各变量差分进行 OLS 估计，剔除统计结果不显著的虚拟变量，得到误差修正结果，如表4-9所示。

表 4-9　　　　　　　　误差修正模型结果

变量	系数	t 值	P 值
C	-0.015	-0.205	0.824
dln$Share$ (-1)	0.159	1.518	0.134
dln$Procurement$	0.338	7.241	0
dln$Demand$	0.665	0.029	0.046
dln$Price$	-4.203	-6.509	0.001
dln$Battery$	-0.136	-0.984	0.328
dln$Cost$	0.126	0.110	0.233
dln$Patent$	0.343	4.144	0.001
dln$Charger$	0.567	1.145	0.256
ECM (-1)	-0.569	-4.037	0.001
R^2	0.689	S.E. of regression	0.502
Adjusted R^2	0.630	Durbin-Watson stat	1.906

资料来源：笔者根据 Stata 软件的运行结果整理所得。

其中，误差修正项 ECM 系数为-0.569，且小于0，这符合反向修正机制原理。长期协整模型的 R^2 和 Adjusted R^2 都高于误差修正模型中的相应值，表明短期的整体拟合度小于长期的拟合度。这说明新能源乘用车销售的市场份额在短期内更容易受到其他因素的影响，如汽车售价、行政管制政策等。进一步用拉格朗日检验法对模型残差进行检验，结果如表4-10所示，Prob. 大于5%的接受水平，这表明模型不存在序列相关性。

表 4-10　　　　　　　　拉格朗日乘数检验结果

Breusch-Godfrey Serial Correlation LM Test			
F-statistic	1.231	Prob. F (2, 73)	0.298
Obs*R^2	0.949	Prob. Chi^2 (2)	0.429

资料来源：笔者根据 Stata 软件的运行结果整理所得。

2. 对比结果分析

ln*Demand* 的系数在误差修正模型中显著为正，且系数 0.665 也远大于协整模型中的 0.312，表明车辆限购政策所抑制的购车需求在短期内对提高新能源汽车需求的效果更为显著。这是因为车辆限购政策作为一种强制性的行政管制措施，短期内通过抑制燃油汽车的市场购买数量，使新能源汽车成为刚性购车需求者更好的选择，因此在短期内的政策效果更明显（马少超、范英，2018）。

在误差修正模型中 ln*Patent* 系数还是显著为正，这表明电池专利申请量无论是长期还是短期都对新能源汽车的推广有显著的正向影响。事实上，近年来中国新能源汽车虽然在续航里程、能量密度方面取得了飞速的发展，但是在安全性、操作性方面同国外相比还有很大的提升空间。除此之外，一些关键核心技术还受制于人。因此，从国家财政补贴政策的变化就可以看出技术发展对新能源汽车发展的重要性。2013 年之前，国家对新能源汽车的补贴只是依据电池组数量，2013 年之后补贴标准开始加入续航里程。2016 年补贴标准进一步提高，将最低纯电动的续航里程从 80 公里增加到 100 公里。2017 年技术补贴标准更加细化和严格，补贴标准加入电池能量密度、百公里耗电量。2018 年技术补贴门槛进一步提高，续航里程在 100 公里以下的不再享受财政补贴。这些变化都显示出技术进步对新能源汽车推广的重要性。

ln*Charger* 的系数在统计意义上变得不再显著，表明充电桩的普及在增加新能源汽车需求方面的短期效果不如长期效果，这可能是因为消费者短期内对充电桩数量增加所带来的收益感知不明显。ln*Procurement* 在误差修正模型中依然显著为正，且系数大小同长期协整模型相比没有太大变化，这表明政府和公共机构采购无论是长期还是短期内都能够显著增加新能源汽车市场需求，政府通过公共采购既可以在短期克服有限理性和不完全信息对消费者造成的选择障碍（Filippa and Lina，2018），又可以在长期通过示范效应引导消费者需求（Bakker and Trip，2013）。

ln*Price* 系数依然显著为负，其系数-4.203 的绝对值大于也长期协整模型中-3.804 的绝对值，表明新能源汽车售价在短期内对消费者的购买决策行为影响更大。ln*Battery* 的系数在误差修正模型中变得不再显著，这是因为当前市场上的电池价格一般在短期内波动幅度不大。在协整模型中统计显著的 ln*Cost* 在误差修正模型中变得不显著。这可能是由消费者的有限理性导致的，在短期内消费者是否购买新能源汽车更容易受到价格的影响，而忽略比较新能源汽车和燃油车在使用成本方面的变化。误差修正模型中新能源汽车售价 lnPrice 的估计结果也表明消费者在短期内的购买决策更容易受到价格的影响。事实上，尽管新能源汽车的购买价格较高，但与 ICEV 相比，它们在车辆寿命期间提供了更低的总体拥有成本（TCO），因为节省了燃料并且维护成本低（IEA，2013）。

被解释变量滞后项 dlnShare（-1）估计结果不显著，表明在短期内，上一期的新能源汽车市场份额对下一期的市场份额影响不显著。从图 4-4 可以看出新能源乘用车市场份额呈现频繁波动的趋势。这是因为当前中国新能源汽车仍处于推广的阶段，虽然取得了长足的进步，但其市场基数仍然很小，加上其发展过度依赖补贴政策，政策的变动会对其造成较大的影响。这也是协整回归结果中的 Subsidy4 小于 Subsidy3 的重要原因之一，补贴的大幅度退坡造成了新能源汽车市场在一定程度上的波动。

三 结论和启示

本节基于消费者车辆需求的行为效用函数，以中国 2012—2018 年新能源乘用车市场份额的月度数据为因变量，以财政补贴、购置税减免、不限行不限购三个政策工具为自变量，加入新能源汽车售价、电池价格、油电价格之差、新能源汽车电池专利申请量、公共采购数量以及充电桩数量作为控制变量，采用时间序列协整模型和误差修正模型对三类政策的效果进行了量化评估，结果显示：

第一，2012—2018 年，财政补贴、购置税减免、不限行不限购三类政策在加快中国新能源汽车推广步伐的进程中都产生了正向的积极作用，其中财政补贴的效果最大。

第二，财政补贴的效果在 2012—2016 年逐渐增强，而在 2017—2018 年开始递减。

此外，政府和公共机构对新能源汽车公共采购规模每增加 1%，就会导致新能源汽车市场份额上升 0.331%；因限购政策而被抑制的购车需求每增加 1%，就会导致新能源汽车市场份额上升 0.312%。在控制变量中，汽车售价和电池价格的提高不利于新能源汽车的推广；油价与电价之差、电池技术专利申请数量以及充电桩数量的增加在长期对新能源汽车推广均存在正向的积极影响。这给我们的启示如下。

第一，财政补贴在中国新能源汽车产业发展初期确实起到了不可替代的重要作用。然而随着时间的推移，财政补贴的政策效果正呈现边际递减的趋势。因此，发展新能源汽车产业不能长期过度依赖财政补贴。受中央财政补贴大幅度退坡的影响，自 2019 年 7 月始，中国新能源汽车市场销量连续下降,而新冠疫情的暴发,让本就下行的新能源汽车市场雪上加霜。为扩大新能源汽车消费,各地方政府应该采取稳健的补贴退坡速度,根据本地财政情况继续在购买或使用环节保持或适当增加现有的补贴标准。与此同时,可以把税收优惠政策作为同财政补贴平行的替代性货币激励手段,注重发挥购置税减免在扩大新能源汽车消费中的作用。

第二,财政补贴和税收优惠均会加重财政负担,各级政府今后应该更加重视发挥路权优先等非货币性政策的作用。鉴于不限行不限购政策的激励效果显著,中国未来应更加注重该类政策的作用。事实上,美国、加拿大等发达国家已经广泛采用了 HOV 车道激励、绿色牌照、允许使用公共车道等一整套的路权优先政策。各地应该加快实施针对新能源汽车的差异化通行政策,鼓励探索设置专用车道或对新能源汽车开放公交专用车道,在路权方面给予一定的优先权。此外,政府应当完善对新能源汽车的公共采购制度,注重发挥公共采购在引导市场需求和示范推广效应方面的作用。

第三,当前较高的汽车售价和电池成本阻碍了新能源汽车的推广步伐,必须加快提高新能源汽车技术水平,特别是电池技术,电池成本的降低是大幅降低新能源汽车价格和提高市场竞争力的关键。此外,政府还可以通过使用环节的利益让渡抑制燃油汽车供给,从而增加新能源汽车需求。例如,通过对燃油汽车用户征收油税、碳税等税收政策施行增加燃油汽车的使用成本;通过加快新能源汽车充电与智能电网的对接,鼓励消费者在用电低谷充电、在用电高峰向电网放电,采用分时电价优惠政策降低新能源汽车的使用成本。

第四,充电基础设施建设周期较长,资金投入大,在短期内不能带来明显的收益,因此导致社会资本难以融入充电基础设施建设,难以形成完善的充电基础设施。但是从长远来看,充电基础设施建设更有利于加快新能源汽车的推广步伐。因此,亟须制定完善的优惠政策以鼓励更多的社会资本进入,加快充电基础设施网点布局和建设。

第三节 新能源汽车推广政策效果的地域差异研究

一 中国新能源汽车推广政策效果的地域差异

作为缓解能源环境危机、引领产业升级的战略性新兴产业,新能源汽车产业的发展备受各国政府重视。十余年来,中国政府把发展新能源汽车作为调整能源结构、减少汽车尾气排放、推动汽车制造业转型升级的重要战略部署（唐葆君等，2019），制定了一系列扶持新能源汽车发展的产业政策，包括财政补贴、税收优惠、政府和公共机构采购、充电基础设施建设、路权优先等。在这些扶持政策的驱动下，2018年中国新能源汽车产销总量突破100万辆，是第二大新能源汽车市场——美国的3倍（IEA，2019）。虽然近十年中国新能源汽车的市场份额逐年上升，但与传统燃油汽车相比仍然很低，2018年仅达到4.48%（IEA，2019），这同工信部在2017年《汽车产业中长期发展规划》中提出2025年达到20%以上的目标还相差甚远。在补贴趋紧和退出的情况下，如何提高新能源汽车的采用率和加快新能源汽车的推广步伐是政府亟待解决的重要问题。此外，虽然新能源汽车已在全国范围内推广，但推广现状在地区之间差异巨大。《节能与新能源汽车年鉴（2018）》的数据统计，2017年新能源汽车销量最高的三个省份是广东、北京和上海，销量分别为82497辆、66765辆和61354辆，而地域面积和广东省差不多的贵州省仅为6387辆，新能源汽车在省份的销量参差不齐。什么原因导致了这种显著的地区差异呢？造成这种地区差异的原因有很多，经济发展水平、财政补贴、税收、受教育水平等因素都会影响新能源汽车的推广效果，本节重点关注的是新能源汽车推广政策对这种地域差异的影响。从推广政策的角度来看，导致中国新能源汽车推广出现显著地域差异的原因有两个，一是各省份推广政策的力度存在明显差异，二是推广政策的效果存在地域差异。为此，可以通过量化推广政策效果以及探究推广政策效果的地域差异成因解释这种地域异质性。

二　理论分析和假说提出

（一）新能源汽车推广障碍分析和政策工具功效

高价格与市场的低需求、高风险与消费者的低认知是新兴产品的普遍特征（Bergek and Berggren，2014）。新能源汽车产业是新兴产业，因此在新能源汽车推广过程中自然会面临高成本、高价格以及市场波动等障碍。事实上，虽然新能源汽车购买价格较高，但是同燃油汽车相比，它节省了燃料并且使用成本较低，因此新能源汽车在车辆寿命期间总体拥有成本更低（IEA，2013）。然而消费者在市场上进行购买决策时，往往过分依赖购买价格而不是终身成本，致使消费者决策中的有限理性成为新能源汽车采用的障碍（Brown，2001；Barth et al.，2016）。新能源汽车的推广效果还与其不完全信息有关，这是因为知识和经验是新技术传播的重要因素（Jaffe et al.，2005；Rogers，2003）。此外，不完善的充电基础设施、有限的电池容量以及充电能力的限制容易导致消费者产生里程焦虑（Axsen et al.，2010；Egbue and Long，2012；Leiby and Rubin，2004）。政府通过相应的政策工具可以消除或降低这些障碍对新能源汽车推广的影响，从而加快新能源汽车的扩散速度，提高新能源汽车的采用率。

1. 政府和公共机构采购

在供给方面，制造商初始生产成本高、市场需求不确定等内外部因素，导致国内新能源汽车生产缺乏激励（Li et al.，2019）。政府和公共机构通过采购可以增加市场需求，降低市场波动在企业发展初期带来的风险，提高市场上新能源汽车的供给水平（熊勇清等，2018）。在需求方面，地方政府和公共机构通过采购可以向公众传达政府支持该技术的态度，在该地区形成对新能源汽车的舆论（Bakker and Trip，2013），进而产生示范效应，鼓励更多的消费者接受和认可新能源汽车，影响他们在汽车市场上的购买决策，消除不完全信息和有限理性障碍的不利影响（Filippa and Lina，2018）。政府和公共机构对新能源汽车的采购政策最早始于2009年，随后中央通过采用行政管制、补贴、试点城市示范等手段鼓励地方政府在公交、环卫、邮政、公务等公共领域采购新能源汽车，逐步完善新能源汽车的采购制度，以期发挥政府和公共机构采购政策创造和引导市场需求、提高行业资源配置效率和创新能力的作用，在全社会形成良好的示范推广效应。表4-11列出了中国政府历年出台的重大采购政策规定。2017年全国政府和公共机构新能源汽车采购数量超过30万辆，主要集中在公交车领域。

表4-11　　　　中国政府历年出台的重大采购政策规定

时间	政策	颁布机构	内容
2009年1月	《关于开展节能与新能源汽车示范推广试点工作的通知》	财政部、科技部	鼓励在公交、出租等公共领域推广使用节能与新能源汽车；在3年内，每年发展10个城市，每个城市推出1000辆新能源汽车开展示范运行
2013年9月	《大气污染防治行动计划》	国务院	公交、环卫等行业和政府机关要率先使用新能源汽车，北京、上海等城市每年新增或更新的公交车中新能源车的比例达到60%以上
2013年9月	《关于继续开展新能源汽车推广应用工作的通知》	科技部、财政部、工信部、国家发展改革委	政府机关、公共机构等领域车辆采购要向新能源汽车倾斜，新增或更新的公交、公务、物流、环卫车辆中新能源汽车比例不低于30%

续表

时间	政策	颁布机构	内容
2014年7月	《关于加快新能源汽车推广应用的指导意见》	国务院办公厅	扩大公共服务领域新能源汽车应用规模，推进党政机关和公共机构、企事业单位使用新能源汽车
2016年2月	《关于促进绿色消费的指导意见》	国家发展改革委、环境保护部、财政部	完善绿色采购制度，严格执行对新能源汽车的优先采购和强制采购制度，健全标准和机制，提高政府对新能源汽车的采购规模

资料来源：笔者根据政策文件内容整理所得。

据此提出

H4-1：政府和公共机构采购政策的实施，提高了新能源汽车的市场份额。

2. 充电基础设施建设

政府通过完善充电基础设施，不仅可以通过车辆购买后的利益让渡降低新能源汽车在未来使用过程中的可变成本，间接刺激并引导消费（熊永清等，2019），还可以克服有限充电能力和"里程焦虑"在使用环节中对消费者造成的选择障碍，进而提高新能源汽车的市场渗透率（Axsen et al., 2010；Egbue and Long, 2012；Leiby and Rubin, 2004）。目前，中国的充电站远远没有燃油汽车加油站普及，限制了新能源汽车在使用环节的比较优势。中央政府在推广新能源汽车的过程中高度重视充电基础设施建设，从2012年开始出台了一系列鼓励和完善充电基础设施建设的政策，包括完善技术标准、合理规划布局、财政补贴、创新商业模式、纳入城乡建设和小区住房建设规划等手段，具体内容如表4-12所示。2017年，中国充电桩数量达到44.6万个，拥有世界第一的保有量，但是距离《电动汽车充电基础设施发展指南（2015—2020年）》中计划在2020年建成480万个充电桩的目标还有很大差距，中国充电基础设施还亟待完善。

表4-12　中国历年鼓励和完善充电基础设施建设的政策

时间	政策	颁布机构	内容
2012年4月	《节能与新能源汽车产业发展规划（2012—2020年）》	国务院	要科学规划加强技术开发，探索有效的商业运营模式，积极推进充电设施建设，适应新能源汽车产业化发展的需要

续表

时间	政策	颁布机构	内容
2014年7月	《关于加快新能源汽车推广应用的指导意见》	国务院办公厅	制定充电设施发展规划和技术标准。完善城市规划和相应标准。完善充电设施用地政策。推进充电设施关键技术攻关
2015年3月	《关于加快推进新能源汽车在交通运输行业推广应用的实施意见》	交通部	推动完善充换电设施，鼓励和支持社会资本进入新能源汽车充换电设施建设领域
2015年10月	《电动汽车充电基础设施发展指南（2015—2020年）》	国家发展改革委、能源局、工业和信息化部、住房和城乡建设部	推动充电基础设施体系建设。加强配套电网保障能力。加快标准完善和技术创新。探索可持续商业模式
2016年12月	《关于统筹加快推进停车场与充电基础设施一体化建设的通知》	国家发展改革委、住房和城乡建设部、交通运输部、能源局	以停车充电一体化为重点，加强规划建设、运营管理等领域的有效衔接，充分调动社会资本投资建设的积极性

资料来源：笔者根据政策文件内容整理所得。

据此提出

H4-2：充电基础设施的完善有助于提高新能源汽车的市场份额。

3. 车辆限行限购政策

车辆限行限购是中国针对机动车辆独有的行政管制政策。车辆限购政策是为了缓解交通拥堵和能源环境矛盾而通过牌照管制限制汽车购买数量的政策，具体包括无偿摇号、无偿环保、有偿竞拍三种方式。1994年上海最早开始通过有偿竞拍限制本地汽车购买数量。2010年以后，北京、贵阳、广州相继开始实行限购政策，到2018年，全国共有9个省份实行了该政策。2018年，仅北京、深圳、杭州因限购政策而被抑制的汽车需求数量就高达191万辆，占到全年汽车总销量的6.8%。马少超和范英（2018）的研究中显示因限购抑制的购车需求增加是新能源汽车销售市场份额增加的格兰杰原因。政府对燃油汽车实行限购政策能够增加燃油汽车使用成本，进而抑制市场上燃油汽车的需求（李国栋等，2019）；与此同时，该政策提高了新能源汽车的使用便利性，从而弥补了其市场竞争中的价格劣势（陈麟瓒、王保林，2015）。

车辆限行政策最早是北京在2007年奥运会测试期间为了缓解交通拥挤而开始实施的，具体通过限制汽车尾号上路、道路某段时间限行等手段实施。随后南昌、长春、兰州、贵阳、杭州、成都等城市先后实行了该政策，到2018年，中国共有17个省份实行了车辆限行政策。在车辆限行政策实施后，北京、杭州、成都的城市交通拥堵状况明显得到改善。

早在 2012 年财政部等四部委在《关于进一步做好节能与新能源汽车示范推广试点工作的通知》中就针对新能源汽车提出要落实免除车牌拍卖、摇号、限行等限制措施，随后 2015 年交通部在《关于加快推进新能源汽车在交通运输行业推广应用的实施意见》中提出，要完善新能源汽车运营政策，鼓励各地政府落实对新能源汽车的不限行不限购政策。2019 年国家发展改革委等三部门发布《推动重点消费品更新升级畅通资源循环利用实施方案（2019—2020 年）》，再次强调要在各地区取消对新能源汽车的限行、限购政策。事实上，广州、天津、深圳、杭州等几个城市不仅对新能源汽车不限行，还允许新能源汽车行驶公交快车道。

据此提出

H4-3：限行限购政策对新能源汽车市场份额的提高有正向的促进作用。

（二）新能源汽车推广效果的地区差异分析

徐长明（2019）从人口密度和汽车保有量角度论述了中国新能源汽车的发展潜力和前景，他认为地区人口密度决定了新能源汽车推广的政策效果。Filippa 和 Lina（2018）、Li 等（2019）也发现人口密度会导致推广政策效果出现地域差异。人口密度是如何调节推广政策效应发挥的呢？首先，在人口密度不同的地区，政府和公共机构采购政策受到的关注程度不同，新能源汽车知识和信息通过政府和公共机构采购政策传播的速度也不同，不完全信息和有限理性障碍对消费者决策的影响程度也会出现很大差异，以上简称"示范效应"差异。人口密度差异会通过"示范效应"差异影响政府和公共机构采购的政策效果。其次，从充电基础设施建设方面来说，生活在人口密度较小地区的个人可能行驶更长的距离，这意味着在人口密度较小地区，"里程焦虑"是最大障碍；然而，在人口密度较大地区，特别是在大城市中，个人出行距离一般较短，"里程焦虑"障碍小，人们更加看重充电基础设施的可用性和便利性，因为人们不担心无法充电而是担心无法随时随地、无须排队地进行充电（以下简称"充电便利焦虑"）。总之，由于家庭充电的便利性有限，对于生活在人口密度较大的地区的居民，"充电便利焦虑"大于"里程焦虑"（IEA，2013）；而对于人口密度较小地区的居民，"里程焦虑"大于"充电便利焦虑"。因此，人口密度会影响地区充电基础设施建设的政策效果。最后，人口密度同样还会导致不同地区车辆限行限购政策出现地域差异，因为地区人口密度不同，车辆拥挤、交通堵塞的程度不同，"汽车牌照需求"差异显著，消费者对新能源汽车使用环节的便利性的感知程度也会有很大差异。

据此提出

H4-4：地区人口密度不同，会造成推广政策的效果出现地域差异。

三 研究设计

（一）模型选取

为了实证研究政府和公共机构采购、充电基础设施建设以及车辆限行限购三个政策工具在克服推广障碍和增加新能源汽车市场份额的政策效应，以及人口密度对三个政策工具效应的地域差异影响，采用 Filippa 和 Lina（2018）消费者行为效用函数计量模型进行研究。该模型认为新能源汽车的需求取决于个体消费者的使用效用，而使用效用又是一个关于车辆相关政策、性能、价格以及消费者社会经济特征的函数。为了方便分析，Filippa 和 Lina（2018）假定地区之间新能源汽车车辆性能和价格无差异，设定为常量，进一步得出，新能源汽车市场份额是一个关于新能源汽车推广政策和消费者社会经济特征的函数，因此，得到本节计量方程：

$$S_{m,EV,t} = F(\theta_{m,EV,t}, \lambda_{m,t}) + \varepsilon_{m,EV,t} \tag{4-1}$$

式中：$S_{m,EV,t}$ 为 m 省份在 t 年度的新能源汽车市场份额；$\theta_{m,EV,t}$ 为在 t 年度 m 省份新能源汽车的一组政策变量；$\lambda_{m,t}$ 为在 t 年度 m 省份消费者的社会经济特征变量；$\varepsilon_{m,EV,t}$ 为随机误差干扰项。

（二）主要变量和数据来源

该研究是基于中国 2010—2017 年 20 个省份新能源汽车销量的面板数据进行的，这 20 个省份分别是北京、上海、天津、重庆、河北、辽宁、江苏、浙江、安徽、福建、江西、山东、河南、湖北、湖南、广东、广西、四川、云南、海南。之所以只选取这 20 个省份为研究样本是因为《节能与新能源汽车年鉴》（2011—2018 年）的数据统计中只有这 20 个省份新能源汽车推广数量的年度统计是连续的。表 4-13 列出了所有变量解释及数据来源。其中，因变量是新能源汽车市场份额，以新登记注册的新能源汽车数量占新登记注册汽车数量的比例来表示。

表 4-13　　　　　　　　变量及数据来源

变量	变量解释	数据来源
市场份额（Share）	中国各省份当年新登记注册新能源汽车数量占新登记注册汽车数量之比	《节能与新能源汽车年鉴》（2011—2018 年）、《中国汽车市场年鉴》

续表

变量	变量解释	数据来源
政府和公共机构采购（Proc）	中国各省份当年每千人所拥有政府和公共机构在公交、环卫、邮政、公务等公共领域新能源汽车的采购数量（辆）	《节能与新能源汽车年鉴》（2011—2018年）
充电基础设施（Charger）	中国各省份当年每千人所拥有的充电桩总数（个）	《节能与新能源汽车年鉴》（2011—2018年）
车辆限行限购（Privilege）	中国各省份当年是否对燃油汽车实行了限行或限购政策，采用虚拟变量来衡量：是1，否0	《节能与新能源汽车年鉴》（2011—2018年）
财政补贴2（Subsidy2） 财政补贴3（Subsidy3）	将2010—2017年中央财政补贴额度分为三个阶段，用两个虚拟变量来表示	财政部、科技部、工业和信息化部、国家发展改革委
免购置税（Tax）	中国各省份当年是否对新能源汽车实施了免购置税政策，采用虚拟变量来衡量：是1，否0	《节能与新能源汽车年鉴》（2011—2018年）
收入水平（Income）	中国各省份当年城镇居民可支配收入（元）	《中国统计年鉴》
受教育水平（Education）	中国各省份当年大专学历人数占总人口数量之比	《中国统计年鉴》
人口密度（Density）	中国各省份当年每平方公里居住的人口数量（人）	《中国统计年鉴》

重点关注的三个解释变量分别是政府和公共机构采购、充电基础设施建设、车辆限行限购。基于先前学者研究的结果，选取地区财政补贴、免购置税、居民收入水平、受教育水平以及人口密度作为控制变量（Mersky et al., 2016; Egbue and Long, 2012）。其中，地区居民收入水平采用收入的实际值衡量，通过当年各省份居民的名义可支配收入除以当年居民消费价格指数得到。另外，关于虚拟变量财政补贴 $Subsidy2$ 和 $Subsidy3$ 的设置，参照文献马少超和范英（2018）的方法。具体做法为，根据中央历年最高补贴标准的变化，把中国2010—2017年补贴政策划分为第一阶段（2010—2013年）、第二阶段（2014—2016年）和第三阶段（2017年），以两个虚拟变量 $Subsidy2$ 和 $Subsidy3$ 来表示。$Subsidy2=0$ 和 $Subsidy3=0$，表示第一阶段；$Subsidy2=1$ 和 $Subsidy3=0$，表示第二阶段；$Subsidy2=0$ 和 $Subsidy3=1$，表示第三阶段。表4-14给出了所有变量的描述性统计。

表 4-14　　　　　　　　各变量的描述性统计

变量	平均值	最大值	最小值	标准差	样本数（个）
市场份额	0.040837	0.095053	0.000034	0.014494	160
政府和公共机构采购	0.143412	1.696439	0.000124	0.270203	160
充电基础设施	0.181362	5.306317	0.000139	0.665096	160
车辆限行限购	0.368751	1.000000	0	0.444702	160
财政补贴2	0.250000	1.000000	0	0.434372	160
财政补贴3	0.150000	1.000000	0	0.331757	160
免购置税	0.511372	1.000000	0	0.501570	160
收入水平	28810.370	62595.740	15461.160	9429.601	160
受教育水平	0.132619	0.476097	0.030637	0.082488	160
人口密度	638.9932	3826.197	116.8021	783.0466	160

资料来源：笔者根据 Stata 软件的运行结果整理所得。

四　实证结果和分析

（一）量化地区推广政策的效果

基于方程（4-1）以及 Filippa 和 Lina（2018）在研究瑞典政策地域差异中的模型，设定的计量模型为

$$\ln Share_{m,t} = \alpha \ln \theta_{m,t} + \beta x_{m,t} + \gamma_m + \mu_t + \varepsilon_{m,t} \tag{4-2}$$

式中：α 为政策变量参数；β 为一组可观察的控制变量的系数；γ_m 和 μ_t 分别为省份和年份的固定效应；$\varepsilon_{m,t}$ 为随机干扰项。模型中所有的虚拟变量，不再对其取对数。首先对各变量进行单位根检验，结果显示各变量均为一阶单整序列。由于主要解释变量之间存在共线性，将三个主要解释变量逐一放入模型进行估计。Hausman 检验显示拒绝随机效应，故采用固定效应对模型进行估计。具体估计结果如表 4-15 所示。

表 4-15　　　　　　　　固定效应估计结果

变量名称	模型1	模型2	模型3
ln$Proc$	0.463*** (12.073)		
ln$Charger$		0.269*** (5.651)	

续表

变量名称	模型1	模型2	模型3
$Privilege$			0.326 ** (2.996)
$Subsidy2$	0.293 * (1.855)	0.560 *** (4.533)	0.607 *** (6.097)
$Subsidy3$	0.309 ** (2.441)	0.764 *** (4.701)	0.939 *** (6.411)
Tax	0.212 ** (2.380)	0.248 ** (2.163)	0.483 *** (4.379)
$\ln Income$	0.598 *** (8.101)	0.852 *** (8.427)	0.978 *** (9.947)
$\ln Education$	3.604 *** (6.490)	2.189 * (1.732)	3.723 *** (4.526)
$\ln Density$	0.003 ** (2.309)	0.003 ** (2.128)	0.005 ** (2.386)
常数项	-10.711 *** (-12.007)	-11.237 *** (-10.067)	-10.870 *** (-12.664)
省份固定效应	是	是	是
年份固定效应	否	否	否
R^2	0.974	0.953	0.960
样本观测值	160	160	160

注：*、**、***分别表示在10%、5%、1%的显著水平上通过检验，括号内为 t 值；下同。

资料来源：笔者根据 Stata 软件的运行结果整理所得。

表4-15 中的模型1显示政府和公共机构采购 $\ln Proc$ 系数为 0.463 且在 1% 的水平上显著。这表明如果以 1% 的比例增加地区新能源汽车的采购数量，那么该地区新能源汽车的份额预计会增加 0.463%。正如本书 H4-1 所预期的那样，政府和公共机构通过采购新能源汽车，既可以稳定市场需求，也可以形成示范效应，克服有限理性和不完全信息障碍对消费者购买决策的影响，从而提高新能源汽车的市场份额。该结果也符合技术扩散理论，其中当知识和接受度更高时，地区新技术的扩散速度预计会更快（Rogers, 2003）。也就是说，地区政府和公共机构采购政策的力度越大，有限理性和不完全信息障碍越小，新能源汽车知识信息传播的速度越

快,地区新能源汽车的市场份额越高。《节能与新能源汽车年鉴》显示,2010—2017年,样本中年均千人拥有采购数量大于0.14的北京、天津、上海、广东4个省份的年均市场份额(都大于1%)在样本中都位居前列,年均千人拥有采购数量最小的辽宁、广西、四川、云南(都小于0.06),其年均市场份额也是最低的,不到0.5%。

表4-15中的模型2显示充电基础设施建设 ln$Charger$ 系数是0.269,且统计显著性高达1%。这表明,充电桩数量每增加1%,该地区当年新能源汽车市场份额增加0.269%。该结果与H4-2一致,这表明更多数量的充电桩有助于增加新能源汽车市场份额,这是因为更多数量的充电桩既能克服消费者的里程焦虑,又能提高充电的便利性,新能源汽车使用的相对优势就会大幅增加。该发现与 Sierzchula(2014)以及 Mersky 等(2016)先前的研究一致。2010年中国充电桩数量仅为2000多个,2017年达到44.6万个,同时充电技术也在不断进步,2017年中国快速充电桩比例达到32%,充电基础设施的不断完善克服了消费者的"充电便利焦虑"和"里程焦虑"障碍,使新能源汽车的市场份额不断增加。充电基础设施的完善程度也解释了地区新能源汽车推广速度的快慢。2010—2017年,样本中北京、天津、上海、江苏、广东5省份年均千人拥有充电桩数量都大于0.16个,北京、上海更是高达1.1个,其年均市场份额也是最高的。而年均市场份额不足0.5%的辽宁、广西、四川、云南4省份,其年均千人拥有充电桩数量不到0.036个。

表4-15模型3中的车辆限行限购 $Privilege$ 系数在5%显著性水平上为0.326。该结果与H4-3相符合,这表明地方政府对燃油汽车严格执行限行限购政策会增加该地区新能源汽车的市场份额。这是因为限行限购政策通过在使用环节抑制燃油汽车的使用便利性,提高其使用成本,影响消费者购买车辆时的决策,最终提高新能源汽车的采用率。2010—2017年,随着中国车辆限行限购实施范围的扩大,中国新能源汽车的市场份额也在不断增长。地区限行限购政策实施的时间长短和执行力度同样解释了地区新能源汽车渗透程度不同的原因。2018年,仅北京、上海、广州、深圳、杭州和天津6个较早严格执行限行限购的城市,其新能源汽车销量就占了全国总销量的77%(唐葆君等,2019)。

综上所述,三种推广政策的力度差异是造成新能源汽车推广的地区差异的重要原因。在控制变量中,财政补贴变量 $Subsidy2$、$Subsidy3$ 系数在三个模型中都显著为正,且 $Subsidy3$ 系数都大于 $Subsidy2$ 系数,表明在2010—2017年,财政补贴的实施较好地促进了新能源汽车产业的发展,这一结果同马少超和范英（2018）的研究结论一致。免购置税 Tax 系数在三个模型中也显著为正，说明免购置税的实施提高了新能源汽车的市场份额。此外，收入水平 $lnIncome$、受教育水平 $lnEducation$、人口密度 $lnDensity$ 的系数在三个模型中均显著为正，表明在经济越发达、人口密度越高、高学历人群越集中的地区，新能源汽车越容易被采纳。这是因为人们收入水平越高，越有能力承担新能源汽车的高昂售价；人们受教育水平越高意味着其拥有更高的环保意识和更强烈的环保需求，因此在汽车市场上就越倾向于选择新能源汽车；人口密度越高的地区，人们在日常出行中对于车辆限行限购的抑制感知就越敏感，因此更愿意选择新能源汽车。

（二）人口密度对推广政策效果的地域差异影响

为了考察人口密度对推广政策效果的地域差异影响，研究进一步在模型中纳入三种政策变量和人口密度的交互项来分析人口密度对三种政策实施效果的调节效应。具体结果如表 4-16 所示。

表 4-16　　　　　　　　政策效果地域异质性估计结果

变量名称	模型 4	模型 5	模型 6
$lnProc$	0.427*** (10.308)		
$lnProc×lnDensity$	0.078** (2.191)		
$lnCharger$		0.273*** (5.686)	
$lnCharger×lnDensity$		0.055* (1.755)	
$Privilege$			0.195* (1.660)
$Privilege×lnDensity$			0.378** (2.202)
$lnDensity$	0.041 (0.589)	0.017 (0.354)	0.024 (0.491)
$Subsidy2$	0.172* (1.622)	0.524*** (4.331)	0.687*** (5.494)
$Subsidy3$	0.318** (2.296)	0.711*** (4.334)	0.987*** (5.943)

续表

变量名称	模型 4	模型 5	模型 6
Tax	0.272*** (2.977)	0.322*** (2.848)	0.611*** (5.334)
$\ln Income$	0.522*** (6.125)	0.757*** (7.116)	0.819*** (7.763)
$\ln Education$	4.492*** (6.266)	2.811 (1.568)	4.247*** (7.387)
常数项	−8.889*** (−12.905)	−8.847*** (−13.256)	−10.623*** (−11.507)
省份固定效应	是	是	是
年份固定效应	否	否	否
R^2	0.971	0.957	0.953
样本观测值	160	160	160

资料来源：笔者根据 Stata 软件的运行结果整理所得。

表 4-16 显示了纳入交互项后方程（4-2）的回归估计结果。模型 4 中的政府和公共机构采购和人口密度的交互项 $\ln Proc \times \ln Density$ 的系数是 0.078，且在 5% 的水平上显著为正。政府和公共机构采购 $\ln Proc$ 和人口密度 $\ln Density$ 的系数也都为正，表明政府和公共机构采购的政策效果受到地区人口密度的调节，人口密度越大，政府和公共机构采购政策的激励效果越好。模型估计结果符合本文预期，这是因为同人口密度小的地区相比，人口密度大的地区的采购政策更容易受到公众关注，新能源汽车知识和信息（如环保）通过政府和公共机构采购政策传播的速度更快，更容易克服消费者的有限理性和不完全信息的障碍，其示范效应更大。2010—2017 年，年均采购量接近的安徽和云南两省（分别为 2263 辆、2436 辆），由于安徽省的人口密度更大，其年均市场份额（1.39%）也远远高于云南省的年均市场份额（0.37%）。

表 4-16 模型 5 中的充电基础设施和人口密度的交互项 $\ln Charger \times \ln Density$ 估计系数为 0.055，且在统计意义上显著。同时充电基础设施 $\ln Charger$ 和人口密度 $\ln Density$ 系数也都为正，表明充电基础设施政策作用的发挥依赖地区人口密度大小，人口密度越大，充电基础设施政策更有效率。这也表明，充电基础设施作为一种公共服务，只有在人口密度较大的地区才会更有效率。2017 年，浙江、四川两省的充电桩保有量接近（分

别为 13871 个、13314 个），但是浙江省的市场份额（2.51%）远远高于四川省的市场份额（1.49%），这是因为在人口密度较大的浙江省，充电基础设施政策的实施效果更好。

表 4-16 模型 6 中的车辆限行限购和人口密度的交互项 ln$Privilege$×ln$Density$ 估计系数在 5% 的水平上显著为正，系数大小为 0.378，且车辆限行限购 ln$Privilege$ 和人口密度 ln$Density$ 系数也都为正。结果表明地区人口密度对车辆限行限购政策能够起到正向调节的作用，人口密度越大，车辆限行限购政策的激励效果更明显。这是因为人口密度大的省份更容易出现车辆堵塞、交通拥挤的情况，在人口密度大的省份对燃油车实行限行限购政策更容易提高新能源汽车的使用效用和凸显其使用便利性，提高新能源汽车在市场竞争中的优势。例如，2010 年几乎同时开始实施车辆限行限购政策的广东和贵州两省份，2017 年其销量分别为 82497 辆、6387 辆，限行限购政策效果由于两个省份人口密度的不同，出现显著的地域差异。

综上所述，三类推广政策的效果在人口密度不同的地区存在明显的差异，这与 H4-4 一致。人口密度为何会导致推广政策效果出现地域差异呢？具体原因如下：在政府和公共机构采购方面，在人口密度越大的地区，地方政府和公共机构采购更容易受到人们的关注，新能源汽车的知识信息更容易得到传播，消费者对新能源汽车的认可度和接受度也越高，即公共采购的"示范效应"更大，因此政府和公共机构的政策效果就越大；在充电基础设施建设方面，人口密度越大的地区，个人日常出行距离较短，"充电便利焦虑"障碍要远远大于"里程焦虑"障碍，充电基础设施建设在消除"充电便利焦虑"上的效应更大，因此，充电基础设施建设在人口密度大的地区政策效果更显著。对于车辆限行限购而言，在人口密度越大的地区，车辆拥挤、交通堵塞的情况通常更加严重，汽车牌照需求也更加旺盛，车辆限行限购更能凸显新能源汽车的使用便利性，因此消费者会更倾向选择新能源汽车。

（三）稳健性检验

本书采用三种方法进行稳健性检验。第一种方法，为了解决内生性问题，把虚拟变量以外的自变量的滞后项放入模型，结果见表 4-17 模型 7 至模型 9。第二种方法，在模型中加入因变量滞后项 ln$Share$（$t-1$），采用动态面板差分 GMM 回归对模型进行估计，结果见表 4-17 模型 10 至模型 12。第三种方法，因变量以新能源汽车销量替换新能源汽车市场份额，由于篇幅原因不再显示回归结果，感兴趣的读者可向笔者索要具体结果。三种方法的回归结果均显示：政府和公共机构采购、充电基础设施建设、车辆限行限购政策对新能源汽车市场份额的增加均起到了显著的正向影响；此外，财政补贴 Subsidy2 和 Subsidy3、免购置税 Tax、收入水平 lnIncome、受教育水平 lnEducation、人口密度 lnDensity 的估计系数在三个模型中总体上显著为正。这表明研究结果具有稳健性。

表 4-17　　　　　　　　　　稳健性检验结果

变量名称	模型7	模型8	模型9	变量名称	模型10	模型11	模型12
				lnShare(t-1)	0.411*** (11.55)	0.328*** (7.82)	0.346*** (7.94)
lnProc(t-1)	0.272*** (7.893)			lnProc	0.290*** (9.61)		
lnCharger(t-1)		0.222*** (3.436)		lnCharger		0.169*** (3.85)	
Privilege			0.334*** (3.199)	Privilege			0.149* (1.92)
Subsidy2	0.684*** (6.189)	0.921*** (8.545)	0.916*** (8.681)	Subsidy2	0.244*** (2.78)	0.369*** (6.27)	0.681*** (7.90)
Subsidy3	1.038*** (7.047)	1.218*** (7.594)	1.279*** (9.335)	Subsidy3	0.343*** (2.94)	0.529*** (5.99)	0.859*** (6.73)
Tax	0.558*** (5.458)	0.330*** (3.188)	0.215*** (2.082)	Tax	0.154 (1.21)	0.215** (2.25)	0.245** (2.52)
lnIncome(t-1)	0.292*** (2.695)	0.549*** (4.686)	0.785*** (7.799)	lnIncome	0.880** (2.17)	0.597 (0.73)	0.720* (1.71)
lnEducation(t-1)	4.320*** (3.784)	4.617** (2.165)	4.842*** (4.478)	lnEducation	3.263* (1.86)	2.085 (1.52)	3.372* (1.93)
lnDensity(t-1)	0.006*** (4.607)	0.005** (2.246)	0.005*** (3.993)	lnDensity	0.003* (1.74)	0.004* (1.86)	0.002 (0.78)
R^2	0.969	0.958	0.966	AR(1)	0.015	0.026	0.023
省份固定效应	是	是	是	AR(2)	0.738	0.625	0.711
年份固定效应	否	否	否	Sargan 检验	0.197	0.171	0.159
样本观测值	140	140	140	样本观测值	140	140	140

注：模型7至模型9括号内为 t 值，模型10至模型12括号内为 z 值。
资料来源：笔者根据 Stata 软件的运行结果整理所得。

五 结论和启示

基于 2010—2017 年中国 20 个省份新能源汽车销量的面板数据，构建多元回归模型，量化研究了政府及公共机构采购、充电基础设施建设、车辆限行限购三类政策在克服新能源汽车推广障碍和增加市场份额的政策效果，进一步从人口密度的视角研究了推广政策效果的地域差异。研究结论如下。

第一，三类政策在克服推广障碍、增加地区新能源汽车市场份额方面均起到了正向的促进作用，各省份推广政策力度的差异解释了地区之间新能源汽车推广速度的快慢。政府和公共机构每增加 1% 的新能源汽车采购数量，该地区当年新能源汽车的市场份额增加 0.463%；充电桩数量每增加 1%，该地区当年新能源汽车份额增加 0.269%；限行限购政策对该地区当年新能源汽车市场份额的增长有明显的正向影响。

第二，地区人口密度差异是导致中国新能源汽车推广政策效果呈现地域差异的重要原因，在人口密度越大的地区，政府和公共机构采购的"示范效应"越大，充电基础设施建设在消除"充电便利焦虑"上的效应越大，车辆限行限购更能凸显新能源汽车的使用便利性，因此在人口密度越大的地区，推广政策的效果越大。

第三，财政补贴和免购置税的实施提高了新能源汽车的市场份额；此外，在经济越发达、人口密度越高、高学历人群越集中的地区，新能源汽车越容易被采纳。

在补贴趋紧和退出之际，为了实现新能源汽车产业的持续健康发展，政府应该完善新能源汽车扶持政策，加大政府和公共机构采购、充电基础设施建设以及限行限购政策实施的力度，尤其是在补贴趋紧和退出之后。具体措施如下。

第一，完善新能源汽车采购制度。一是地方政府要严格执行对新能源汽车的优先采购和强制采购制度，健全标准和机制，提高政府对新能源汽车的采购规模。二是合理利用采购政策创造和引导市场需求的作用，减少新能源汽车的市场波动，倒逼新能源汽车厂商提高技术水平，提高新能源汽车行业的资源配置效率和创新能力。三是注重公共采购在传播新能源汽车知识和信息方面的作用，根据人口分布情况有差异地提高采购数量，消除不完全信息和有限理性对消费者造成的选择障碍。

第二，加快充电基础设施建设，构建高效、适度超前的充电网络体系。一是优先建设公交、出租、环卫、物流等公共服务领域的充电基础设施，积极推进私人与公务乘用车用户结合居民区与单位配建充电桩，根据人口分布情况合理布局充电基础设施建设。二是充分调动社会资本参与投资建设的积极性，营造良好的发展环境，着力解决新能源汽车"充电难"的问题。三是完善充电设施建设标准，加快充电技术创新，加强配套电网保障能力。

第三，建立健全新能源汽车使用环节的扶持政策体系。一是地方政府政策重心要从鼓励购买向便利使用方面过渡，建立促进新能源汽车发展的长效机制。二是越是在人口稠密的地区越要严格执行对燃油汽车的限行限购措施，从市场需求和路权使用两个环节落实新能源汽车的推广应用工作。三是积极探索新能源汽车路权优先使用、停车优惠等新的政策工具，通过使用环节便利让渡，提高新能源汽车的竞争优势。

第四节 本章小结

本章研究产业政策对新能源汽车需求的影响，第一节从购买补贴、购置税减免、不限行不限购三个方面分析了中国新能源汽车产业政策的现状。第二节基于第三章第五节新能源汽车推广的计量方程（3-5），以2012—2018年中国新能源乘用车市场份额的月度数据为被解释变量，以财政补贴、免购置税和不限行不限购三种政策为解释变量，加入新能源汽车电池专利申请量、充电桩数量、公共采购、新能源汽车售价、电池价格、油电价格之差作为控制变量，采用时间序列协整模型和误差修正模型对三项政策的效果进行量化评估。研究发现：一是在2012—2018年，财政补贴、购置税减免、不限行不限购三类政策在加快中国新能源汽车推广步伐的进程中都产生了正向的积极作用，其中财政补贴的效果最大。二是财政补贴的效果在2012—2016年逐渐增强，而在2017—2018年开始递减。此外，政府和公共机构对新能源汽车公共采购规模每增加1%，就会导致新能源汽车市场份额上升0.331%；因限购政策而被抑制的购车需求每增加1%，就会导致新能源汽车市场份额上升0.312%。基于以上结论，第二节的政策建议：一是财政补贴在中国新能源汽车产业发展初期确实起到了不可替代的重要作用，然而随着时间的推移，财政补贴的政策效果正呈现边际递减的趋势。因此，发展新能源汽车产业不能长期过度依赖财政补贴。二是为扩大新能源汽车消费，各地方政府应该采取稳健的补贴退坡速度，根据本地财政情况继续在购买或使用环节保持或适当增加现有的补贴标准。与此同时，可以把税收优惠政策作为同财政补贴平行的替代性货币激励手段，注重发挥购置税减免在扩大新能源汽车消费中的作用。三是财政补贴和税收优惠均会加重财政负担，各级政府今后应该更加重视发挥路权优先等非货币性政策的作用。鉴于不限行不限购政策的激励效果显著，中国未来应更加注重该类政策的作用。此外，政府应当完善对新能源汽车的公共采购制度，注重发挥公共采购在引导市场需求和示范推广效应方面的作用。第三节研究新能源汽车推广政策效果的地域差异。新能源汽车推广在中国各地区之间存在巨大差异，从推广政策的角度来看，导致中国新能源汽车推广出现显著地域差异的原因有两个：一是各省份推广政策的力度存在明显差异。二是推广政策的效果存在地域差异。第三节基于2010—2017年中国20个省份新能源汽车销量的面板数据，构建多元回归模型，量化研究了政府及公共机构采购、充电基础设施建设、车辆限行限购三类政策在克服新能源汽车推广障碍和增加市场份额的政策效果，进一步从人口密度的视角研究了推广政策效果的地域差异。研究结论如下：一是三类政策在克服推广障碍、增加地区新能源汽车市场份额方面均起到了正向的促进作用，各省份推广政策力度的差异解释了地区之间新能源汽车推广速度的快慢。二是地区人口密度差异是导致中国新能源汽车推广政策效果呈现地域差异的重要原因，在人口密度越大的地区，政府和公共机构采购的"示范效应"越大，充电基础设施建设在消除"充电便利焦虑"上的效应越大，车辆限行限购更能凸显新能源汽车的使用便利性，因此在人口密度越大的地区，推广政策的效果越大。

第五章 技术进步与新能源汽车发展

第一节 技术进步引致消费者需求

早在 19 世纪美国人就制造出了世界上第一辆电动汽车,但由于当时的技术水平局限续航里程无法满足人们在城市生活的需要,同时由于充电时间以及基本设施均存在技术障碍,新能源汽车的发展仅处于萌芽期。20 世纪 90 年代,丰田普锐斯混合动力汽车在技术上的突破带动了电动汽车在西方短暂的商业化推广,但由于技术不成熟等一系列原因并没有引发大规模的市场推广(Holland et al.,2016)。直到 21 世纪初,特斯拉电动汽车的问世,才真正引发了新能源汽车在世界范围内的商业化。393 公里的续航里程、便捷的操作系统以及舒适的顾客体验,让特斯拉成为新能源汽车行业的领头羊,因此技术先进、质量可靠、有安全保障成为一款新产品能否得到消费者青睐的重要衡量标准[①],技术上的突破加快了新能源汽车的推广步伐(王江、邵青青,2019)。2010 年以来,新能源汽车发展迅速,根据国际能源署发布的《全球电动汽车展望(2021)》,2020 年全球电动汽车保有量突破 1000 万辆大关,比 2019 年增长 43%,同时 2020 年纯电动汽车新注册数量占据整体电动汽车注册数量的 2/3,表明新能源汽车的时代已经到来。

虽然新能源汽车在近十年来得到迅猛发展,但是目前全球市场渗透率依然很小,2020 年全球新能源汽车渗透率不到 5%(*Global EV Outlook 2021*, IEA),一个重要的原因是产品的低技术水平带来的推广阻碍。新能源汽车作为一项新兴技术,具有对传统技术的颠覆性与未来发展的不确

[①] 云松令:《新能源汽车是怎样"火"起来的!》,第一电动网(https://www.d1ev.com/kol)。

定性，这种对出行方式近乎"革命性"的技术改变与现如今发展较为完善的传统燃油汽车相比在创新扩散中面临着许多技术障碍（卢超等，2014）。例如，过高的创新成本（孙晓华等，2018）、有限的续航里程（Mahmoudzadeh et al.，2017）以及不稳定的安全性①等障碍，这些技术障碍的存在会影响新能源汽车性能与质量，增加消费者对新技术的感知风险，不利于技术扩散甚至会导致消费者需求外溢（孙早、许薛璐，2018）。因此，若想完成新能源汽车对传统燃油汽车的替代，需要通过技术创新不断完善产品性能，改善消费者认知，消除新能源汽车推广过程中的"五大障碍"——"成本障碍、技术障碍、充电障碍、认知障碍和气温障碍"，以达到最终提升市场需求的目的。

早在1942年，熊彼特（Schumpeter）就在《经济发展理论》一书中指出，在技术创新与市场需求的关系中，技术创新占据了主导地位。通常而言，技术创新能够降低产品生产成本，提高消费者的产品使用收益，进而极大地促进产品需求（李晓敏等，2020）。Lin等（2011）、Park和Lee（2012）进一步研究发现，在一个颠覆性创新的产业里，消费者有限理性的存在，使消费者很难向技术供应方发出明确的信号和想法，此时消费者偏好更容易受到创新的影响（削弱或是增强），因此技术创新决定市场需求的情形更容易在新兴产业中出现。

当前，新能源汽车产业中关于技术创新与市场需求的相关研究主要集中在以下两个方面。

第一类是基于购买意愿问卷调查的微观研究。作为一种新产品和新技术，新能源汽车以动力电池为主要动力来源，与新能源汽车相关的技术因素（包括续航里程、充电时间、电池、车辆属性等）将会影响人们对新能源汽车的购买决策。例如，Egbue和Long（2012）通过调查研究发现续航能力是消费者决定是否会购买新能源汽车最关键的因素，有43.7%的消费者会因"里程焦虑"而拒绝购买新能源汽车。在充电时间上，Chorus等（2013）调查发现充电时间长短与消费者对新能源汽车的偏好程度明显呈负相关关系，缩短充电时间有助于减少消费者的"等待焦虑"。此外，当前居高不下的电池成本也是新能源汽车采用的主要障碍（Chorus et al.，2013），Krause等（2016）的研究结果显示，如果"成本焦虑"的问题得到解决，那么愿意购买新能源汽车的消费者将会增加65%。She等

---

① 欧阳明高：《补贴退坡，新能源汽车的未来在哪里？》，电车汇（https://baijiahao.baidu.com/s?id=1648993044712539127&wfr=spider&for=pc）。

（2017）的研究结果则不同，She 等认为"安全焦虑"才是阻碍更多消费者购买新能源汽车的主要技术障碍。除电池技术，Laurence 和 Macharis（2008）、何伟怡和何瑞（2015）研究发现，与常规车辆属性相关的技术因素同样是影响新能源汽车购买的重要因素，如车辆的易操作性、加速度性能和车辆外观等。

第二类是基于地区实际销量数据的宏观研究。Choi（2018）使用谷歌搜索引擎中"雪佛兰 Volt"、"特斯拉 Model S"、"特斯拉 Roadster"和"日产 Leaf"这四个关键词的搜索流量数据代表新能源汽车需求，以专利数据代表技术创新，研究发现技术创新对美国新能源汽车需求有促进作用，对德国市场却没有。Chen 等（2020）以丹麦、芬兰、冰岛、瑞典、挪威北欧五国 17 个城市为样本，研究发现电动汽车连接到电网的技术水平每提升 1%，电动汽车销量将提升 0.11%。Sónia 等（2019）使用 2010—2016 年 24 个欧盟国家新能源汽车的市场份额数据实证研究发现，技术创新对混合动力汽车（PHEV）的需求促进作用显著大于纯电动汽车（BEV）。

基于上述文献回顾可知，新能源汽车产业关于技术创新引致市场需求的研究还存在以下不足：一是现有研究大多通过调查问卷或网络搜索的方式收集消费者对新能源汽车的购买意向数据，以此来反映市场需求状况，然而根据经济学的显示性偏好理论，购买意向并不能真实反映新能源汽车市场的有效需求（李国栋等，2019）。二是电池技术、电驱技术和电控技术是新能源汽车的三大核心技术，目前鲜有文献从技术细分视角研究不同类型的技术创新（电池、电驱、电控）对新能源汽车销量的影响。三是大多数研究忽视了技术创新对不同类型新能源汽车（纯电动汽车和混合动力汽车）销量的影响差异。因此，在技术创新对新能源汽车需求的影响方面，学界还需要做更深入的研究并寻找新的证据。鉴于此，本章接下来的结构安排如下：第二节首先回顾新能源汽车在全球范围内的技术创新现状及推广进程。其次，深入考察技术创新对新能源汽车需求的影响机制及效果，具体分析方法是基于 2011—2017 年全球 15 个主要国家的新能源汽车销量的面板数据，构建多元回归模型，提取电池、电驱、电控三类关键的新能源汽车技术，量化研究技术创新对新能源汽车需求的影响。最后，考虑到新能源汽车车辆类型的异质性，进一步分析了三类技术创新分别对于纯电动汽车（BEV）和混合动力汽车（PHEV）需求的影响。第三节从专利视角针对中国新能源汽车的技术创新现状进行梳理分析，考察目前该产业的技术发展水平。第四节利用 2012—2019 年中国新能源汽车的月度销量数据代表宏观需求进行实证测算,探究技术创新对中国新能源汽车消费的影响,为中国新能源汽车的推广与产业技术路线的制定提出建议。第五节为本章小结。

第二节 全球视角下技术进步对新能源汽车需求的影响

一 全球新能源汽车的推广及技术发展

当前,全球都面临着能源不足与环境恶化的问题,伴随着汽车需求量的不断增加,在全球范围内如何减少汽车尾气对大气环境影响的问题日益凸显。新能源汽车作为一项绿色低碳技术,被世界各国及国际组织公认是减少石油消耗与二氧化碳排放的有效手段之一,其在全球汽车市场的渗透与推广迫在眉睫。一方面,新能源汽车的正外部性决定了该产业的发展有助于应对气候变化与能源紧缺问题。另一方面,新能源汽车技术进步的过程与方向也将影响到未来全球能源产业链的变化。纵观新能源汽车的技术发展历程,自2011年后在多个国家与地区的扶持下新能源汽车市场得到不断深化,新能源汽车技术的成长迎来了黄金期,新一波的低碳技术革命正在到来。

专利作为技术进步成果的重要产出,专利申请数量与趋势反映了新能源汽车的技术水平。图5-1描述了2011—2017年15个主要国家[①]新能源汽车专利授予量及销量的变化趋势。2011年,15国新能源汽车专利授予总量为3379.2个,2017年则增加到7560.0个,比2011年多出4108.8个,增长幅度翻倍。与此同时,各国新能源汽车销量也由2011年的4.643万辆,增长到2017年的111.033万辆,新能源汽车销量出现了几何式的增长。2014年同2011年相比,各国新能源汽车专利授予数量增加了1704.6个,新能源汽车销量增加了26.712万辆;2017年同2014年相比,各国新能源汽车专利授予数量增加了2476.2个,新能源汽车销量增加了79.678万辆,可以看出,无论是新能源汽车专利授予数量还是销量,2014—2017年都远远高于2011—2014年。不难发现,2011—2017年新能源汽车销量增长的速度同新能源汽车专利授权数量的增长速度是高度正相关的。在技术进步的不断积累下,重要技术的改进与更多款型的新能源汽

---

① 这15个国家分别为澳大利亚、加拿大、中国、芬兰、法国、德国、印度、日本、韩国、荷兰、新西兰、挪威、瑞典、英国、美国。

车不断刺激消费者需求，新能源汽车的消费人群也逐渐从早期的技术爱好者向大众转移（*Global EV Outlook 2020*，IEA）。但技术进步是否真正提升了新能源汽车的销量从而对消费者需求产生显著影响，仍需进一步验证，下文将对此问题展开实证分析。

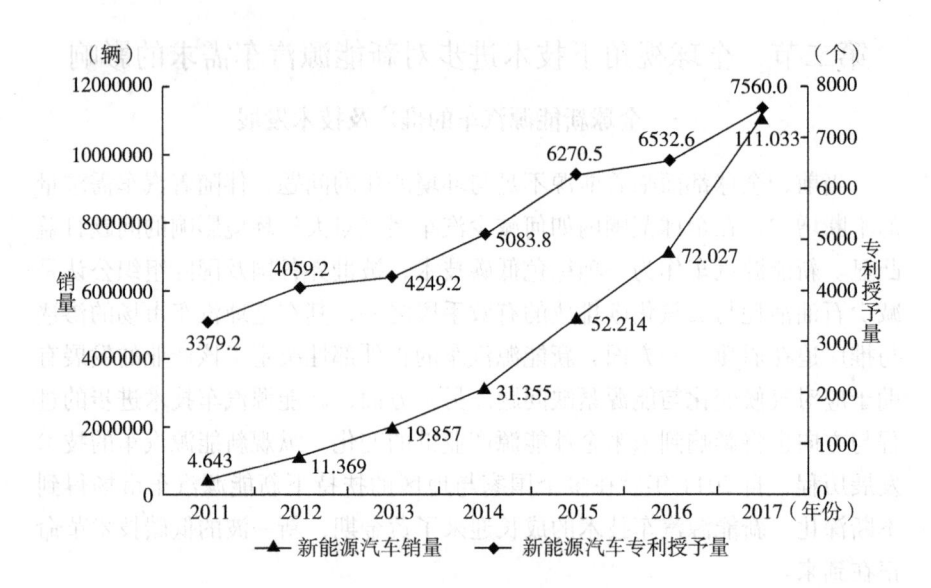

图 5-1　2011—2017 年 15 个主要国家新能源汽车专利授予量及销量

注：专利授予数量之所以有小数，是由 OECD 数据库统计标准所致。如果一项专利来自几个国家的专利注册人申请，那么这一项专利数量统计则依据申请人数量折合成小数计算。

资料来源：经济合作与发展组织（OECD）。

二　研究设计

（一）样本选择和数据处理

本书关于新能源汽车需求所采用的数据是 2011—2017 年 15 个主要国家新能源汽车销量的面板数据，之所以选择这 15 个国家作为样本国，一是因为在 2011—2017 年这 15 个国家新能源汽车的年均总销量占据全球 94.6%的份额，具有代表性。二是这 15 个国家在 *Global EV Outlook 2018* 中有连续的、完整的年度销量数据。专利数量是目前文献中使用较多且能较好反映技术因素的指标。许多学者在新能源汽车需求影响因素的研究中，均将专利数量作为衡量新能源汽车技术水平的指标（Choi，2018；Sónia et al.，2019；马少超、范英，2018）。关于专利数据的获取，本书首先采用高频词汇统计法,对中国期刊网中新能源汽车的相关高频词进行定位,并在国家知识产权局数据库中进行检索,筛选出发明类与实用新型类专利,得到各国新能源汽车的专利授予量。其次,使用国际专利分类号(IPC号)分析发现新能源汽车基本电器元件(H01)、发电、变电(H02)、一般车辆(B60)类为2011—2017年专利注册的核心技术,三类技术专利授予数量占比在每年均达到70%以上。同时,结合现有学者的专利分析(Choi,2018;王静宇等,2016;田鑫,2019),最终确立电池(H01M、H02J)、电驱(B60L、B60K)与电控(H02P)为推动新能源汽车发展的关键技术。在确定新能源汽车的关键专利代码后,本书以国际经济合作与发展组织数据库为数据源,得到了15个国家2011—2017年电池、电驱与电控技术方面的专利数据。

(二)计量模型设定

基于第三章第四节构建的新能源汽车需求理论框架,本节将技术进步作为主要解释变量,量化研究技术进步对新能源汽车需求的影响。本节基于2011—2017年全球15个主要国家的新能源汽车销量的面板数据进行研究,首先从技术细分的角度考察了技术进步对新能源汽车需求的影响,接下来从车辆细分的角度分别考察了技术进步分别对纯电动汽车(BEV)和混合动力汽车(PHEV)需求的影响。因此,设定本节的计量模型如下:

$$\ln EV_{it} = \alpha \ln T_{it} + \beta \ln \lambda_{it} + \gamma_i + \mu_t + \varepsilon_{it} \quad (5-1)$$
$$\ln BEV_{it} = \alpha \ln T_{it} + \beta \ln \lambda_{it} + \gamma_i + \mu_t + \varepsilon_{it} \quad (5-2)$$
$$\ln PHEV_{it} = \alpha \ln T_{it} + \beta \ln \lambda_{it} + \gamma_i + \mu_t + \varepsilon_{it} \quad (5-3)$$

式中:EV_{it}为i国在t年度新能源汽车的销量;BEV_{it}为i国在t年度纯电动汽车的销量;$PHEV_{it}$为i国在t年度插电式混合动力汽车的销量;T_{it}为一组衡量i国t年度新能源汽车技术水平的专利变量,包括各国新能源汽车专利授予总量(Patent)、电池技术专利授予量(Battery)、电驱技术专利授予量(Drive)和电控技术专利授予量(Control);γ_i和μ_t分别为国家和年份的固定效应;$\varepsilon_{m,t}$为随机干扰项;λ_{it}为一组控制变量。基于先前学者的研究成果和跨国面板数据的可得性,本书选取充电设施完善程度、收入水平、受教育水平和可再生能源发电占比作为控制变量。充电基础设施完善程度(Charger)用各国充电桩数量来衡量,该指标数据来源于 Global EV Outlook 2018;收入水平用各国人均GDP(AGDP)来衡量,受教育水平(Education)以联合国教育指数来衡量,这两个指标数据来源于世界银行数据库;可再生能源发电占比(Renewable)以各国可再生能源发电量在该国总发电量中的比重来衡量,该指标数据来源于 Global

Energy Statistical Year Book 2019。

三 实证分析

（一）回归分析一：技术细分

对各变量进行单位根检验，结果显示各变量均为一阶单整序列。由于不同类型的专利指标之间存在高度的相关性，为了避免多重共线性问题，本书逐一放入四个技术专利变量进行估计，分别对应模型1、模型2、模型3和模型4。此外，由于受教育水平和可再生能源发电占比本身就是标准化指数（百分数），不再对其取对数。因豪斯曼检验显示拒绝随机效应，故采用固定效应对模型进行估计。方程5-1结果如表5-1所示。

表5-1　　　　　　　　　技术细分估计结果

变量	模型1	模型2	模型3	模型4
ln*Patent*	1.18*** (4.52)			
ln*Battery*		0.73*** (3.39)		
ln*Drive*			0.52*** (3.32)	
ln*Control*				0.28** (2.33)
ln*Charger*	0.39*** (4.37)	0.46*** (5.13)	0.39*** (3.96)	0.49*** (5.42)
ln*AGDP*	0.98 (0.73)	1.52 (1.07)	2.71** (2.09)	3.57*** (2.79)
Education	9.09 (1.23)	8.58 (1.11)	7.19 (0.93)	10.09 (1.25)
Renewable	8.85*** (3.23)	10.41*** (3.69)	9.09*** (3.13)	10.68*** (3.66)
C	-28.56** (-2.16)	-33.23** (-2.36)	-43.57*** (-3.40)	-57.01*** (-4.62)
R^2	0.943	0.934	0.934	0.930
样本观测值	105	105	105	105

注：*、**、***分别表示10%、5%和1%显著性水平，括号内为 *t* 值；下同。

资料来源：笔者根据Stata软件的运行结果整理所得。

由表 5-1 可知，表征新能源汽车技术水平 ln*Patent* 的估计系数为 1.18，且在 1%的统计水平上显著。表明 2011—2017 年技术水平的提高，显著增加了世界各国新能源汽车的需求，一国新能源汽车的专利授予数量每增加 1%，该国新能源汽车销量就会增加 1.18%。这同 Choi（2018）、Sónia 等（2019）、马少超和范英（2018）的研究结论一致。

从三类细分的技术专利来看，每一项技术专利授予数量的增加都正向提高了该国新能源汽车的市场需求。ln*Battery* 估计系数为 0.73，高于 ln*Drive* 的估计系数（0.52）和 ln*Control* 的估计系数（0.28），且三类专利系数都在 5%水平上显著。其中，电池专利授权数量的增加对新能源汽车销量增加的影响最大，电控专利授予数量的增加对新能源汽车销量提升的影响最小。这一结果同 Egbue 和 Long（2012）和 Sónia 等（2019）研究结果一致。出现这种结果有以下两种解释，一是目前电池技术是新能源汽车无法大规模采用的关键"瓶颈"。有限的电池容量和续航能力一直是新能源汽车推广的最大技术障碍，是"里程焦虑"产生的主要原因之一①，电池技术的改进是解决这一障碍的根本途径。此外，潜在消费者所忧虑的安全问题也主要源于动力电池（She et al.，2017）。当前，新能源汽车技术突破面临一个两难境地，即续航里程与安全性难以兼顾，也即高能量密度和低电池自燃率无法兼容②。最后，新能源汽车居高不下的售价也主要源于电池成本（Egbue and Long，2012），当前电池成本占新能源汽车售价的 40%以上①。二是当前电控、电驱技术的改进速度还匹配不上电池技术的改进速度，三种技术改进之间的不匹配导致新能源汽车行业无法进一步优化和升级。因此，电控、电驱技术专利授权数量的增加对提高新能源汽车采用率的影响不如电池技术。

在控制变量中，代表新能源汽车基础设施完善程度的 ln*Charger* 的估计系数在模型 1 至模型 4 中的系数全都在 1%的水平上显著为正。表明充电设施的完善有助于新能源汽车销量的增加。此外，可再生能源发电占比的提高显著提高了各国新能源汽车的销量，这同 Sónia 等（2019）研究结论一致。总体来看，人均 *GDP* 和受教育水平对新能源汽车需求的影响不明显，这可能是因为相比整体汽车销售市场而言，新能源汽车的销售规模

---

① 欧阳明高：《补贴退坡，新能源汽车的未来在哪里？》，电车汇（https：//baijiahao.baidu.com/s?id=1648993044712539127&wfr=spider&for=pc）。

② 云松令：《新能源汽车是怎样"火"起来的!》，第一电动网（https：//www.d1ev.com/kol）。

还是太小，*Global EV Outlook 2018* 显示 2018 年全球新能源汽车销售份额仅占 5.9%。因此，尽管许多新能源汽车消费者有着较高的收入，受过高等教育，对环境保护充满热情，但从一个国家的角度来看，这些人只占总人口的很小部分，并不能反映国与国之间人口统计特征对新能源汽车采用水平的影响（Sierzchula et al.，2014）。

（二）回归分析二：车辆细分

为进一步考察电池、电驱、电控三类技术进步分别对于不同类型新能源汽车需求的影响，本书将各国纯电动汽车（BEV）和混合动力汽车（PHEV）销量分别作为因变量，对比分析各项细分技术进步分别对纯电动汽车（BEV）和混合动力汽车（PHEV）需求的影响。方程（5-2）和方程（5-3）具体结果如表 5-2 所示。

表 5-2　　车辆细分估计结果

变量	BEV 模型 5	BEV 模型 6	BEV 模型 7	PHEV 模型 8	PHEV 模型 9	PHEV 模型 10
ln*Battery*	0.62*** (3.13)			0.32* (2.02)		
ln*Drive*		0.54*** (3.78)			0.45*** (3.49)	
ln*Control*			0.20* (1.78)			0.33** (3.48)
ln*Charger*	0.33*** (3.87)	0.24*** (2.66)	0.36*** (4.18)	1.08*** (5.91)	1.02*** (6.28)	0.99*** (5.06)
ln*AGDP*	3.46** (2.61)	4.25*** (3.63)	5.28*** (4.41)	0.84 (0.31)	0.97 (0.41)	0.70 (0.27)
Education	0.78 (0.11)	0.82 (0.20)	1.62*** (0.21)	8.09 (0.50)	16.112 (1.07)	7.82 (0.50)
Renewable	8.45*** (3.22)	6.87** (2.61)	8.82** (3.23)	14.54** (2.52)	12.33** (2.27)	12.15** (2.07)
C	-48.06*** (-3.66)	-54.14*** (-4.66)	-68.72*** (-5.95)	-31.05 (-1.15)	-38.94* (-1.69)	-27.64 (-1.07)
R^2	0.941	0.944	0.937	0.839	0.857	0.842
样本观测值	105	105	105	105	105	105

资料来源：笔者根据 Stata 软件的运行结果整理所得。

表 5-2 中的模型 5、模型 6 与模型 7 汇报了三类细分技术进步对纯电动汽车（BEV）销量的影响，ln*Battery*、ln*Drive* 和 ln*Control* 的估计系数分别为 0.62、0.54 和 0.20，且都在统计意义上显著，表明三类细分技术专利授予数量的增加都正向提高了纯电动汽车的销量。同表 5-1 估计的结果类似，电池技术专利授予数量的增加对纯电动汽车销量增加的作用也最突出，这同 Sónia 等（2019）研究结论一致。这可从以下两个方面来解释：一是纯电动汽车是当前新能源汽车发展的主流方向（Li et al.，2019），当前纯电动汽车在全球新能源汽车总销量中所占比重也是最高的，*Global EV outlook* 2019 年鉴数据显示 2018 年其占比为 68%，因此对整个新能源汽车行业影响最突出的电池技术自然对纯电动汽车需求的影响也更加明显。二是电池系统是纯电动汽车的核心系统，里程焦虑、安全焦虑和成本焦虑障碍对纯电动汽车影响更为显著，因此电池技术的进步对克服纯电动汽车的推广障碍至关重要（She et al.，2017）。

由表 5-2 中的模型 8 至模型 10 结果可知，在考察三类细分技术对混合动力汽车（PHEV）需求的影响时，ln*Battery*、ln*Drive* 和 ln*Control* 的估计系数分别为 0.32、0.45 和 0.33，且都在统计意义上显著，表明三类细分技术专利授予数量的增加都正向提高了混合动力汽车（PHEV）的市场需求。其中，电驱技术专利 ln*Drive* 的估计系数在三类细分技术专利的估计系数中最大，与谢志明等（2015）的研究结论一致。这是因为混合动力汽车是汽车行业实现电气化和智能化的过渡产品，是由燃油汽车改装而成的，同纯电动汽车相比，动力系统才是其最核心的系统（Li et al.，2019；王博等，2020），因此，电驱技术水平的提高才是提升纯电动汽车品质的关键。以中国为例，进入 21 世纪以来中国混合动力汽车的专利数量逐年增长，申请领域也主要集中在电驱技术（B60）方面（谢志明等，2015），*Global EV outlook 2018* 显示中国混合动力汽车（PHEV）销量也由 2010 年的 0.034 万辆增长到 2017 年的 11.1 万辆。

（三）稳健性检验

本书采用两种方法进行稳健性检验。一是把各类专利变量的滞后项放入模型重新进行估计，这是因为"专利—技术—技术影响"存在一定传导机制，必然也存在时间滞后，回归模型需要对这种滞后进行处理和解释，结果见表 5-3 模型 11 至模型 14。二是把新能源汽车总的专利申请量替换总的专利授予量代入模型进行估计，结果见表 5-3 模型 15。

表 5-3　　　　　　　　　稳健性检验结果

变量	模型 11	模型 12	模型 13	模型 14	Variable	模型 15
ln$Patent$（-1）	1.23*** (5.23)				ln$Patent$（申请）	0.62** (2.97)
ln$Battery$（-1）		0.85*** (4.07)				
ln$Drive$（-1）			0.58*** (4.25)			
ln$Control$（-1）				0.38** (3.71)		
ln$Charger$	0.31** (4.82)	0.37* (4.64)	0.19* (1.71)	0.34*** (3.33)	ln$Charger$	0.51*** (5.46)
ln$AGDP$	1.62 (1.47)	2.10 (1.49)	3.32** (2.44)	3.69** (3.45)	ln$AGDP$	3.46** (2.53)
$Education$	10.41 (1.45)	7.11 (0.83)	8.53 (1.10)	9.26 (1.16)	$Education$	8.37 (1.02)
$Renewable$	8.77*** (3.31)	11.45*** (3.88)	8.69*** (3.17)	9.85*** (3.36)	$Renewable$	9.48*** (4.55)
R^2	0.943	0.936	0.948	0.946		0.961
样本观测值	90	90	90	90		105

资料来源：笔者根据 Stata 软件的运行结果整理所得。

由稳健性估计结果可知，首先，各专利变量的系数大小和统计 t 值在模型 11 至模型 14 中都要高于模型 1 至模型 4 中的系数，同时 R^2 值也高于模型 1 至模型 4 中的 R^2 值，表明滞后一期的专利变量估计结果优于模型 1 至模型 4 中当期专利变量估计结果，新能源汽车专利授予数量对新能源汽车需求的积极影响存在时滞。其次，新能源汽车专利申请数量的增加对提高一国新能源汽车的销量产生了正向的促进作用。此外，从技术细分的角度来看，三类细分技术专利滞后项系数都显著为正，表明三类细分技术专利授权数量的增加都显著提高了一国新能源汽车的需求，其中，ln$Battery$（-1）的系数依然是三个变量系数中最大的，这表明本书的研究结果具有稳健性。

四　结论和启示

本节基于 2011—2017 年 15 个国家的新能源汽车销量的面板数据，从技术细分和车型细分两个方面考察了技术进步对新能源汽车需求的影响，研究结果显示：①2011—2017年技术进步显著提高了新能源汽车的需求，一国新能源汽车专利授予数量每增加1%，该国新能源汽车销量就会增加1.18%。②新能源汽车专利授予数量对新能源汽车需求的积极影响存在时滞，专利数量滞后一期对新能源汽车销量的影响更为明显。③从技术细分来看，三类细分技术专利授予数量的增加都正向提高了新能源汽车的市场需求。其中，电池技术专利授予数量的增加对增加新能源汽车销量的作用最为明显。此外，三种技术改进的不匹配是导致世界新能源汽车无法被大规模采用的重要原因。④分车型来看，对于纯电动汽车（BEV）而言，电池技术的改进对其销量提高的影响最大；对于混合动力汽车（PHEV）来说，电驱技术的进步对其销量提高的作用最明显。⑤充电桩数量的增加、可再生能源发电占比的提高对增加新能源汽车需求影响显著。

研究表明，技术进步能够克服"成本焦虑""里程焦虑""安全焦虑障碍"，显著增加新能源汽车需求，因此政府需要从以下几个环节加快新能源汽车技术进步。一是政府应大力发展新能源汽车技术，特别是电池技术。财税政策应向技术研发领域倾斜，提高行业补贴和政府采购技术门槛，注重政策对技术创新方向的引导，建立政府、高校和企业协同创新体系。此外，还要加快电池技术的突破，尽快降低电池成本，提高续航里程，鼓励发展氢能和燃料电池，抢占电池技术领域制高点。二是政府应加大诸如"十城千辆"、政府采购等示范推广政策的力度，为新能源汽车技术的推广和应用提供商业化平台，注重发挥示范政策在传播新能源汽车知识和信息方面的作用，提高消费者对新能源汽车的认知和接受度，改善企业创新环境，加快技术进步成果转化的步伐。三是重视电控、电驱技术方面的基础应用研究，重点布局关键领域的创新发展体系，特别是关键零部件的研发和创新，注重电池、电驱、电控三类技术改进之间的匹配，推进新能源汽车产业良性发展。此外，要加快充电基础设施建设，鼓励充电技术和商业模式创新，构建高效、适度超前的充电网络体系；大力发展可再生能源发电技术，注重新能源汽车和可再生能源的协同发展。

第三节　中国新能源汽车技术创新现状

回溯全球汽车百年发展史，实际上就是一部技术创新史，对于新能源汽车而言，技术创新同样是推动产业高质量可持续发展的核心力量。作为世界新能源汽车的领跑国，中国2020年全球新能源汽车保有量占比高达45%，市场渗透率达到了13.4%，全年累计销量连续7年位居全球第一，这也表明未来中国新能源汽车产业技术路线的选择将对全球新能源汽车市场产生重要影响（*Global EV Outlook 2021*，IEA）。近年来，随着国家出台"十四五"国家重大研发计划"新能源汽车"重点专项、《中国制造2025》、《节能与新能源汽车技术路线图》等一系列重大科技专项及示范工程，中国新能源汽车产业无论是在整车制造还是零部件的生产都进入了加速发展的新阶段，体现在可供消费者选择的车型更加丰富，车辆在续航里程、可靠性与安全性等方面的性能不断得到优化。但是在罗兰贝格发布的《2018年全球电动汽车发展指数》中，中国在技术层面的排名处于中下游（与意大利属于同一层次），表明中国新能源汽车产业虽然在产业规模上欣欣向荣，但是背后缺少核心技术的突破与自主产业链的掌握。国务院办公厅发布的《新能源汽车产业发展规划（2021—2035年）》明确提出，要力争经过15年的努力使中国新能源汽车的核心技术达到国际先进水平。本节主要从技术专利视角介绍目前中国新能源汽车的技术发展水平，剖析影响新能源汽车技术创新的关键因素，考察未来在关键零部件技术上的发展潜力，以更好地规划新能源汽车产业未来的技术路线并加速新能源汽车的推广。

专利信息是衡量技术创新水平的重要指标（王静宇等，2016），世界知识产权组织报告认为，专利信息可以包含全球知识产出90%以上的主要内容，剩下的5%—10%体现在相关科学文献中。因此专利信息是反映新能源汽车产业技术创新水平的重要载体，通过利用专利申请趋势、申请主体等统计数据可以较为全面地分析中国新能源汽车的技术研发分布及技术发展趋势，对产业未来技术路线的制定与创新发展战略的实施具有重要意义。本节选用中华人民共和国国家知识产权局专利数据库（SIPO）进行检索，这个数据库是获取中国知识产权信息最权威与全面的平台。根据研究需求本节采用关键词检索法，以2012年国务院关于新能源汽车行业布局规划中对新能源汽车范围的界定为标准，将电动汽车、混合动力汽车与燃料电池汽车作为主要研究对象，检索关键词为"新能源汽车 OR 电动汽车 OR 混合动力汽车 OR 燃料电池汽车"，检索的时间范围设定为2010年1月1日至2021年12月31日，检索时间为2022年1月5日。

一　新能源汽车专利申请趋势分析

整体来看，2001—2019年中国新能源汽车专利申请数量呈现逐年增长的趋势（见图 5-2）表明新能源汽车领域内技术创新的积极性在增加。具体来看，中国新能源汽车产业技术发展可分为四个阶段。

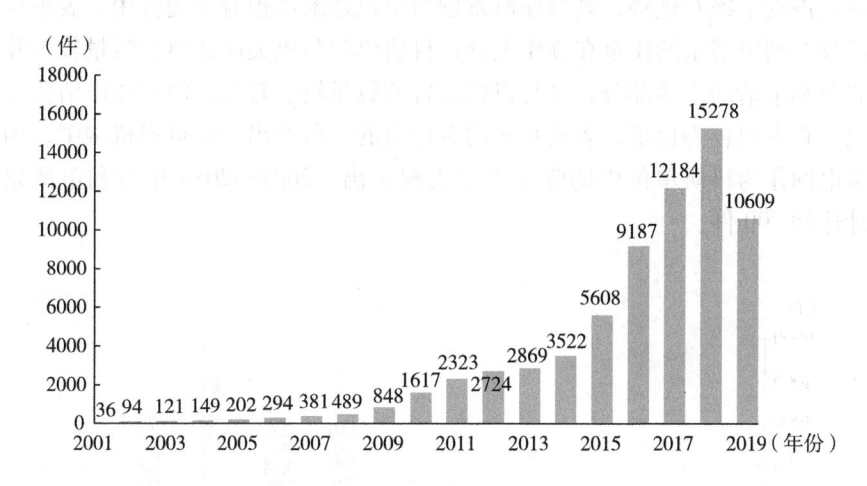

图 5-2　2001—2019 年中国新能源汽车专利申请数量
资料来源：中华人民共和国国家知识产权局专利数据库。

第一个阶段是 2001—2008 年的导入期，这个阶段表现为新能源汽车专利申请量较为平缓，此时行业内对新能源汽车技术研发的重视程度不足，专利申请数量较少。

第二阶段是 2009—2014 年的起步期，数据显示 2009 年专利申请量是 2008 年的两倍，增速超过了 50%。2009 年中国政府将新能源汽车产业作为战略性新兴产业予以培育，实行的"十城千辆"等一系列政策推动了示范城市新能源汽车的快速发展，政府对新能源汽车产业的重视与良好的市场前景使专利申请数量有小规模的上升。

第三阶段是 2015—2018 年的发展期，在受到中央与地方相结合的补贴政策的驱动下，车企加大投入研发力度，从 2015 年开始专利申请数量呈现井喷态势，尤其在 2018 年新能源汽车专利申请总量达到 15278 件的最高值，为 2001—2014 年申请量的总和。

第四个阶段是 2018 年至今的成熟期，随着行业内核心技术专利的不断累积，技术创新达到瓶颈期，专利申请量的增长速度逐渐放缓，2020 年以来新冠疫情的冲击致使专利申请数量呈现波动下降的趋势。

二　新能源汽车专利申请主体分析

新能源汽车作为一项战略性新兴产业，中国一直坚持产学研协同研发的技术创新体系。通过对 2010—2021 年中国新能源汽车专利申请主体（见图 5-3）进行分析可以发现，企业是技术创新的主要力量，在申请数量上占据了绝对优势；高校在研发创新中也逐渐承担着关键作用，表现在高校专利申请量的比重在逐年上升；科研单位与机关团体申请数量较少并非专利申请的主体部分，这与机构设置的数量较少有关，但整体申请数量上一直表现较为稳定，表明每年均有稳定的科研产出，在科研机构中，国家电网作为科研单位中的骨干力量表现突出，2007—2018 年专利申请累计达到 700 件。

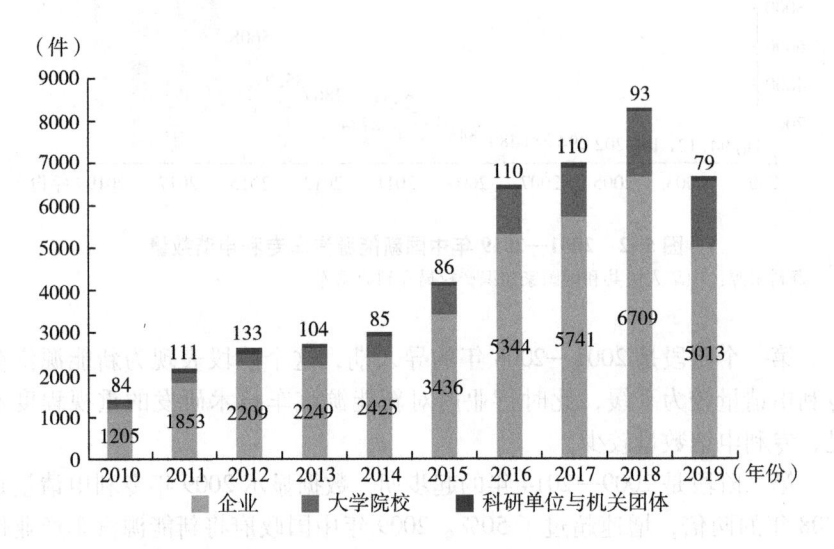

图 5-3 2010—2021 年中国新能源汽车专利申请主体
资料来源：中华人民共和国国家知识产权局专利数据库。

新能源汽车生产企业是产业技术创新的核心力量。进一步针对 2019 年中国部分新能源汽车专利公开申请主体（见表 5-4）分析发现，宁德时代和比亚迪作为领先的电池制造商，拥有较高的专利申请量。2019 年宁德时代和比亚迪的专利申请量分别为 766 件和 737 件，显示出在新能源汽车领域强大的创新能力。蔚来汽车和蜂巢能源作为新兴企业，也展现出强劲的研发实力，2019 年的专利申请量分别为 438 件和 411 件。其他主要企业如合肥国轩高科动力能源有限公司（367 件）、郑州宇通客车股份有限公司（347 件）、银隆新能源股份有限公司（334 件）也在专利申请方面表现出色。这些企业的积极创新活动不仅反映了其自身的技术实力，也凸显了中国新能源汽车市场的多元化发展格局。

表 5-4　　　　2019 年中国部分新能源汽车专利公开申请主体　　　　单位：件

申请主体	专利申请量
宁德时代新能源科技股份有限公司	766
比亚迪股份有限公司	737
蔚来汽车有限公司	438
蜂巢能源科技有限公司	411
合肥国轩高科动力能源有限公司	367
郑州宇通客车股份有限公司	347
银隆新能源股份有限公司	334
浙江吉利控股集团有限公司	288
北京新能源汽车股份有限公司	279
北京长城华冠汽车科技股份有限公司	259

资料来源：中华人民共和国国家知识产权局专利数据库。

三　新能源汽车专利申请地域分析

从地域分布来看，如表 5-5 所示，中国新能源汽车的专利申请量呈现较为明显的地域差异。2002—2008 年申请量主要集中在北京、上海、广东，其次为江浙一带，总体上申请数量较少。2009—2017 年新能源汽车产业得到了迅速发展，北京仍然处于创新研发的领先地位，与江苏、江西、广东并列为高技术创新产出区域。安徽、浙江、山东、上海、重庆、河南等地也在技术成果产出方面表现优异，是技术创新的重要组成区域。湖北、天津、四川、湖南、辽宁、福建、广西、河北的技术创新相对而言处于较低水平且地区较为分散，没有很好地进行区域资源优势的整合。云南与海南因缺少企业或高校等创新主体，专利申请数量较少。综观整体，中国新能源汽车专利申请数量呈现较大的地域差异，石秀等（2018）利用基尼系数评估出中国新能源汽车专利分布的不均衡程度为 0.6，属于极度不平衡的状态。出现这种不平衡的原因与创新主体的分布情况有关，刘雅琴和余谦（2020）通过对新能源汽车专利时空演化过程与创新集聚的分析发现新能源汽车的关键创新主体在东部的北上广及江浙地区，北京、江苏、江西、广东等省份聚集了众多高校、企业等大部分的创新群体，如广东省的申请主体类型以企业居多，如小鹏汽车、广汽集团等；江苏省申请主体类型则以高校居多，如江苏大学、东南大学、南京理工大学、南京航空航天大学等，因此技术创新成果产出高。从根本上说，专利的地域差异与各省份的要素禀赋有关，无论是人力资本还是地理位置，东部地区较强的经济实力与优越的政策，营造了技术创新产出的良好环境，有利于创新资源聚集地内部的创新合作。

表 5-5　　　　中国主要省份新能源汽车专利申请数量　　　　单位：件

省份	2002—2008 年累计申请数量	2009—2017 年累计申请数量
北京	67	1160
江苏	12	820
江西	12	820
广东	43	719
安徽	8	646
浙江	21	542
山东	7	483
上海	30	446
重庆	1	347
河南	9	250
湖北	29	188
天津	3	175
四川	2	163
湖南	15	161
辽宁	3	133
福建	4	131
广西	2	103
河北	2	101
云南	0	31
海南	1	10

资料来源：中华人民共和国国家知识产权局专利数据库。

四　新能源汽车专利技术领域构成分析

从技术领域构成来看，新能源汽车核心技术为"三电"，即电池、电驱与电控。根据 IPC 专利分类号发现电池类的 H01M、H02J 和电驱类的 B60L、B60K 以及电控类的 H02K 五种专利申请数量每年均位居前五，为技术研发热点（见图 5-4）。整体来看，2015—2019 年各项专利技术保持稳定产出，2018年达到了产出最高值，而2019年存在下降趋势，表明新能源汽车的技术体系在逐渐形成。

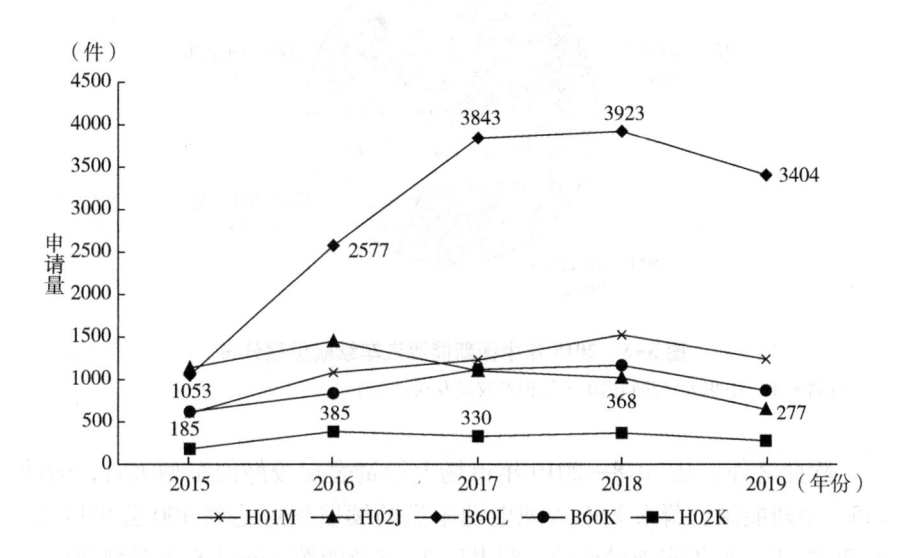

图5-4　2015—2019年中国新能源汽车技术领域构成
资料来源：中华人民共和国国家知识产权局专利数据库。

分类来看，电驱专利（B60L、B60K）2017—2018年达到较高的技术产出，表明在该阶段中国新能源汽车电驱技术取得了一定突破。电驱的作用是将电能转化为机械能，其技术水平也直接决定了车辆的行驶动力性、平稳性等各项性能指标。目前，中国电动汽车乘用车市场以永磁同步电机为代表，占据了国内电机市场最大的市场份额，与此同时，该领域内的技术发展方向也完全符合全球电驱市场的主流技术发展趋势，与国际领先水平差距较小。

电池专利（H01M）的专利申请量保持稳定上升的趋势，根据国际通用IPC专利分类号定义，该项专利主要指电池组技术。随着电池在能量密度等各方面属性的提高，新能源汽车的续航能力得到大幅提升。一直以来，"里程焦虑"都是影响新能源汽车技术扩散的重要因素与消费者采纳的主要障碍，电池研发技术的突破在逐渐解决这一难题。《节能与新能源汽车年鉴（2019）》数据显示，2018年纯电动乘用车的续航里程范围集中在300—400公里，市场占比超过45%，而2017年超过40%占比的续航里程范围集中在150—200公里，如图5-5所示。

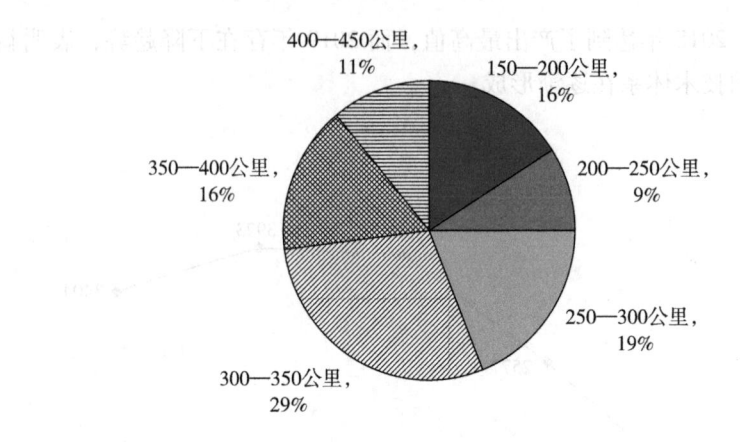

图 5-5　2018 年中国新能源汽车续航里程分布

资料来源：中华人民共和国国家知识产权局专利数据库。

除此之外，从 2018—2019 年市场上销量表现较好的车型来看，荣威 Ei5、秦新能源、蔚来 ES6 等纯电动车型的续航均可达到 400 公里以上，在 2020 年上半年实现量产的小鹏 P7、广汽新能源 Aion LX 等车型均可实现 600 公里以上的超长续航，显然在各个品牌的激烈竞争下，2020 年市面上 500 公里的续航已经成为长续航里程车的入门标准，纯电动乘用车的平均行驶里程也从 2016 年的 253 公里提高到 2021 年的 400 公里以上。这表明随着电池技术水平的不断提升，中国新能源汽车整车的续航能力有了卓越的提升。此外，根据市场车辆续航里程分布也可以看出，车企更偏好低里程的小型代步车与中高里程较高溢价的车型的研发，以刺激不同目标消费者的需求并更快速地占领市场。

目前，新能源汽车动力电池技术的发展主要有两条路线，第一条是目前占据主流市场的二次电池，第二条是以氢燃料为主的燃料电池。因正极材料的不同二次电池又可以分为三元锂电池、磷酸铁锂电池、锰酸铁锂电池、镍钴锂电池等，三元锂电池与磷酸铁锂电池目前得到了更广泛的应用。作为两大主流技术，两种电池的性能各有优劣（见表 5-6）。首先，电池作为新能源汽车成本构成的主要部分，拥有高达 70% 的占比，其价格高低直接决定了新能源汽车的售价。三元锂电池与磷酸铁锂电池相比，正极材料中含有贵金属元素（钴等）价格更高。其次，电池担负着新能源汽车续航里程的重任，其各项参数决定了汽车的实用性与耐用性。在电池的使用寿命上，根据公开数据整理可知，磷酸铁锂电池的循环次数更多，在 5000 次充电循环后剩余容量为 84%，三元锂电池在循环 3900 次充电循环后容量仅剩 66%。然而在能量密度上，三元锂电池表现更加优越，在与磷酸铁锂电池相同的体积或重量下，三元锂电池的续航能力更强。因此根据电池循环次数与一次续航能力的不同，国内商用车（包括专用车与客车）的动力电池以磷酸铁锂电池为主，乘用车的动力电池以三元锂电池为主。除此之外，一些新能源汽车频频自燃的事件使人们对新能源汽车的安全性产生担忧，这与电池的稳定性密切相关。在不同极端气温条件下，磷酸铁锂电池与三元锂电池表现不同，低温下三元锂电池的性能更加优异，在-30℃的条件下依然能够保证正常的电池容量，更适用于中国北方低温地区的使用条件；高温下磷酸铁锂电池的分解温度高于三元锂电池，因此磷酸铁锂电池对高温的适应性与安全性较高。如今，随着动力电池系统安全性的提高，通过各种保护技术可以让三元锂电池在安全状态下工作，保证未来新能源乘用车更高的续航里程。

表 5-6　　　　　　　三元锂电池与磷酸铁锂电池参数比较

性能	磷酸铁锂电池	三元锂电池
正极材料	磷酸铁锂	镍钴锰酸锂
电池成本	低	高
电池使用寿命	循环寿命较长	循环寿命较短
能量密度	低	高
低温条件（-10℃）	低温性能较差	低温性能优异
高温条件（分解温度）	800℃	200℃
代表车型	比亚迪 e6、比亚迪秦、比亚迪唐	北汽新能源 EV200、EU260、特斯拉 Model 3

资料来源：笔者根据公开资料整理。

磷酸铁锂电池与三元锂电池未来谁能成为主导仍需要市场的检验，根据工信部公布的 2016—2018 年中国新能源汽车产量与电池装机量的数据（见图 5-6），三元锂电池逐渐占据了市场主导地位，2018 年三元锂电池装机量达到 35.25 亿瓦时，较 2017 年装机量增长 59.3%，而磷酸铁锂电池装机比例在逐渐下滑，说明三元锂电池较高的续航能力更受到市场青睐。进一步将新能源汽车产量与电池装机量相比较，三元锂电池装机量增速高于新能源汽车产量增速，尤其是高工产业研究院（GGII）发布的最新 2019 年动力电池装机量的数据显示，2019 年新能源汽车生产量同比下降 4%，电池装机量同比增长 9%，可以直观发现新能源汽车生产量减少，但是总体电量在上升，说明平均每辆车的电池容量与续航里程有所提高，电池的性能得到了进一步优化。

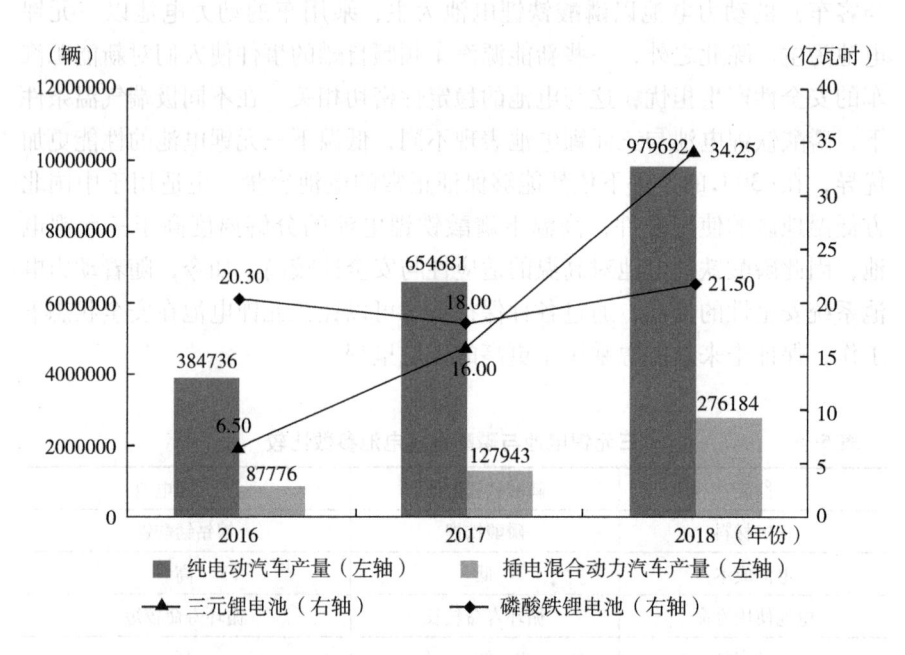

图 5-6　2016—2018 年中国新能源汽车产量与电池装机量

资料来源：中华人民共和国工业和信息化部。

电控专利（H02K）的申请数量每年均保持稳定产出，2016—2018 年申请数量达到较高阶段。在电控技术发展领域，IGBT（Insulated Gate Bipolar Transistor，绝缘栅双极型晶体管）的发展决定了电控技术的高低。IGBT 主要负责功率转换，提高车辆整体的用电效率与质量，既是电控成本的主要部分，也是新能源汽车整车中除电池成本外第二高的元件。综观全球市场，IGBT 技术主要被英飞凌、仙童、三菱、富士电机等国外巨头企业长期垄断，中国中高端 IGBT 的产能严重不足，功率半导体的自给率只有 10%，使用芯片高度依赖进口，处于关键零部件与核心技术缺失的境况，与国外企业相比在电控技术领域的短板也是未来中国成为新能源汽车引领者的主要阻碍，因此在新能源汽车技术发展路线中电控领域的技术创新与发展显得尤为重要。

第四节 技术创新对中国新能源汽车需求的影响

通过对中国新能源汽车技术创新现状的梳理可知,在供给侧,中国新能源汽车技术创新水平已经进入成熟期,在需求侧新能源汽车的推广也进入了新阶段,表现在专利申请数量与新能源汽车销量的快速增长。本节将对新能源汽车技术创新诱导需求的这一影响机制进行实证分析。本节主要内容为,以第三章第四节构建的新能源汽车需求理论框架为基础,将2012—2019年中国新能源汽车的月度销量数据作为被解释变量,新能源汽车技术专利申请月度数据为核心解释变量,加入公共充电桩数量、新能源汽车售价、人均收入、汽油价格和财政补贴作为控制变量,采用时间序列协整模型和误差修正模型对"创新引致需求理论"进行经验检验,分别从技术细分(电池、电机、电控)和车型细分(纯电动汽车和混合动力汽车)的视角考察技术创新对新能源汽车销量的影响,随后对中国新能源汽车的推广与产业技术路线的制定提出了建议。

一 研究设计

(一)模型设定

为了考察技术创新对新能源汽车需求的影响,本书参照第三章第四节方程(3-5)设定本节的基准计量方程(5-4)。

$$Sales_{NEV,t} = F(Tech_{NEV,t}; Charger_{NEV,t}; Price_{NEV,t}; Cost_{NEV,t}; \lambda_{NEV,t}; Income_{NEV,t}) + \varepsilon_{ij} \quad (5-4)$$

式中:$Sales_{NEV,t}$为中国在时间t(月份)的新能源汽车市场需求定义;$Tech_{NEV,t}$为在时间t下新能源汽车行业的技术创新变量;$Charger_{NEV,t}$为时间t下全国公共充电桩的新增数量;$Price_{NEV,t}$为在时间t下的新能源汽车售价;$Cost_{NEV,t}$为在时间t下油电价格之差;$\lambda_{NEV,t}$为在时间t下新能源汽车的政策变量;$Income_{NEV,t}$为时间t下的城镇居民的人均收入水平。在基准模型(5-8)中,技术创新变量$Tech_{NEV,t}$对新能源汽车销量的影响是本节关注的重点。

(二)变量选取及说明

基于数据的可得性,本书采用中国2012年1月至2019年12月的月度数据作为实证研究的数据基础。变量解释和数据来源如表5-7所示。被解释变量新能源汽车销量用2012年1月至2019年12月全国新能源乘用车销量表示，分别用新能源汽车总体销量、纯电动汽车销量和混合动力汽车销量三个指标来表示。乘用车一般指基本型乘用车（轿车）、多用途车与运动型多用途车等9座以下车辆，因此排除了新能源客车、公交车的销量，更能反映市场中消费者的实际需求情况。

表 5-7　　　　　　　　　　变量解释和数据来源

变量	变量符号	变量解释	数据来源
新能源汽车销量	NEV	中国新能源汽车月度销量（辆）	全国乘用车市场信息联席会
纯电动汽车销量	BEV	中国纯电动汽车月度销量（辆）	全国乘用车市场信息联席会
混合动力汽车销量	PHEV	中国混合动力汽车月度销量（辆）	全国乘用车市场信息联席会
专利申请总量	Patent	中国新能源汽车专利申请总量（个）	智慧芽数据库
电池专利数量	Battery	中国新能源汽车电池专利申请总量（个）	智慧芽数据库
电驱专利数量	Drive	中国新能源汽车电驱专利申请总量（个）	智慧芽数据库
电控专利数量	Control	中国新能源汽车电控专利申请总量（个）	智慧芽数据库
充电桩数量	Charger	全国公共充电桩的月度新增数量（个）	中国充电联盟
汽车售价	Price	新能源汽车售价，用上海汽车公司热销的纯电动车型荣威 RX5 和混合动力车型荣威 E550 的全国月度成交均价表示（万元）	大搜车智云平台、达示数据平台
纯电动汽车售价	$Price_{BEV}$	用上海汽车荣威 RX5 全国月度成交均价表示（万元）	大搜车智云平台
混合动力汽车售价	$Price_{PHEV}$	用上海汽车荣威 E550 全国月度成交均价表示（万元）	达示数据平台
城镇居民可支配收入	Income	中国城镇居民月度人均可支配收入（元）	国家统计局
油电价格差	Cost	油电价格之差（元）	东方财富网《中国电力年鉴》
财政补贴	Subsidy	中央新能源汽车推广应用补助资金月度总额（万元）	工信部官网、Wind 数据库

资料来源：笔者根据相关资料整理所得。

核心解释变量是新能源汽车的技术创新水平，用新能源汽车专利的月度申请数量表示。为了精准识别出新能源汽车相关技术的申请数量，采用关键词检索法与国际专利分类号（IPC）相结合的办法进行查询。新能源汽车的核心技术领域为动力电池、驱动电机与电机控制器（以下简称电池、电驱与电控）。因此，技术创新水平分别用新能源汽车专利申请总量以及电池、电驱和电控专利申请数量来表示。考虑到"专利—技术—技术影响"存在一定传导机制，技术创新与销量之间存在整体的时间差与滞后性，故在回归模型估计时将技术变量滞后一期作为本书主要解释变量。

在控制变量选取方面，根据以前学者的研究结果，分别选取充电桩数量、汽车售价、城镇居民可支配收入、油电价格差以及财政补贴。其中，新能源汽车售价用上海汽车公司热销的纯电动车型荣威 RX5 和混合动力车型荣威 E550 的月度成交价格均值来表示。这是因为由于停止生产或升级换代，并不是每一款新能源汽车都可以统计到样本周期内连续完整的月度成交均价，而上汽荣威 RX5 和 E550 是为数不多的有完整数据统计的车型。更重要的是，由于各个新能源汽车厂商都面临激烈的市场竞争，上海荣威的汽车售价与整体新能源汽车价格指数具有相同的变化趋势。各变量的描述性统计如表 5-8 所示。由表 5-8 可知，新能源汽车销量和专利申请数量最大值和最小值差异明显，变量方差较大，表明 2012—2019 年中国新能源汽车销量与新能源汽车专利申请数量增长速度较快，随着时间变化波动幅度较大。其他控制变量指标最大值与最小值同样差异明显，有明显的时间变化趋势。

表 5-8 各变量的描述性统计

变量	均值	中位数	最大值	最小值	方差
新能源汽车销量	33291.76	16072.00	158255.00	341.00	38373.63
纯电动汽车销量	25336.44	11069.50	130233.00	166.00	30922.23
混合动力汽车销量	7541.91	4951.50	28022.00	105.00	7814.78
专利申请总量	359.34	252.00	1698.00	18.00	371.16
电池专利数量	146.19	109.00	564.00	9.00	116.32
电驱专利数量	93.20	44.00	860.00	5.00	91.21
电控专利数量	31.61	26.00	295.00	4.00	20.32
充电桩数量	5380.26	2459.50	41570.00	122.00	7846.09
汽车售价	18.39	16.82	26.23	14.43	3.77
纯电动汽车售价	17.93	16.58	25.88	13.88	3.54

续表

变量	均值	中位数	最大值	最小值	方差
混合动力汽车售价	18.85	17.23	26.58	14.98	4.26
城镇居民可支配收入	2731.82	2675.56	3925.88	1839.38	531.14
油电价格差	7.03	7.34	8.27	5.53	0.80
财政补贴	48131.25	26727.31	183934.08	13778.11	13422.05

资料来源：笔者根据 Stata 软件的运行结果整理所得。

（三）研究方法

通过对新能源汽车整体销量与主要解释变量电池、电驱与电控三类技术专利的数据进行观察，发现 2012—2019 年各时间序列变量在波动中有所上升，具有大致相同的变化趋势，说明技术创新与新能源汽车销量之间可能存在长期稳定的协整关系，因此本书采用时间序列协整模型进行检验。具体做法为，以新能源汽车月度销量为被解释变量，技术创新变量为主要解释变量，进行 OLS 回归并对其残差项进行单位根检验。协整回归只考察了变量之间的长期关系，为了进一步考察新能源汽车销量与技术创新变量之间的短期动态关系，本书采用误差修正模型做进一步分析。具体做法为，保留协整方程中的残差项作为误差修正项 ECM，并加入被解释变量 $Sales_t$ 的差分滞后项，进一步对技术变量进行误差修正分析。

二 实证分析和结果

由于该研究数据为时间序列数据，为消除异方差影响，将虚拟变量以外的所有变量值取对数处理。为防止伪回归的出现，本书用 ADF 检验先对时间序列数据进行单位根检验，之后再进行协整检验。单位根检验结果显示，各变量一阶差分序列拒绝单位根假设，表现出平稳特征。

（一）技术创新对新能源汽车销量的影响——技术细分

1. 协整回归结果

这一部分分别研究新能源汽车行业整体技术、电池技术、电驱技术、电控技术与新能源汽车总体销量之间的关系。

首先，对各变量进行 OLS 回归，结果如表 5-9 所示。从模型估计结果可以看出，模型 1 至模型 4 中的 R^2 都超过 0.9，表明协整回归方程和变量的实际趋势拟合度较好。其次，保留协整模型 1 至模型 4 残差项，对其进行单位根检验，结果如表 5-10 所示：检验结果显示协整回归模型的 t 值小于 1% 水平临界值，说明残差项不存在单位根且表现平稳，因此可以表明协整回归模型 1 至模型 4 中各变量具有长期稳定的趋势，各变量之间具有协整关系。

表 5-9　　技术创新与新能源汽车销量的协整分析

变量	模型 1	模型 2	模型 3	模型 4
$\ln Patent\ (t-1)$	0.698*** (6.738)			
$\ln Battery\ (t-1)$		0.652*** (4.291)		
$\ln Drive\ (t-1)$			0.406*** (5.512)	
$\ln Control\ (t-1)$				0.455*** (5.604)
$\ln Charger$	0.216* (1.731)	0.679*** (3.272)	0.877** (2.263)	0.447** (2.575)
$\ln Price$	-3.488*** (-4.037)	-4.301*** (-5.966)	-3.978*** (-5.477)	-4.707*** (-4.242)
$\ln Income$	0.322 (0.743)	0.523 (0.874)	0.252 (0.626)	0.708* (1.732)
$\ln Cost$	0.478** (1.985)	1.508*** (2.963)	0.837** (2.038)	0.625* (1.801)
$\ln Subsidy$	0.362** (2.138)	0.546** (2.767)	0.223* (1.761)	0.527*** (2.732)
C	-9.278** (-2.274)	-7.826** (-2.302)	-8.673** (-2.018)	-8.138** (-2.248)
R^2	0.955	0.948	0.942	0.947
观测值	95	95	95	95

资料来源：笔者根据 Stata 软件的运行结果整理所得。

表 5-10　　残差序列单位根检验结果

ADF 检验	模型 1 t 值	模型 2 t 值	模型 3 t 值	模型 4 t 值
检验临界值	-6.795	-5.998	-5.904	-5.488
1%水平	-3.500	-3.500	-3.500	-3.500
5%水平	-2.892	-2.892	-2.892	-2.892
10%水平	-2.583	-2.583	-2.583	-2.583

资料来源：笔者根据 Stata 软件的运行结果整理所得。

如表5-9所示，模型1中表征新能源汽车整体技术水平 $\ln Patent$ ($t-1$)的系数为0.698，且在1%的水平上显著，表明技术创新有助于提高中国新能源汽车的销量，上一期有效专利申请量每增加1%，当期新能源汽车的销量就会提高0.698%。当前阻碍新能源汽车大规模采用的主要障碍——"成本焦虑""里程焦虑""安全焦虑"都源于新能源汽车技术的不成熟，技术创新削弱了三大障碍在新能源汽车推广中的不利影响。首先，技术创新一定程度上降低了新能源汽车的成本和价格，以上海汽车荣威E550为例，2012年初其价格为26.58万元，到2019年其价格为17.23万元，技术的改进降低了新能源汽车成本和价格。其次，技术创新极大地改善了新能源汽车的续航能力和安全性能。从工信部公布的新能源汽车推广目录来看，单次续航里程已经从2017年第一批推广的202.0公里增加至2019年第七批的361.9公里，2020年第六批推广目录包含的319款车型中有170款车辆的单次续航里程超过了400公里。此外，在新能源汽车推广初期安全事故频发，而2019年中国新能源汽车出现事故的概率仅为万分之0.9[1]。技术创新降低了新能源汽车的成本和价格，续航能力和安全属性得到改善，消费者对新能源汽车的认可度和接受度也大大提高，因此新能源汽车的销量也在不断增长。

由模型2、模型3与模型4估计结果可知，上一期电池、电驱与电控三类技术专利申请数量的增加全都促进了当期新能源汽车销量的提升。其中，表征电池技术水平 $\ln Battery$ ($t-1$) 的系数为0.652，高于电驱 $\ln Drive$ ($t-1$) 与电控 $\ln Control$ ($t-1$) 的系数，分别为0.406和0.455，且全都在1%的统计意义上显著。表明三类核心技术的改进对新能源汽车销量的影响存在明显差异，电池技术的改进对提高新能源汽车销量的作用最为明显，其次为电控技术，电驱技术创新对增加新能源汽车的销量影响最小。出现这种结果有以下两种解释。

第一种解释是目前电池技术是进一步推广新能源汽车的关键瓶颈。长期以来，有限的电池容量和续航能力一直是新能源汽车推广的最大技术障碍，是新能源汽车用户产生"里程焦虑"的主要原因之一，电池技术的突破是解决这一障碍的根本途径。潜在消费者所忧虑的安全问题也主要源于动力电池[1]。当前新能源汽车技术突破面临着一个两难境地，即续航里程与安全性难以兼顾。如果想要提高续航里程就要增加电池能量密度，但

---

[1] 欧阳明高：《补贴退坡，新能源汽车的未来在哪里？》，电车汇（https://baijiahao.baidu.com/s?id=1648993044712539127&wfr=spider&for=pc）。

是电池能量密度的增加会导致更高的电池自燃概率,进而引发安全问题;而如果不增加电池能量密度,新能源汽车的"里程焦虑"障碍就难以克服(She et al.,2017)。因此想要解决有限的电池容量和安全性之间的矛盾,就必须在电池技术上有所突破。此外,新能源汽车高昂的售价和使用成本也主要来自电池成本(孙晓华等,2018)。当前新能源汽车电池成本占其售价的40%以上[①],以比亚迪唐汽车为例,消费者更换一块电池的成本高达6万元,居高不下的电池成本成为更多潜在消费者购买新能源汽车的主要障碍。未来新能源汽车市场渗透率要想得到大幅度提升,就必须在电池技术上进行突破来降低电池成本(Chorus et al.,2013;She et al.,2017)。

第二种解释是当前电池技术改进的速度远快于电控、电驱技术的改进速度,电控、电驱技术改进速度与电池改进速度的不匹配阻碍了新能源汽车行业的进一步优化和升级。因此,电控、电驱技术专利申请数量的增加对提高新能源汽车采用率的影响不如电池技术。当前中国宁德时代、比亚迪等公司的电池技术水平已达到世界前列,但是电控和电驱技术与国外先进水平仍存在明显差距。电控核心技术中的关键零部件绝缘栅双极型晶体管(IGBT)还需要从国外进口,技术发展受制于人。电驱技术方面,目前中国有关电驱技术的发明专利占比仅为50%,远低于国外90%的水平,在轻量化、集成化等技术标准方面还未能达到国外"电机+变速器"一体化集成的水平。

在控制变量中,与新能源汽车为互补品的充电桩数量 ln$Charger$ 在模型1至模型4中系数均在10%水平上显著为正,表明充电设施的完善能够提高车辆使用的便利性,缓解消费者的里程焦虑,显著提高消费者的购买意愿。新能源汽车售价 ln$Price$ 在模型1至模型4中,系数均在1%水平上显著为负,表明新能源汽车售价的提高不利于新能源汽车销量的增加,这符合经济学的常识,也与李国栋等(2019)研究结论一致。消费者收入水平 ln$Income$ 在模型1至模型4中系数为正,但总体上没有统计意义,表明当前消费者的收入并不是影响增加新能源汽车销量的主要原因,这与李晓敏等(2020)研究结果一致。ln$Cost$ 的系数在模型1至模型4中系数均显著为正,表明油电价格差距越大越有助于激励消费者购买新能源汽车,这与 Liu 等(2020)研究结果一致。表征财政补贴规模的变量 ln$Subsidy$ 在模型1至模型4中的系数均在10%的水平上显著为正,财政补贴规模的扩大显著提高了新能源汽车销量,这是因为财政补贴降低了消费者的购买和使用成本,缓解了技术不成熟带来的成本焦虑,进而提高了消费者的购买意愿。这也表明财政补贴是影响新能源汽车推广的关键变量(Sierzchula et al.，2014；李晓敏等，2020）。例如，从 2019 年 7 月开始，受新能源汽车购买补贴大幅退坡影响，中国新能源汽车市场销量连续负增长。仅 2019 年 12 月新能源汽车产销总量就分别同比下降 30.3%和 27.4%，2019 年全年新能源汽车销量为 120.6 万辆，同比下降 4%，为 10 年来首次同比下降。

2. 误差修正分析

协整方程只考察了技术创新与新能源汽车销量的长期协整关系，本节进一步通过误差修正模型考察技术创新与新能源汽车销量的短期动态关系。保留协整方程中的残差项作为误差修正项 ECM，并加入被解释变量 lnNEV 的差分滞后项，对所有变量进行差分，经过进一步 OLS 估计，剔除统计结果不显著的虚拟变量，结果如表 5-11 所示。误差修正项 ECM 系数在模型 5 至模型 8 中均小于 0，且在 5%的统计意义上显著，这符合反向修正机制原理。长期协整模型的 R^2 都高于误差修正模型中的相应值，表明短期的整体拟合度不如长期协整拟合的程度好，这说明新能源乘用车销量在短期内更容易受到其他因素的影响。

表 5-11　　技术创新与新能源汽车销量的误差修正分析结果

变量	模型 5	模型 6	模型 7	模型 8
ΔlnNEV（$t-1$）	0.035 (0.437)	0.023 (0.621)	0.030 (1.038)	0.028 (0.545)
Δln$Patent$（$t-1$）	0.611*** (3.803)			
Δln$Battery$（$t-1$）		0.593*** (6.202)		
Δln$Drive$（$t-1$）			0.422*** (3.297)	
Δln$Control$（$t-1$）				0.434*** (4.079)
Δln$Charger$	0.115** (2.289)	0.079* (1.874)	0.400** (2.014)	0.106** (2.205)
Δln$Price$	-2.271*** (-2.709)	-2.205** (-2.353)	-1.437** (-2.020)	-2.417** (-2.557)
Δln$Income$	1.870** (2.254)	1.473** (2.491)	1.277* (1.727)	1.528** (2.349)
Δln$Cost$	0.814 (0.829)	0.862 (1.084)	0.679 (1.174)	1.296 (1.186)

续表

变量	模型 5	模型 6	模型 7	模型 8
ΔlnSubsidy	0.741*** (3.121)	0.769*** (3.978)	0.681** (2.025)	0.667*** (2.992)
ECM ($t-1$)	-0.458*** (-4.566)	-0.364** (-2.468)	-0.336*** (-2.838)	-0.398*** (-3.518)
R^2	0.575	0.639	0.540	0.529

资料来源：笔者根据 Stata 软件的运行结果整理所得。

通过与时间序列协整模型对比分析发现，ln$Patent$（$t-1$）在误差修正模型中的系数仍然显著为正，同长期协整模型中的系数相比没有太大变化，表明技术创新无论是在短期还是长期都促进了新能源汽车销量的增加。技术创新在短期内能够提高消费者对产品的感知有用性与感知易用性（孙早、许薛璐，2018；孙晓华等，2018），使技术创新成为新能源汽车市场的驱动力；在长期则通过技术扩散逐步消除有限理性对消费者的选择障碍，提高消费者对新能源汽车的认知度和接受度，进而扩大了新能源汽车的采用规模（李晓敏等，2020）。ln$Battery$（$t-1$）、ln$Drive$（$t-1$）与 ln$Control$（$t-1$）的系数在误差修正模型中也都在1%的统计意义下显著为正，其系数大小分别为 0.593、0.422、0.434。在短期内，电池技术对新能源汽车销量的影响依然最为明显。

（二）技术创新对新能源汽车销量的影响——车型细分

本节进一步将新能源汽车车型细分，探讨技术创新分别对纯电动汽车和混合动力汽车销量的影响。具体来说，将纯电动汽车和混合动力汽车销量的对数值分别作为被解释变量进行协整回归检验，结果如表 5-12 所示。进一步将残差进行单位根检验，结果如表 5-13 所示，发现模型 9 和模型 10 均在1%水平上通过检验，说明分车型来看技术创新和新能源汽车销量之间也具有长期稳定的趋势。

表 5-12　技术创新与不同类型汽车销量的协整分析结果

变量	lnBEV	ln$PHEV$
	模型 9	模型 10
ln$Patent$（$t-1$）	0.657*** (4.616)	0.382*** (4.536)

续表

变量	lnBEV	lnPHEV
	模型9	模型10
ln*Charger*	0.301**	0.182**
	(2.305)	(2.174)
ln*Price*_{BEV}	-4.107***	
	(-5.652)	
ln*Price*_{PHEV}		-2.889***
		(-4.654)
ln*Income*	0.767	0.913
	(1.152)	(1.578)
ln*Cost*	0.676**	0.808*
	(2.004)	(1.784)
ln*Subsidy*	0.860**	0.666**
	(2.177)	(4.800)
C	-16.021**	-11.463**
	(-2.076)	(-2.235)
R^2	0.927	0.925
观测值	95	95

资料来源：笔者根据 Stata 软件的运行结果整理所得。

表 5-13 残差序列单位根检验结果

ADF 检验	模型9 t值	模型10 t值
检验临界值	-4.985	-4.906
1% level	-3.500	-3.500
5% level	-2.892	-2.892
10% level	-2.583	-2.583

资料来源：笔者根据 Stata 软件的运行结果整理所得。

根据模型9、模型10估计结果可知，ln*Patent* (t-1) 在模型9中的系数 (0.657) 要高于模型10中的系数 (0.382)，且模型9的 R^2 (0.927) 高于模型10中的 R^2 (0.925)，这表明从长期来看，无论是纯电动汽车还是混合动力汽车，技术创新都显著促进了其销量的增长。此外，与混合动力汽车相比，技术创新对纯电动汽车销量增加的促进作用更为显著。这是因为混合动力汽车是汽油和动力电池的双驱动系统，相比纯电动汽车用户，混合动力汽车用户的"充电焦虑"和"里程焦虑"要低很多，对技术创新的要求相对较低，因此技术创新对混合动力汽车销量的影响不如纯电动汽车（Egbue and Long，2012）。

限于篇幅，此处不再列出误差修正估计结果，只把误差修正方程列出，见方程（5-5）和方程（5-6）。由方程式结果可知，在短期内，技术创新同样能促进纯电动汽车和混合动力汽车销量的增加，而同混合动力汽车相比技术创新对纯电动汽车销量增加的促进作用依然更为明显。

$$\Delta \ln BEV = 0.101 \Delta \ln BEV(t-1) + 0.408 \Delta \ln Patent(t-1) + 0.166$$
$$\Delta \ln Charger - 2.120 \Delta \ln Price + 1.904 \Delta \ln Income + 1.211$$
$$\Delta \ln Cost + 0.637 \Delta \ln Subsidy - 0.451 Ecm(t-1) + 0.045 \quad (5-5)$$
$$\Delta \ln PHEV = 0.053 \Delta \ln PHEV(t-1) + 0.229 \Delta \ln Patent(t-1) + 0.075$$
$$\Delta \ln Charger - 2.411 \Delta \ln Price + 0.791 \Delta \ln Income + 0.914$$
$$\Delta \ln Cost + 0.342 \Delta \ln Subsidy - 0.268 Ecm(t-1) + 0.037 \quad (5-6)$$

（三）稳健性检验

本节采用三种方法进行稳健性检验。第一种方法是替换主要解释变量，采用新能源汽车专利授权量替换专利申请量，来进行模型估计。第二种方法是在模型中添加控制变量，在模型中增加因限购而被抑制的牌照需求变量，来进一步进行模型估计。第三种方法是更换样本数据，采用中国2014—2019年的月度数据代替2012—2019年的月度数据，重新进行模型估计。三种方法的估计结果分别对应表5-14中的模型11、模型12和模型13。无论是用新能源汽车专利授权量替换专利申请量，还是在模型中增加控制变量，抑或更换样本数据，技术变量的系数均在1%的水平上显著为正，表明技术创新显著加快了新能源汽车的市场扩散速度，技术变量是影响新能源汽车需求的重要因素。进一步地，本书还在模型估计中将专利变量滞后了二期、三期，其估计结果与滞后一期的结果基本上一致，模型估计结果具有稳健性。

表5-14　　　　　　　　　稳健性检验结果

变量	模型11	模型12	模型13
$\ln Patent(t-1)$	0.631*** (5.804)	0.584*** (5.232)	
$\ln Patent$			0.717*** (6.612)

续表

变量	模型 11	模型 12	模型 13
ln$Demand$		0.497*** (2.969)	
ln$Charger$	0.232** (2.359)	0.124** (2.066)	0.571*** (3.198)
ln$Price$	−4.635*** (−6.460)	−3.071*** (−5.361)	−3.829*** (−5.245)
ln$Income$	1.311* (1.816)	1.238 (1.356)	0.628 (1.036)
ln$Cost$	0.863** (2.328)	0.707** (2.129)	0.646** (1.645)
ln$Subsidy$	0.571*** (2.786)	0.330** (2.247)	0.516** (2.512)
C	−9.844*** (−4.391)	−9.091**** (−3.368)	−11.576*** (−3.629)
R^2	0.951	0.946	0.938
观测值	95	95	72

资料来源：笔者根据 Stata 软件的运行结果整理所得。

三 结论及启示

本节利用中国 2012 年 1 月至 2019 年 12 月新能源汽车行业的销量和专利申请数量月度数据，采用时间序列协整模型和误差修正模型，重点考察了技术创新对新能源汽车销量的影响。研究发现：①技术创新显著提升了新能源汽车销量，上一期新能源汽车有效专利申请数量每增加 1%，当期新能源汽车的销量就会增加 0.698%，从经验上再次证实了"创新引致需求理论"。②电池、电驱与电控三类技术的创新均促进了新能源汽车销量的增加，其中电池技术的改进对提高新能源汽车销量的作用最大，电控技术次之，电驱技术最小。③与混合动力汽车销量相比，技术创新对促进纯电动汽车销量的作用更大。本书结论无论是对中国战略性新兴产业培育还是对新能源汽车产业政策体系的进一步完善都具有启发意义。

本节提出四条建议：一是在战略性新兴产业的培育过程中，要重视技术创新引导大众需求的作用，通过不断的创新引导和培育大众健康环保的消费需求，实现创新驱动新兴产业发展的战略目标。二是要完善创新扶持政策体系。政府财税政策应向技术研发领域倾斜，提高行业补贴和政府采购技术门槛，注重政策对技术创新方向的引导，建立政府、高校和企业协同创新体系，积极推进新能源汽车行业的技术升级；加大诸如"十城千辆"、公共采购等示范政策的力度，为新能源汽车技术的推广和应用提供商业化平台，注重发挥示范政策在传播新能源汽车知识和信息方面的作用，提高消费者对新能源汽车的认知和接受度，改善企业创新环境，加快技术创新成果转化的步伐。三是要加快电池技术的突破，正视电池技术改进在新能源汽车推广中的关键作用。要加快电池技术创新步伐，尽快降低电池成本，延长电池续航里程，提高电池安全性能，鼓励发展氢能和燃料电池，积极发展部署快充技术，抢占电池技术领域制高点。四是要注重电池、电驱、电控三类技术改进之间的匹配，实施差异化的创新激励政策。政府应重视电控、电驱技术方面的基础应用研究，重点布局关键领域的创新发展体系，特别是关键零部件的研发和创新，加快引进专业人才，对技术攻关重大项目给予专项资金支持，以期突破技术壁垒从而降低对进口的依赖。

第五节 本章小结

本章主要从技术创新视角探讨技术进步对新能源汽车需求的影响，利用 2011—2017 年全球 15 个主要新能源汽车推广国家的面板数据与中国 2012—2019 年的时间序列数据进行实证测算，结果发现无论是全球新能源汽车市场还是中国新能源汽车市场，技术进步均正向显著促进了新能源汽车的需求，说明对于新能源汽车这项战略性新兴产业而言，技术创新发挥了重要的驱动作用。进一步将技术细分发现，电池技术的改进对新能源汽车销量的影响效果最大，这是因为消费者的"里程焦虑"、"成本焦虑"与"安全焦虑"都源于电池技术的不完善。另外，考虑到新能源汽车车辆类型的异质性，将新能源汽车按照纯电动汽车与混合动力汽车分类发现，技术进步对纯电动汽车推广的促进效果更强，由此可见，加强纯电动汽车的技术创新、不断提高纯电动汽车的技术水平并满足消费者预期是深化推广纯电动汽车的重要途径。在全球面临着由传统燃油汽车向新能源汽车转型的重要阶段，各国政府与车企都要重视新能源汽车技术的开发与应用，弥补新能源汽车在技术与性价比等各方面的不足，最终完成汽车产业向新能源汽车的转型。

第六章 充电基础设施与新能源汽车发展

第一节 充电基础设施建设现状

对于新能源汽车而言，最主要的充电基础设施就是充电桩。2020年中国政府报告已经把充电桩建设列为新型基础设施建设的重要内容。新能源汽车充电桩是根据不同的电压等级为各种型号新能源汽车提供电力保障的充电设备，这些充电设备通常分布在居民小区停车场、公共建筑（公共写字楼、商场、公共停车场等）以及充电站内。电动汽车充电桩按照安装方式分为落地式和挂壁式充电桩，按照应用场景分为公共、私人和专用充电桩，按照充电接口的多少可分为一桩一充和一桩多充充电桩，按照充电方式分为直流、交流和交直流一体充电桩。将充电桩的充电方式进行细分，直流充电桩又可称为"快充"，快充功率大、充电速度快，能够直接为动力电池充电，但相应的建设成本也较昂贵，其主要用于运营车充电。交流充电桩又可称为"慢充"，慢充功率小、充电速度慢，需要利用车载充电机进行充电。但因为其占地面积较小、布点灵活，所以其相应的建设成本也较低，慢充主要分布于私人住宅小区，主要用于私人乘用车的充电。具体分类如图6-1所示。

一 全球充电基础设施建设现状

2020年是新能源汽车创纪录的一年，欧洲超过中国成为最大的新能源汽车市场。IEA公布的数据显示：到2020年，可使用的公共充电桩增加到130多万个。2015—2020年，全球新能源汽车公共充电桩建设规模持续上升，由2015年的18.43万个增长至2020年的130.79万个，公共充电桩的安装量在过去5年攀升了将近7倍。新冠疫情的暴发减缓了2020年的增速，但中国仍处于领先地位。2015—2020年全球公共充电桩保有量如图6-2所示。

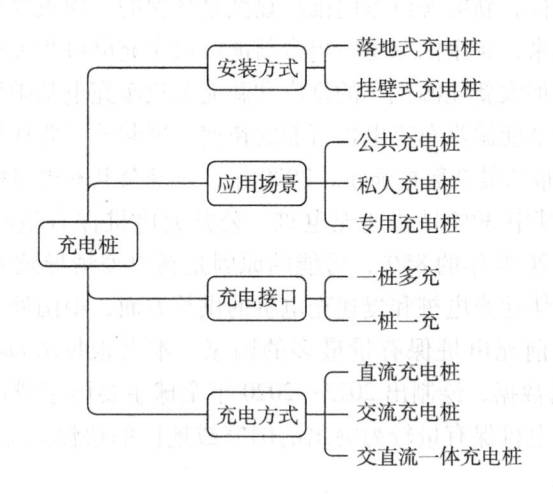

图6-1 充电桩的分类

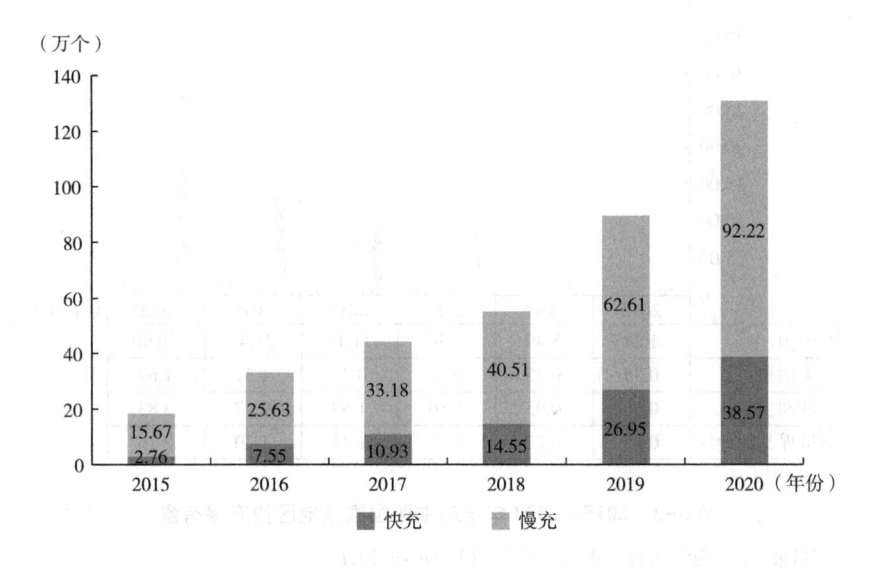

充电桩分类：
- 安装方式
  - 落地式充电桩
  - 挂壁式充电桩
- 应用场景
  - 公共充电桩
  - 私人充电桩
  - 专用充电桩
- 充电接口
  - 一桩多充
  - 一桩一充
- 充电方式
  - 直流充电桩
  - 交流充电桩
  - 交直流一体充电桩

图6-2 2015—2020年全球公共充电桩保有量（单位：万个）

年份	快充	慢充
2015	2.76	15.67
2016	7.55	25.63
2017	10.93	33.18
2018	14.55	40.51
2019	26.95	62.61
2020	38.57	92.22

资料来源：国际能源署（IEA），*Global EV Outlook 2021*。

虽然大多数新能源汽车充电都是在家中或工作场所完成的，但随着世界上新能源汽车发展的技术创新，新能源汽车车主普遍要求更智能、更完善的驾驶体验，公共充电基础设施的建设至关重要。各国的支持政策对新能源汽车充电桩行业的发展起着至关重要的作用，可持续发展是全球各国的长远发展目标，新能源汽车的推广显然是环保的一项重要举措。自新能源汽车推行以来，各个国家纷纷出台新能源汽车充电桩相关补贴政策来支持行业发展，加大新能源汽车的推广和新能源汽车充电基础设施的建设力度，对于全球新能源汽车充电桩行业的快速发展起着重要作用。国际能源署（IEA）发布的最新数据显示，2020 年，全球公共充电桩的保有量达到 130 多万台，其中 30% 是快速充电桩。公共充电桩保有量较去年增加了 45%，但低于 2019 年的 85%，可能的原因是新冠疫情导致充电桩的安装速度放缓。在快速充电桩和慢速充电桩的供给方面，中国处于世界领先地位，中国是目前充电桩保有量最多的国家。本书根据 *Global EV Outlook 2021* 中的最新数据，绘制出 2015—2020 年全球主要国家或地区快充保有量柱形图，充电桩保有量较为突出的国家或地区的快慢充保有量柱形图，如图 6-3 所示。

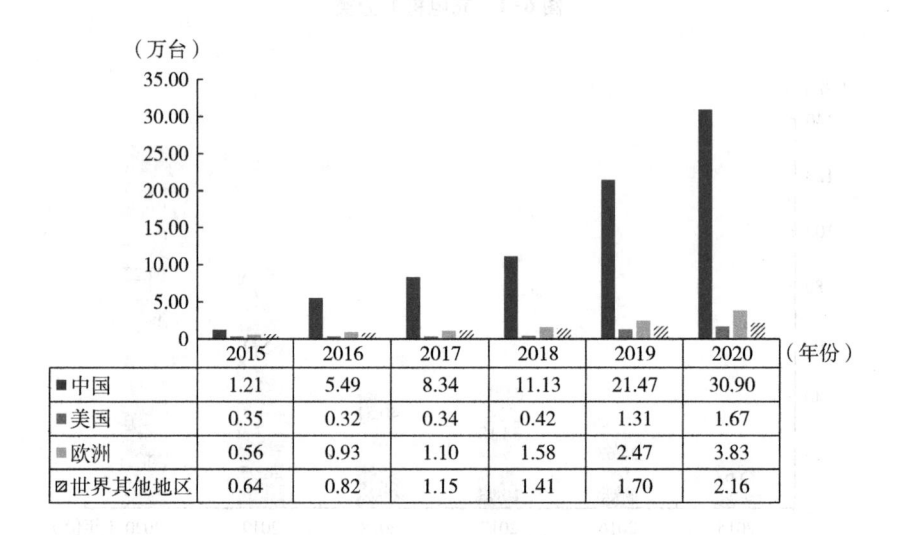

（年份）	2015	2016	2017	2018	2019	2020
中国	1.21	5.49	8.34	11.13	21.47	30.90
美国	0.35	0.32	0.34	0.42	1.31	1.67
欧洲	0.56	0.93	1.10	1.58	2.47	3.83
世界其他地区	0.64	0.82	1.15	1.41	1.70	2.16

图 6-3 2015—2020 年全球主要国家或地区快充保有量

资料来源：国际能源署（IEA），*Global EV Outlook 2021*。

2020 年中国快速充电桩的增速为 44%，较上年增长约 10 万台，但低于 2019 年 93% 的年增长率。中国境内的公共快速充电桩数量相对较多，是为了弥补私人充电桩的匮乏，以及实现新能源汽车大力推广的目标。在欧洲，快速充电桩的安装速度高于慢速充电桩，目前欧洲公共快速充电桩的保有量超过 38000 台，2020 年的增速为 55%，基本与 2019 年的增速持平。其中德国的快充数量近 7500 个，英国约为 6200 个，法国为 4000 个，荷兰为 2000 个。美国有将近 17000 个快速充电桩，其中近 60% 的快充是特斯拉增压器。公共快速充电桩有助于车主长途驾驶，随着越来越多地被安装并使用，它们可实现更长的旅途，并鼓励无法安装私人充电桩的潜在消费者购买新能源汽车。目前全球公共充电桩保有量的 70% 为慢速充电桩，本书根据 Global EV Outlook 2021 中的最新数据，绘制出 2015—2020 年全球主要国家或地区慢充保有量，如图 6-4 所示。

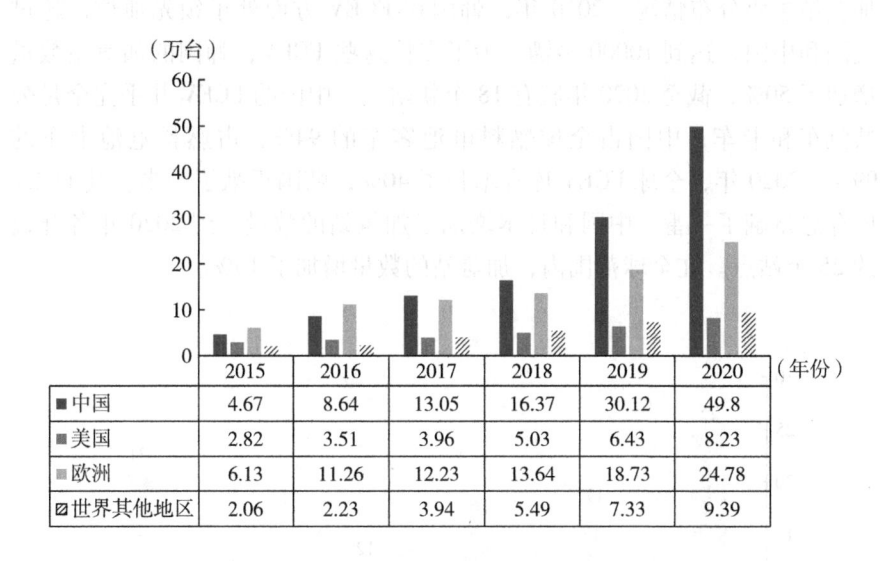

（万台）	2015	2016	2017	2018	2019	2020
■中国	4.67	8.64	13.05	16.37	30.12	49.8
■美国	2.82	3.51	3.96	5.03	6.43	8.23
■欧洲	6.13	11.26	12.23	13.64	18.73	24.78
▨世界其他地区	2.06	2.23	3.94	5.49	7.33	9.39

图 6-4　2015—2020 年全球主要国家或地区慢充保有量

资料来源：国际能源署（IEA），Global EV Outlook 2021。

中国公共慢速充电桩的保有量依旧居于世界首位，占全球慢速充电桩库存的一半以上。2020 年，中国慢速充电桩（充电功率低于 22 千瓦）保有量的增速为 65%，增长量约 20 万台。欧洲增速位居世界第 2，约有 25 万个慢速充电桩，2020 年慢速充电桩的安装量增加了 1/3。荷兰在欧洲领先，拥有超过 63000 个慢速充电桩。瑞典、芬兰和冰岛在 2020 年将其慢速充电桩的保有量增加了一倍。2020 年，美国慢速充电桩的安装量比上一年增加了 28%，达到 82300 个。

燃料电池电动汽车（FCEV）利用氢气和空气中的氧在催化剂的作用下以在燃料电池中经电化学反应产生的电能作为主要动力源驱动。燃料电池汽车实际是电动汽车的一种，在车身、动力传动系统、控制系统等方面，燃料电池电动汽车与普通电动汽车基本相同，主要区别在于动力电池的工作原理不同。FCEV 于 2014 年上市，但由于加氢站（HRS）尚未广泛使用，所以很少有商用 FCEV 车型可用，并且 FCEV 的注册量仍比其他电动汽车低很多。由于 FECV 的燃料成本和购买价格高，导致使用 FCEV 的总成本高于其他类型的电动汽车。许多国家的政府资助了加氢站的建设，并部署了公共汽车和卡车，以提供一定程度的车站利用率。如今全球约有 540 座加氢站为近 35000 辆 FCEV 提供燃料。图 6-5 为 2020 年全球加氢站主要分布情况。2020 年，韩国在 FCEV 方面处于领先地位，超过美国和中国，达到 10000 多辆。为了支持这些 FCEV，韩国的加氢站数量增加了 50%，截至 2020 年底有 18 个新站点。中国的 FCEV 几乎完全是公共汽车和卡车，中国占全球燃料电池客车的 94%，占燃料电池卡车的 99%。2020 年，全球 FCEV 库存增长了 40%，韩国贡献了一半，其 FCEV 库存总量翻了一番。中国和日本增加了加氢站的数量，到 2020 年各开设约 25 个站点。在全球范围内，加氢站的数量增加了 15%。

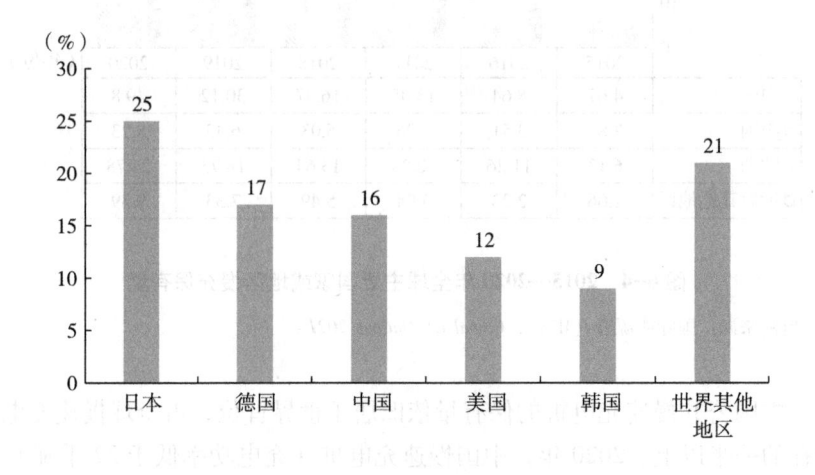

图 6-5　2020 年全球加氢站主要分布情况

资料来源：国际能源署（IEA），*Global EV Outlook 2021*。

二　中国充电基础设施现状

"十三五"规划时期，在相关政策的出台和大力扶持下，中国新能源汽车产业高速发展，并形成相对完整的生态体系。中国充换电基础设施覆盖全国大部分城市（超过 450 个城市），覆盖率高达 90% 以上。随着政策扶持力度进一步加大，全国大部分省份都出台了充换电基础设施建设补贴政策，颇具成效。充电运营商正在积极探索新的商业运营模式，以至于市场领域进一步细分、参与主体涉及更多领域且收入来源更加多样化。随着中国"碳达峰"和"碳中和"的发展目标的提出，汽车电动化的发展进程将进一步加速，充电基础设施产业如何迎接新挑战、把握新机遇成为"十四五"规划时期发展的新主题。充电基础设施行业将加速充电桩与通信技术、云计算、智能电网、车联网等技术的有机融合，利用新的技术来提升充电基础设施的利用率，从而提升充电桩行业的盈利能力。

（一）公共充电设施总体情况

随着中国新能源汽车市场不断的规模化发展，充电基础设施的规模也不断扩张。根据中国电动汽车充电基础设施促进联盟（以下简称充电联盟）发布的数据来看：截至2021年12月底，全国公共类充电桩114.7万台，较2020年新增34.0万台，同比上涨89.9%。2021年1月至12月，虽然受到新冠疫情的冲击，但中国公共充电桩的保有量仍呈现不断上升的趋势，再加上运营商根据新能源汽车市场的销量情况适当调整充电桩的建设速度，2021年全年公共类充电桩新建增速有所放缓。除1月的增长率低于1%外，各月的增长率大体一致，均在5%左右，其中9月的增长率全年最高，突破5%，达到6.04%。1月增长量最低，仅为3500多台，9月的增长量最高，将近6万台。

截至2021年12月的数据显示：目前中国公共交流桩数量为67.7万台，具体占比为58.97%；直流充电桩数量为47.0万台，占比为40.98%；交直流一体桩的数量远远低于交流桩和直流桩，仅为589台。中国公共交流桩增加17.9万台，在增量中占比为52.65%；直流桩增加的数量为16.1万台，占比为47.32%；而交直流一体桩增加了108台。中国公共交流桩保有量占比接近60%，公共直流桩保有量占比接近40%，虽然中国公共类直流桩的增量占比略大于40%，即将追上交流桩的增量占比，但由于公共交流桩的基数大于直流桩的基数，可以推断未来很长一段时间内中国公共充电桩交直流占比大约还是会维持在6∶4这个比例上。截至2021年底，充电联盟成员内整车企业采样约185.1万辆车的车桩相随信息显示：随车配建充电桩147.1万台，相较于2020年增长了59.7万台，增长率达68.31%。

充电联盟发布的数据显示：2015—2021年中国的充电基础设施保持持续增长，2015年底，中国的充电桩保有量仅为5.7万多台，到2021年12月底，中国公共充电桩保有量增长为114.7万台。随着新能源汽车的大力推广，国家及地方政府都出台了一系列充电设施的扶持政策，使充电桩得到了长足发展。本书根据充电联盟提供的数据绘制了图6-6所示的柱形图，从图中可以看出：2015—2021年，公共充电桩的保有量一直呈现增长的状态。

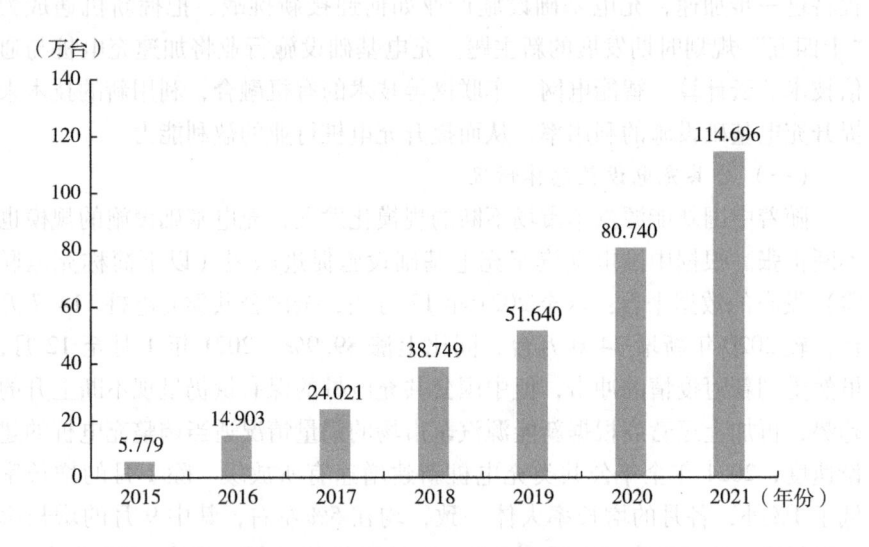

图6-6　2015—2021年公共充电桩保有量

资料来源：充电联盟。

在2016—2021年的公共充电桩增量中，各年增量的数字都很可观，每年公共充电桩的新增量均超过9万台，2016年和2017年的新增量大致相同，保持在9.1万台左右。进入2018年以来，新增充电桩数量有大幅度的提升，2018年和2019年的新增量均突破12万台，2018年公共充电桩的新增量达到14.73万台，2019年公共充电桩的新增量紧随其后，新增量达到12.89万台。2021年公共充电桩的新增量为这六年间之最，突破30万台大关，达到33.96万台。2020年新增数量紧随其后，为29.1万台。

与此同时，充电站的发展速度也很惊人，2015年全国充电站保有量仅为0.11万座，2021年充电站保有量增长为7.47万座，这六年间增长将近70倍，充电站保有量的增长情况如图6-7所示。充电站点越来越密集的分布极大提高了用户的充电便利性，也提升了对新能源汽车持观望态度的消费者的信心，刺激了潜在用户的购买欲望。中国充电联盟数据显示，2015—2021年，中国车桩比例逐年降低，已由2015年的7.84∶1降低至2021年的3.07∶1，充电基础设施建设基本能够满足新能源汽车的快速发展。在2016—2021年公共充电站的新增量中，2016年与2017年的新增量大致相同，保持在7700座以上。跨入2018年以后，新增的充电站数量有较大提升，2018年充电站的新增数量突破1万座，高达11531座。2019年充电站的新增数量下降为0.79万座，但依旧比2016年和2017年多。2020年充电站增量为这六年间之最，突破2万大关，达到2.7万座。2021年全国充电站新增数量有所降低，回落到1.1万座。

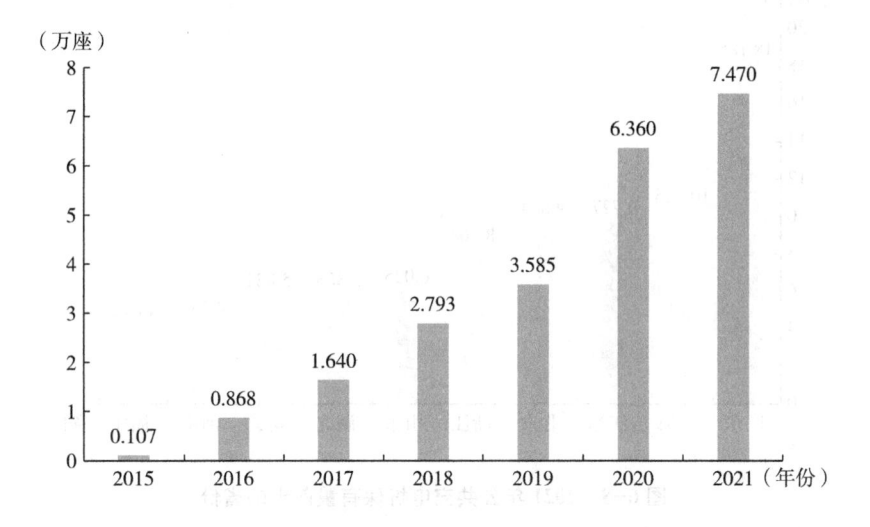

图6-7 2015—2021年公共充电站保有量情况

资料来源：充电联盟。

结合图6-6和图6-7可以发现：2015年站点内平均桩数量为这五年之最，数值为54.06台，2016年该项数值锐减为17.16台，接下来五年该项数值均保持14台左右，其中2020年为12.69台，数值为历年最小。随着站内平均桩数量的逐年增加，可以在一定程度上说明充电站的建设速度正在加快，充电基础设施的分布更加合理。

（二）全国各地区公共充电设施发展情况

截至2021年12月底，公共充电桩保有量超过八万台的地区分别为广东、上海、江苏、北京和浙江，排名前两位的广东和上海的公共充电桩保有量均突破了10万台。其保有量分别为18.185万台和10.325万台而江苏、北京和浙江的公共充电桩保有量也分别达到了9.727万台、9.684万台和8.204万台；公共充电桩超过5万台的省份有山东、湖北、安徽；另外，河南省的公共充电桩保有量超过了4万台，福建省的公共充电桩的保有量接近4万台。具体数据如图6-8所示。根据公共充电桩的分布区域可知，东部地区尤其是沿海省份公共充电桩的保有量比较突出，东北、西北、西南地区公共充电桩的分布则比较稀疏。公共充电桩保有量超过5万台的省份有广东、上海、江苏、北京、浙江、山东、湖北和安徽，这8个省份的充电桩保有量占比超过64%。

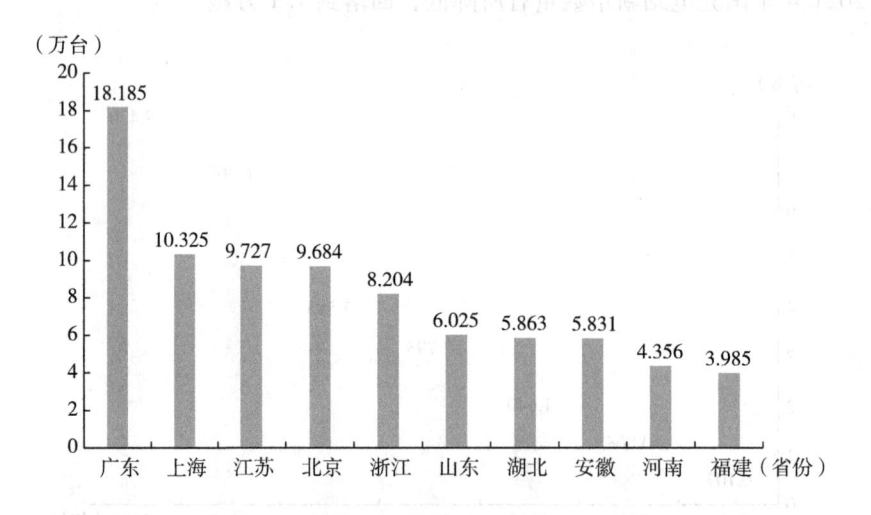

图6-8 2021年公共充电桩保有量前十的省份

资料来源：充电联盟。

总体来看，公共充电桩前十省份都是推广新能源汽车较早的区域，较早参与了新能源汽车"十城千辆"工程。尤其是广东省，已将新能源汽车及智能网联作为重要产业方向。值得一提的是，公共充电桩保有量前十地区的公共充电桩总数量为82.2万台，占全国公共充电桩保有量的比重超过七成（71.7%）。相比之下，其他地区尤其是县城、乡镇，充电基础设施建设还有明显不足。对比主要省份的公共充电桩保有量和增量数据，发现公共充电桩分布主要集中在珠三角、长三角、京津冀地区，其他地区公共充电桩的建设正在加紧速度追赶。从公共充电桩的使用情况来看，充电桩数量与充电电量并不完全成正比。全国充电电量前十地区分别为广东省、江苏省、四川省、山西省、陕西省、河北省、河南省、浙江省、福建省和北京市，和充电桩保有量前十省份有所差异。公共充电桩的使用车型主要是乘用车和公交车，环卫车、物流车、出租车等其他类型车辆占比较小。

(三) 充电运营商发展情况

2014年国家电网宣布开放新能源汽车充换电市场，并且采取各种优惠政策鼓励社会资本进入充换电市场。2014年以来，许多民营资本开始进入充电行业，并进行了一系列有益的探索和尝试。目前，国内规模较大的充电设施运营（服务）商有几十家，包括国家电网、南方电网、特来电、星星充电、云快充、依威能源、特斯拉等。充电设施运营商可分为电力企业、石化企业、充电设施制造企业这三类，各自的代表企业分别为国家电网、南方电网、中石油、中石化、万帮（星星充电）、普天新能源、特来电等。充电联盟统计数据显示：国家电网、星星充电、特来电、云快充和南方电网等运营商占据公共充电桩市场接近80%的份额。

2021年，处于充电桩运营商里的第一梯队的主要有星星充电、特来电、国家电网等，这三家运营商合计的市场份额超过50%。充电桩运营数量排名前四位的运营商分别为星星充电、特来电、国家电网、云快充，其运营数量分别为25.75万台、25.23万台、19.65万台、14.53万台。南方电网、依威能源、汇充电、上汽安悦这四家运营商各自运营的充电桩数量超过2万台，总共的充电桩运营数量是11.95万台。星星充电和特来电在2021年新增的充电桩数量分别为5.23万台和4.48万台。一些规模中等的运营商的充电桩运营数量每月也保持着稳定的增长，2021年深圳车电网和依威能源分别新投运了1.07万台和0.97万台充电桩，试图通过市场扩张抢占更多的市场份额。在2021年，上汽安悦新增了3384台左右的充电桩，希望在不断升级过去充电桩的同时提升服务质量。除公共充电桩，充电联盟还单独统计了共享私桩的数据。所谓共享私桩，是指个人为满足私人车辆充电而进行自建，且可向其他车辆提供充电服务的充电桩。截至2021年底，已统计共享私桩数量7.23万台，其中星星充电7.10万台，占比98%。另外，特来电有0.13万台共享私桩，云快充有87台，其他运营商暂时还没有开展这项业务。

(四) 私人充电设施发展情况

截至2021年底，充电联盟成员内整车企业采样约185.1万辆车的车桩相关信息显示，中国已配建的私人充电桩数量多达147.01万台，配建率达80%。综合分析2021年各月的私人充电桩数据可以发现：目前中国私人充电桩配件比率大概维持在80%。2021年中国私人充电桩的配建增量将近60万台，每月私人充电桩的配建增量均超过1万台，12月私人充电桩配建增量为全年之最，高达17万台。采样38.1万条未随车配建私人充电桩原因数据，得出未随车配建私人充电桩的原因有集团用户自行建桩、住宅小区的物业不配合、住宅小区没有固定停车位、工作地没有固定车位、报装难度大等。

（五）换电设施发展情况

截至2021年12月底，充电联盟统计全国区域内换电站共有1298座。省级行政区域内拥有的换电站数量排名前十位的分别是北京市255座、广东省178座、浙江省118座、上海市96座、江苏省92座、四川省52座、山东省51座、福建省45座、河北省41座、湖北省40座。

相较于新能源汽车充电，新能源汽车换电技术还不够完善，换电模式还处于市场探索阶段，换电站也没有全面铺开。目前，主要的换电设施运营商就只有奥动新能源、蔚来和杭州伯坦三家，分别运营着789座、402座和107座换电站。由于目前的换电模式还处于摸索阶段，换电电量不高。换电电量较高的省份主要有广东、福建和北京，而江苏、浙江、安徽、云南、四川、河北、河南、海南、湖南等省份也有一定的换电电量。2021年2月，国务院出台《关于加快建立健全绿色低碳循环发展经济体系的指导意见》，明确要求提升交通基础设施绿色发展水平，加强新能源汽车充换电、加氢站等配套基础设施建设。预计在未来几年，中国换电设施发展将进入较快增长期。

第二节　充电基础设施对新能源汽车发展的影响

充电基础设施是新型城市基础设施建设的重要内容，大力推进充电基础设施建设是推动新能源汽车发展和能源消费革命的一项战略举措。充电基础设施作为新能源汽车的互补品，在很大程度上决定着新能源汽车发展的速度。因此，国家在新能源汽车推广的过程中高度重视充电基础设施的完善工作。自2012年国务院颁布《节能与新能源汽车产业发展规划（2012—2020）》以来，国家制定了一系列的政策来推进充电基础设施的建设，建立了包括充电基础设施补贴奖励、电价电费、土地、建设、互联互通等基本完善的政策体系。2020年在全国两会上更是把充电桩、换电站作为"新基建"的重要内容，正式写入政府工作报告。在一系列政策的扶持下，中国充电基础设施建设取得了举世瞩目的成就。充电联盟2021年统计显示，中国公共充电桩的数量从2015年的5.8万台增长为2020年末的80.7万台，新能源汽车的车桩比也由2015年的7.8∶1降低至2020年的3.1∶1，国家在充电基础设施的完善方面投入了大量的人力、物力、财力。

虽然中国充电基础设施建设取得了长足的进步,但是充电基础设施在多大程度上影响了中国新能源汽车的推广?鉴于充电基础设施建设与新能源汽车推广之间存在类似"先有鸡还是先有蛋"的争论,充电基础设施对新能源汽车推广影响的"净"效果究竟如何?目前,国内学者对上述问题尚缺乏规范的经济学研究和系统的量化评估。鉴于此,首先,本节基于2010—2018年中国20个省份的面板数据,通过构建多元回归模型,量化研究充电基础设施对新能源汽车推广的影响效果,考虑到反向因果带来的内生性问题,本节还选取住宅投资和住宅施工完成面积作为充电基础设施的工具变量,以检验结论的稳健性。其次,从车型、充电桩类型、人口密度三个方面研究充电基础设施对新能源汽车推广影响的异质性。最后,进一步从充电基础设施的可用性、可见度以及充电时间三个方面进行了更加深入的量化分析。

一 文献回顾

充电桩数量是影响新能源汽车推广的重要因素,充电设施的不完善会导致消费者产生里程焦虑,进而影响新能源汽车的采用(Hidrue et al.,2011;Axsen and Kurani,2013)。许多研究发现,消费者非常在意新能源汽车的及时充电问题,如果在合理的行驶距离内没有提供足够的充电基础设施,那么即使是对购买新能源汽车感兴趣的消费者,也会担心在旅途中没有可见充电设施的情况下耗尽了电量,这种所谓的"里程焦虑"会抑制新能源汽车的市场扩散率(Franke and Krems,2013;Neubauer and Wood,2014;Hoen and Koetse,2014)。Sierzchula 等(2014)调查了30个不同国家的新能源汽车采用因素,如激励措施、燃料价格和充电基础设施,通过进行相关分析和 OLS 回归评估了它们对新能源汽车市场份额的影响,结果显示,充电基础设施的完善程度是最重要的影响因素之一。Mersky 等(2016)、Egnér 和 Trosvik(2018)分别量化研究了挪威和瑞典新能源汽车销售的影响因素,发现充电站(充电桩)数量的增加对新能源汽车销量的提升最为明显。熊勇清等(2019)、李晓敏等(2020)则基于中国的省级数据进行了考察,结果同样表明,充电设施数量是影响新能源汽车推广的重要因素。

然而,与单纯增加充电桩数量相比,充电设施的可用性、可见度以及充电速度的提升对新能源汽车采用规模的扩大效果更为明显。现有研究采用不同的衡量方法评估了充电基础设施的可用性对消费者购买意愿的影响。例如，Hackbarth 和 Madlener（2013）使用地区人均充电站（充电桩）数量和单位面积上充电站（充电桩）的数量，Rasouli 和 Timmermans（2016）使用充电基础设施和消费者居住地之间的距离，Javid 和 Nejat（2017）使用充电站和加油站数量之比。这些研究表明，充电基础设施可用性的提高有助于缓解"里程焦虑"和降低消费者对充电站的搜索成本，进而提高其购买意愿。Bakker 和 Trip（2013）通过大规模访谈分析了欧洲五个国家新能源汽车激励措施的效果，发现单位面积充电设施数量增加能够增加充电设施的曝光度，进而坚定消费者采用新能源汽车的信心。Illmann 和 Kluge（2020）使用德国 2012—2017 年邮政编码区域的每月新车注册数据，并将其与充电站的官方注册表进行了匹配，评估了充电基础设施的可用性、可见度以及充电速度对新能源汽车采用的影响。结果表明：与单纯增加充电桩数量相比，充电设施的可用性、可见度以及充电速度的提升对提高消费者的购买意愿更加明显，而其中充电速度最为重要。尽管现有研究使用的样本和方法有所不同，但大多数研究认为充电基础设施对新能源汽车采用的影响是积极的，完善的充电基础设施是新能源汽车扩散的必要条件。与上述研究不同，Bailey 等（2015）从消费者认知的角度出发，重点分析了消费者对充电设施的认知和新能源汽车普及率的关系。他们通过横截面回归分析得出，充电基础设施的完善对新能源汽车普及率的贡献很低，但是如果潜在消费者能够准确掌握充电站的位置和相关信息，统计相关性会增加。

此外，充电设施对新能源汽车需求的影响还存在车型、充电桩类型、地域方面的差异。由于纯电动汽车（BEV）和插电式混合动力汽车（PHEV）技术特点的不同，使用纯电动汽车的消费者对充电基础设施的依赖性更强，尤其是在远离居住地区的时候，因此，充电基础设施对新能源汽车销量的影响存在车型差异（Illmann and Kluge，2020）。Neaimeh 等（2017）通过使用 OLS 和稳健回归模型评估了不同类型充电桩（慢速充电桩，22 千瓦；快速充电桩，≥50 千瓦）对新能源汽车购买意愿的影响。结果显示，如果日行驶距离超过 240 公里，则快充比慢充的影响更为明显。孙晓华等（2018）通过构建一个互补品视角下的厂商决策和消费者决策模型分析发现，与慢速充电桩相比，快速充电桩的建设成本低、灵活性高，更能满足当前新能源汽车车主的充电需求，应该成为基础设施投资的主要对象。Egnér 和 Trosvik（2018）基于瑞典新能源汽车销量的市级数据分析发现，由于生活在不同人口密度地区的居民的"充电便利焦虑"和"里程焦虑"程度不一致，地区充电基础设施的影响效果存在显著的人口密度差异。

还有一些学者基于间接网络效应理论考察了充电设施对新能源汽车采用率的影响。间接网络效应理论认为充电基础设施作为新能源汽车的互补品，其数量的增加能够提高消费者购买的新能源汽车使用效用（孙晓华等，2018）。这种网络效应主要体现在提高使用便利性和降低使用成本两个方面。在提高使用便利性方面，充电桩和公共充电站的建设数量增加能够大幅降低消费者对新能源汽车充电过程中的等待时间，节约了消费者的时间成本（Zhu et al., 2019）；在降低使用成本方面，在市场经济的作用下，互补品供给数量随着用户规模的不断扩大而增加。在这种规模经济效应的影响下竞争加剧从而导致互补品的价格下降，消费者后续的使用成本进而也下降，从而能够提高消费者的购买意愿（孙晓华等，2018）。如果充电设施发展滞后，将会严重限制新能源汽车的市场扩散。Yu 等（2016）基于博弈模型描述了美国新能源汽车及充电站市场的一般均衡状态，认为充电设施与新能源汽车需求之间"鸡与蛋"式的启动难题是新能源汽车发展缓慢的重要原因。因此，如何发挥与充电基础设施相关的间接网络效应是新能源汽车市场培育需要解决的核心问题（孙晓华等，2018）。Li 等（2019）基于美国 2011—2013 年美国新能源乘用车的销售数据，考察了"车"与"桩"的间接网络效应和补贴政策效果，结论显示，充电设施的完善能够有效解决新能源汽车扩散速度变慢的问题，政府对充电设施建设的补贴相比购置补贴更加有效。

二 研究设计

（一）变量选取和数据来源

本节研究是基于中国 2010—2018 年 20 个省份新能源汽车销量的面板数据进行的，这 20 个省份分别是北京、上海、天津、江苏、浙江、安徽、福建、重庆、河北、辽宁、江西、山东、河南、广西、四川、云南、海南、湖北、湖南、广东。之所以只选取这 20 个省份作为研究样本，是因为在《节能与新能源汽车年鉴》（2011—2019 年）的数据统计中只有这20 个省份的新能源汽车推广数量的年度统计是连续的，而且 2010—2018年，这 20 个省份的年均销量占全国总销量的 93.4%，极具代表性。充电桩数量这部分数据源于《节能与新能源汽车年鉴》（2011—2019 年）和充电联盟官网。

被解释变量是新能源汽车销量，用各省份当年新能源汽车的销量来衡量。主要解释变量为充电设施数量，用中国各省份当年所保有的充电桩总数来表征，另外本书还从充电桩的可用性、可见度和充电速度三个方面来量化充电基础设施。充电桩的可用性用中国各省份当年每万人所拥有充电桩数量衡量，代表充电桩的人均可使用程度；充电桩的可见度用中国各省份当年每平方公里的充电桩数量衡量，代表充电桩的地理分布密度；从充电速度来看，充电桩可分为快速充电桩（快充）和慢速充电桩（慢充）①。

控制变量包括地区财政补贴、限行限购、新能源汽车价格、新能源汽车技术水平、城镇居民可支配收入、受教育水平以及人口密度。其中：财政补贴用各省份新能源汽车推广应用补助资金清算金额总和来表示。限行限购是指是否对燃油车辆实施限行或限购，用虚拟变量来表示。新能源汽车价格用上海汽车公司旗下的新能源汽车荣威E550的年度成交均价来表示，这样做一是基于数据可得性的考虑，二是面临新能源汽车市场的竞争，某一款车型年度成交均价的变化可以反映出中国新能源汽车售价的整体变动情况。新能源汽车技术水平用中国各省份每年新能源汽车电池技术的专利申请量来衡量，当前电池技术的不成熟导致消费者在购买新能源汽车时产生"成本焦虑""里程焦虑""安全焦虑"，电池技术的改进是未来新能源汽车大规模采用的决定性因素（李晓敏等，2020）。基于李晓敏等（2022）的研究，用电池储能领域（H02j）的年度专利申请量来衡量新能源汽车行业技术水平。收入水平和教育水平分别用中国各省份当年城镇居民人均可支配收入和人均受教育年限来衡量。Egnér 和 Trosvik（2018）认为，收入水平和受教育水平作为消费者自身重要的社会经济变量，能够显著影响其购买决策行为。

控制变量数据主要来源于《中国汽车市场年鉴》、《中国统计年鉴》、智慧牙专利检索网站、工信部官网、Wind 数据库、达示数据平台、东方财富网。表6-1列出了各变量的名称、英文缩写、定义和描述性统计结果。

表6-1　　　变量的名称、英文缩写、定义和描述性统计结果

变量名称	指标名称	定义	样本值	均值	最小值	最大值
新能源汽车销量	NEV	中国各省份当年新能源汽车的销售数量（辆）	180	14375.7	3	188496

---

① 根据第一电动网，慢充是利用车辆自带的充电系统进行慢速充电的，慢充对电池有好处，电量也足一些，慢充在8—10小时内可以把电池充满。快充一般都是直流大电流直接对车内电池充电，半小时左右就能充至电池的80%，比较适合中途补电用。

续表

变量名称	指标名称	定义	样本值	均值	最小值	最大值
充电设施	Charger	中国各省份当年充电桩总数（个）	180	3813.8	8	210650
充电设施可用性	Usability	中国各省份当年每万人所拥有充电桩数量（个）	180	2.909	0.0014	86.902
充电设施可见性	Visibility	中国各省份当年每平方公里的充电桩数量（个）	180	5533.3	0.2946	332229.3
快充	Fast	中国各省份当年公共直流充电桩总数（个）	180	1256.7	1	13701
慢充	Slow	中国各省份当年公共直交流充电桩总数（个）	180	2557.1	7	31172
财政补贴	Subsidy	中国各省份当年新能源汽车推广应用补助资金清算金额（万元）	180	25017.6	2	481708.5
限行限购	Privilege	中国各省份当年是否对燃油汽车实行了限行或限购政策，采用虚拟变量来衡量：是1，否0	180	0.472	0	1
售价	Price	新能源汽车售价，用上海汽车荣威E550年度成交价格来表示（万元）	180	19.708	17.23	25.98
新能源汽车技术水平	Patent	中国各省份当年新能源汽车电池储能领域年度专利申请量（个）	180	272.15	1	2342
收入	Income	中国各省份当年城镇居民可支配收入（元）	180	30085.8	15461.2	68033.62
教育水平	Education	中国各省份人均受教育年限（年）	180	9.176	7.006	12.675

（二）方法和模型

为了考察充电基础设施对新能源汽车推广的影响，本书参照 Egnér 和 Trosvik（2018）关于瑞典新能源汽车影响因素的研究模型，构建如下计量模型：

$$EV_{it} = \alpha + \beta Charger_{it} + \lambda X_{it} + \varepsilon_{it} \qquad (6-1)$$

式中：i 为省份；t 为年份；ε_{it} 为随机误差干扰项；EV_{it} 为省份 i 在 t 年度的新能源汽车销量；$Charger_{it}$ 为省份 i 在 t 年度的充电设施数量；X_{it} 为控制变量。方程（6-1）是本书的基准计量模型，在此基础上，本书进一步考虑该模型中可能存在的逆向因果关系、样本选择偏误以及模型遗漏变量等内生性问题，采用工具变量方法、更换主要被解释变量和解释变量的代理指标、动态 GMM 估计等计量方法进行内生性问题的处理和稳健性检验。

三 实证结果和分析

(一) 基准回归结果

首先对每个变量进行单位根检验,所有变量均为一阶差分平稳。为了减少异方差对模型估计结果的影响,对各变量取自然对数。进一步采用方差因子分析对各变量做多重共线性检验。方差因子分析结果显示,模型中解释变量最大的 VIF 为 5.31,小于 10 的临界值,1/VIF 均大于 0.1,因此,模型不存在严重的多重共线性。如表 6-2 所示。

表 6-2   基准回归结果

变量名称	模型 1	模型 2	模型 3	模型 4	模型 5
ln$Charger$	0.4331***	0.3432***	0.3176***	0.2370***	0.2959***
	(6.89)	(3.19)	(4.80)	(2.80)	(3.42)
ln$Subsidy$	0.1037***	0.0346	0.0765**	0.0444	0.0294
	(2.91)	(1.09)	(2.04)	(0.90)	(0.62)
$Privilege$	0.6857***	0.6489**	0.5205**	0.3888*	0.4075*
	(3.18)	(2.54)	(2.45)	(1.64)	(1.72)
ln$Price$	-2.9013***	-1.3821	-2.8635***	-1.5706	-1.3961
	(-4.29)	(-1.10)	(-2.92)	(-1.23)	(-1.35)
ln$Patent$	0.2615***	0.5236**	0.3408***	0.4158**	0.5160***
	(3.35)	(2.34)	(3.33)	(2.25)	(2.95)
ln$Income$	0.5569	1.5414	0.7363	2.6126	3.7296*
	(1.07)	(0.82)	(1.49)	(1.18)	(1.65)
ln$Education$	0.3788	1.2925	1.3498	2.5632	0.8874
	(0.37)	(0.45)	(1.39)	(0.58)	(0.30)
常数项	16.0441***	-6.4412	15.2975***	-14.0817	40.7875*
	(3.25)	(-0.36)	(3.26)	(-0.72)	(1.85)
省份效应	否	是	否	是	是
时间效应	否	否	是	是	否
时间趋势项	否	否	否	否	是
观测值	180	180	180	180	180
R^2	0.8641	0.8633	0.8778	0.8885	0.8703
F 值	156.2612	208.659	86.75	77.0221	127.4423

注:*、**、*** 分别表示在 10%、5%、1% 的显著水平上通过检验,括号内为 t 值;下同。

表 6-2 中的模型 1 至模型 5 分别显示了基准模型的 OLS 估计结果、控制省份效应的 OLS 估计结果、控制时间效应的 OLS 估计结果、控制省份效应和时间效应的 OLS 估计结果以及控制省份效应、时间趋势项的 OLS 估计结果。由模型 5 的估计结果可知，各省份充电桩数量每增加 1%，新能源汽车的销量就增加 0.2959%。估计结果表明，充电基础设施的完善有助于增加新能源汽车的销量。这是因为更多数量的充电桩既能够克服消费者的"里程焦虑"、提高充电的便利性，又能够促进充电桩市场的竞争程度，减少消费者使用新能源汽车的后续成本，增强消费者的购买意愿。该发现与 Sierzchula 等（2014）、熊勇清等（2019）先前的研究一致。2010 年中国充电桩数量仅为 2000 多个，2018 年达到 80.8 万个。充电基础设施的不断完善克服了消费者的充电便利焦虑和里程焦虑障碍，使各省份新能源汽车的销量不断增加。

在控制变量中，财政补贴 ln$Subsidy$ 的系数仅在模型 1 和模型 3 中显著为正，在模型 2、模型 4 和模型 5 中虽然系数为正，却没有统计意义，特别是在模型 5 中。这表明当前中国财政补贴政策在各省份的激励效果并非全部积极有效，这与 Sierzchula 等（2014）、熊勇清等（2019）、李国栋等（2019）的研究结果不一致。出现这种结果可能存在以下两个原因：一是对于消费者而言，当前新能源汽车价格依然较高，致使补贴政策的经济激励没有凸显。尽管补贴能够从经济上降低车企的生产成本，进而激励消费者选择新能源汽车，但是车企通常更倾向于在垄断竞争市场上提高新能源汽车售价（Shao et al.，2017）。此外，高额补贴政策会使一些企业积极寻求骗补，导致购置补贴无法惠及消费者（Mock and Yang, 2013）。二是省级的地方激励政策的效果通常与国家一级的效果不同。这是因为各级政府对于发展新能源汽车有着不同的立场，财政补贴政策存在差异，同时政策的执行程度也存在差异（Qiu et al., 2019）。本节重点关注的财政补贴在省级层面的激励效果，这和多数侧重国家层面的新能源汽车激励政策研究不同。

限行限购 $Privilege$ 系数在模型 1 至模型 5 中全部在统计意义上显著为正，表明对燃油车辆实施限行限购政策，能够增加消费者对新能源汽车的使用效用，提升其使用便利性，最终提高了新能源汽车的采用率。在模型 1 至模型 5 中，同 ln$Subsidy$ 的系数一样，ln$Price$ 系数并非在统计意义上全都显著，这与 Li 等（2017）的研究结论一致。新能源汽车技术水平变量 ln$Patent$ 的系数在模型 1 至模型 5 中均显著为正，表明技术变量是影响新能源汽车私人销量的重要因素，新能源汽车技术的进步能够显著提高消费者的购买意愿，这与李晓敏等（2022）的研究结果一致。在模型 1 至模型 5 中，ln$Income$ 系数和 ln$Education$ 系数在统计意义上都不显著，这有可能是因为相对整体汽车销售市场而言，新能源汽车的销售规模还是太小，2020 年中国新能源汽车销售份额仅占 5.4%。因此，尽管许多新能源汽车消费者收入水平较高，受过高等教育，对环境保护充满热情，但从一个国家角度来看，这些人只占总人口的很小部分，并不能反映地区之间人口统计特征对新能源汽车采用水平的影响（Sierzchula et al.，2014）。

（二）充电基础设施影响的异质性分析

这一部分从新能源汽车车型（纯电动汽车和混合动力汽车）、充电桩类型（快速充电桩和慢速充电桩）、人口密度（地区人口密度大小）三个方面考察充电设施对新能源汽车推广的影响，结果如表 6-3 所示。

表 6-3　　　　　　　　　异质性考察结果

变量名称	模型 6 纯电动汽车	模型 7 混合动力汽车	模型 8 快充	模型 9 慢充	模型 10 人口密度大	模型 11 人口密度小
ln$Charger$	0.3453** (2.47)	0.1003 (0.49)	0.2380*** (2.88)	0.0698 (0.84)	0.3466*** (3.04)	0.2336* (1.94)
ln$Subsidy$	0.0332 (0.61)	0.0886 (0.90)	0.0412 (1.17)	0.0542 (1.07)	0.0170 (0.27)	0.0538 (0.67)
$Privilege$	1.0475** (2.61)	0.6476* (1.70)	0.6748** (2.38)	0.8862*** (3.87)	0.6462** (2.23)	0.4435 (0.93)
ln$Price$	-4.6392*** (-2.88)	-1.9100 (-1.34)	-0.4392 (-0.33)	-1.0808 (-0.98)	-1.7673 (-1.15)	-1.3961** (-2.33)
ln$Patent$	0.6878*** (2.13)	0.7320** (2.01)	0.5362*** (2.86)	0.6115*** (3.29)	0.5236*** (2.93)	0.6619*** (2.89)
ln$Income$	0.2466 (0.11)	1.2178 (0.46)	2.4156 (1.40)	3.4843** (2.56)	3.5228* (1.74)	2.3435 (0.60)
ln$Education$	1.1056 (1.19)	1.4975 (1.44)	-0.9821 (-0.35)	-1.1982 (-0.39)	-1.6596 (1.44)	1.2734 (1.21)
省份效应	是	是	是	是	是	是
时间效应	是	是	是	是	是	是
常数项	-9.0564*** (-3.76)	-3.2891*** (-2.92)	-17.7205 (-0.99)	-26.176* (-1.72)	-7.6326 (-0.32)	-8.6144* (-1.85)
观测值	180	180	180	180	90	90
R^2	0.8616	0.3780	0.8609	0.8524	0.8894	0.8484
F 值	159.0567	13.2848	212.9247	123.8992	83.8658	50.3622

基于表 6-3 中的模型 6 和模型 7 的结果可知，对于纯新能源汽车而言，ln$Charger$ 的系数在 5% 的水平上显著为正，系数大小为 0.3453；对于混合动力汽车来说，ln$Charger$ 的估计系数不显著。这表明充电设施对新能源汽车需求的影响存在车型差异，与插电式混合动力汽车相比，充电桩数量的增加对提升纯新能源汽车的销量更为显著。这是由两者的动力差异所致，纯新能源汽车的动力以电池为主，动力来源于电力；而插电式混合动力汽车除可以充电，还可以通过燃油续航，对充电桩的依赖更小。

由表 6-3 中的模型 8 和模型 9 的估计结果可知，慢速充电桩 ln$Slow$ 的估计系数虽然为正，但在统计意义上不显著；快速充电桩 ln$Fast$ 的估计系数在 5% 的水平上均显著为正。这表明，对提升新能源汽车销量的作用而言，快充数量的增加比慢充数量的增加更为明显。这可能是因为当前各省份新能源汽车的推广主要集中于经济发达、人口稠密的大城市，与充电桩数量（充电可得性）相比，消费者更在意充电时间的长短（充电便利性），这与 Egnér 和 Trosvik（2018）、Illmann 和 Kluge（2020）的研究结论一致。2010—2018 年，中国充电技术不断得到发展，快速充电桩比例由 2010 年的不足 1% 上升到 2018 年的 46%，充电速度的提高和快速充电桩比例的增加大大缩短了消费者充电的等待时间，消费者购买新能源汽车的意愿也在不断增强。

表 6-3 中的模型 10 和模型 11 分别研究了充电桩在人口密度大的地区和在人口密度小的地区的影响效果。在两个子样本中，充电基础设施 ln$Charger$ 的估计系数均为正，且在统计意义上显著。但在人口密度大地区的样本中，ln$Charger$ 的估计系数无论是系数大小还是统计水平都明显高于人口密度小地区。这表明，各省份充电基础设施建设的政策效果在人口密度不同的地区有明显的差异。这是因为，充电设施作为一种公共基础设施，在人口密度大的地区使用效率更高，这与李晓敏等（2020）的研究结论一致。

（三）内生性问题的讨论

Li 等（2017）研究表明，充电桩数量的增加有助于增强消费者购买新能源汽车的意愿，而新能源汽车使用数量的增加也能够激励充电设施供应商增加充电桩的供给数量，因此充电基础设施和新能源汽车之间存在类似"先有鸡还是先有蛋"的因果关系争论。这种争论导致本文的基准模型可能存在内生性问题。关于内生性问题的处理，通常可以寻找解释变量的工具变量，采用工具变量方法控制模型的内生性。本书参照黄建军和刘芡（2018）研究中剔除充电基础设施和新能源汽车需求逆向因果效应的做法，采用住宅投资和住宅施工完成面积作为工具变量。究其原因是国家住房和城乡建设部在2015年出台了《关于加强城市电动汽车充电设施规划建设工作的通知》，文件明确规定各地区新建住宅的停车位要为充电设施的安装预留建设空间，同时对老旧小区采取统一改造、集体建设的方法，扩大充电桩数量，完善居民住宅充电设施，切实解决消费者充电难的问题。随后一些省市也相继出台充电设施建设政策规定，如上海市出台了《上海市电动汽车充电设施建设管理暂行规定》，提出鼓励原有小区、公共场所进行充电设施建设，并且明确要求新建住宅小区和公共停车场至少按10%的比例为充电设施预留安装空间。北京、杭州、深圳等地区政府也出台了在住宅区和社会公共场所为新能源汽车充电桩预留安装空间的规定。因此，各地区住宅投资的高低能够显著影响当地充电设施的可用性，充电桩数量与住宅投资具有显著的相关性；同时，新能源汽车销量高低与住宅投资多少没有明显的相关性，满足工具变量外生性的条件，因此，住宅投资能够作为控制充电设施与新能源汽车销量内生性问题的工具变量。同理，住宅施工完成面积的大小能够显著影响当地充电设施的可用性，但其与新能源汽车销量没有明显的相关性，同样满足工具变量相关性和外生性的条件。

由于2015年以后才出台住宅区必须预留充电设施的规定，本书采用2015—2018年的样本数据进行工具变量两阶段最小二乘法（2SLS）估计。表6-4列出了采用住宅投资和住宅施工完成面积作为工具变量进行两阶段最小二乘法（2SLS）的估计结果。其中，模型12和模型14分别为工具变量第一阶段估计结果，模型13和模型15分别为工具变量第二阶段估计结果。由模型12至模型15可知内生性检验统计值显著，说明充电基础设施和新能源汽车需求存在内生性问题，因此需要进行控制。此外，工具弱识别检验和工具排他性检验统计值都超过了相关临界值，在1%的水平上高度显著，说明本书选取住宅投资和住宅施工完成面积满足工具变量相关性和外生性条件，比较合理。而住宅投资 ln$Invest$、住宅施工完成面积 ln$Area$ 以及充电基础设施 ln$Charger$ 的系数在模型12至模型15中都显著为正，表明充电设施的完善确实是新能源汽车销量增加的原因。

表6-4　　　　　　　　　工具变量的2SLS回归结果

变量名称	模型12	模型13	模型14	模型15
ln$Invest$	0.5592** (2.05)			

续表

变量名称	模型12	模型13	模型14	模型15
ln$Area$			0.5805** (2.26)	
ln$Charger$		1.0700** (2.63)		0.8439** (1.83)
ln$Subsidy$	0.1074* (1.84)	0.0746 (1.37)	0.0975* (1.65)	0.0689 (1.11)
$Privilege$	0.6494* (1.89)	0.2767** (2.72)	0.7965** (2.22)	0.6333** (2.44)
ln$Price$	-3.4886** (-3.40)	-4.3601** (-1.99)	-5.8704*** (-4.29)	-6.8333** (-2.19)
ln$Patent$	0.3934*** (2.44)	0.4011* (1.86)	0.5881*** (4.21)	0.1195 (0.58)
ln$Income$	2.8380*** (3.76)	1.8564 (1.25)	2.8681*** (3.88)	1.0098 (0.98)
ln$Education$	1.8596 (0.98)	0.3899 (1.34)	2.4586 (1.24)	0.3659 (0.73)
内生性检验	8.90***		9.21***	
弱工具变量识别检验	16.196***		15.1135***	
过度识别检验	14.638***		12.276***	
样本观测值	80	80	80	80

（四）稳健性检验

接下来采用四种方法对充电设施与新能源汽车推广的关系进行稳健性检验。第一种方法是更换主要解释变量的代理指标，用各省份公共充电桩数量来替换各省份充电桩数量，结果见表6-5模型16。第二种方法是更换被解释变量的代理指标，用各省份新能源汽车的市场份额来替换各省份新能源汽车销量，结果见表6-5模型17。第三种和第四种方法是在基准模型中加入被解释变量新能源汽车销量的滞后项，分别采用差分GMM和系统GMM方法对模型进行估计，结果见表6-5模型18和模型19。根据模型16至模型19的估计结果可知，表征充电基础设施ln-$Charger$的系数在1%的统计水平上全部显著为正，表明本书的研究结果是稳健的。

表 6-5　　　　　　　　　稳健性检验结果

变量名称	模型 16	模型 17	模型 18	模型 19
lnEV ($t-1$)			0.1476*	0.2395***
			(1.72)	(3.14)
ln$Charger$	0.2769***	0.2756***	0.4265***	0.3874***
	(2.52)	(3.07)	(3.54)	(4.90)
ln$Subsidy$	0.0497	0.0564*	0.0076	0.0172
	(1.36)	(1.86)	(0.23)	(0.44)
$Privilege$	0.7287**	0.3196*	0.3039*	0.3508*
	(2.59)	(1.78)	(1.68)	(1.81)
ln$Price$	-1.0617	-1.8820**	-1.0949**	-1.4710***
	(-0.78)	(-2.69)	(-2.18)	(-2.62)
ln$Patent$	0.5653**	0.4009**	0.4266**	0.4784***
	(2.63)	(2.31)	(2.39)	(3.89)
ln$Income$	2.3572	1.0268	0.7066	0.1793
	(1.26)	(0.81)	(0.80)	(0.23)
ln$Education$	-1.6062	2.9917	2.8910	2.8195
	(-0.56)	(1.22)	(0.75)	(0.93)
省份效应	是	是	是	是
时间效应	是	是	是	是
常数项	-14.8628	-22.7541*	-8.7598	-2.6196
	(-0.80)	(-1.82)	(-0.88)	(-0.37)
R^2/AR (1)	0.8580	0.9125	0.0042	0.0011
F 值/AR (2)	196.5753	137.5407	0.1216	0.1813
Sargan Test			0.1335	0.5543
观测值	180	180	160	160

（五）进一步讨论

本节进一步从充电设施的可用性（$Usability$）、充电设施的可见度（$Visibility$）、充电时间（$Time$）三个方面进一步考察充电设施和新能源汽车需求之间的关系。充电设施可用性用地区公共充电桩数量/总人口数来衡量，充电设施可见度用地区公共充电桩数量/总面积来衡量，充电时间用公共快充数量/公共慢充数量来表征，这是因为在充电桩总量既定的情况下，该比值越大，总体充电时间越短。表 6-6 显示了对充电设施细化考察的回归结果。

表 6-6　　　　　　　对充电设施细化考察的回归结果

变量名称	模型 20	模型 21	模型 22	模型 23	模型 24	模型 25
ln$Usability$	0.3339*** (3.87)	0.2883*** (3.36)				
ln$Visibility$			0.3432*** (3.95)	0.2959*** (3.42)		
ln$Time$					1.3000** (2.02)	1.6085** (2.44)
ln$Subsidy$	0.0349 (0.72)	0.0295 (0.63)	0.0346 (0.72)	0.0294 (0.62)	0.0640 (1.33)	0.0543 (1.14)
$Privilege$	0.6575*** (2.89)	0.4111* (1.73)	0.6489*** (2.86)	0.4075* (1.72)	0.7539*** (3.40)	0.3897* (1.84)
ln$Price$	-1.3647 (-1.29)	-1.3823 (-1.34)	-1.382 (-1.31)	-1.3961 (-1.35)	-1.0808 (-0.98)	-1.2790 (-1.09)
ln$Patent$	0.5298*** (2.96)	0.5211*** (2.98)	0.5236*** (2.93)	0.5160*** (2.95)	0.6018*** (3.40)	0.4066** (2.29)
ln$Income$	1.6514 (1.24)	3.7093 (1.64)	1.5414 (1.15)	3.7296 (1.65)	3.3967*** (2.79)	1.1981 (0.57)
ln$Education$	-1.2511 (-0.42)	0.9505 (0.32)	-1.2925 (-0.44)	0.8874 (0.30)	1.3333 (0.40)	2.3373 (0.78)
省份效应	是	是	是	是	是	是
时间效应	否	是	否	是	否	是
常数项	-5.3894 (-0.36)	42.3720* (1.92)	-6.3854 (-0.43)	40.8360* (1.85)	-27.5978** (-2.03)	-31.7016** (-2.39)
观测值	180	180	180	180	180	180
R^2	0.8628	0.8699	0.8633	0.8703	0.8649	0.8969
F 值	137.4317	127.0763	138.0444	127.4423	139.9475	84.0919

如表 6-6 所示,充电设施可用性 ln$Usability$ 系数在模型 20 和模型 21 中全都在 1% 的水平上显著为正。表明充电设施可用性的提高能够显著增强消费者对新能源汽车的购买意愿,这与孙晓华等(2018)、Illmann 和 Kluge(2020)的研究结论一致。充电设施可用性的提高,极大地提高了消费者的使用便利性,"里程焦虑"不断得到缓解。充电基础设施可用性的差异也解释了新能源汽车推广速度的地区差异。2010—2018 年,样本中充电可用性最高的 4 个地区分别是北京、天津、上海、广东,这 4 个地区的年均充电桩数量/万人都大于 1.7,北京、上海更是高达 12,这 4 个

地区年均新能源汽车销量也是最高的。而年均新能源汽车销量最低的辽宁、广西、四川、云南，其充电可用性也是最低的（年均充电桩数量/万人不到0.38）。

充电设施可见度 ln*Visibility* 在模型22和模型23中同样都在1%的水平上显著为正。表明充电设施可见度的增强对新能源汽车销量的提升起到了正向积极的作用，这同Bakker和Trip（2013）、Illmann和Kluge（2020）的研究结论一致。充电设施可见度的提高不仅意味着充电设施的布局更加合理，而且意味着充电设施曝光度的增加。Illmann和Kluge（2020）在研究中指出，只有在合理的行驶距离内提供充电基础设施，才能减小"里程焦虑"。也就是说充电桩数量不仅要多，还要布局合理，才能有效解决"里程焦虑"问题。而Bakker（2013）认为充电设施可见度的提高能够增加充电设施曝光度，传递政府推广新能源汽车的态度，从而促进新能源汽车信息的传播，坚定消费者采用新能源汽车的决心。

在充电时间方面，ln*Time* 在模型24和模型25中的估计系数在5%的水平上显著为正。也就是说，在充电桩总数既定的前提下，快充数量/慢充数量的比值越高，新能源汽车的市场需求就越旺盛。这表明缩短充电时间能够大幅增强消费者对新能源汽车的购买意愿，提高充电便利性是加快新能源汽车推广的重要因素。这与Neaimeh等（2017）、Illmann和Kluge（2020）的研究结论一致。

四 结论与启示

本节首先基于2010—2018年中国20个省份的面板数据，通过构建多元回归模型，量化研究充电基础设施对新能源汽车推广的影响效果。其次，从车型、充电桩类型、人口密度三个方面研究充电基础设施对新能源汽车推广影响的异质性。最后，进一步从充电基础设施的可用性、可见度以及充电时间三个方面进行了更加深入的量化分析。研究发现：①充电基础设施的完善显著提高了中国新能源汽车的销量；出于逆向因果问题的考虑，本书以住宅投资和住宅施工完成面积作为充电基础设施的工具变量，上述结论依然成立。②在人口稠密、交通拥挤的大城市，与单纯增加充电桩数量相比，改进充电技术缩短充电时间更有助于刺激新能源汽车消费，特别是纯电动汽车。③充电基础设施可用性的提高、可见度的增加和充电时间的缩短均能够显著增加新能源汽车的销量。

基于以上研究结果可知，充电基础设施的完善能够促进新能源汽车的推广。这要求我们加快推进充电设施的建设进程，不断优化和完善充电基础设施的规划与布局，提高充电桩利用效率，缩短充电时间，有效满足新能源汽车充电需求。具体来讲，包括以下三个方面。

第一，加快推进充电基础设施建设进程，完善充电网络。一是要优化投资环境、吸引社会资本。充电基础设施建设周期较长，资金投入大，在短期内不能带来明显的收益，因此导致社会资本难以融入充电基础设施建设，从而形成完善的充电基础设施。各级政府应制定和完善优惠政策鼓励更多的社会资本进入，充分调动社会资本参与投资建设的积极性。二是不断完善和细化充电基础设施的建设要求。各地政府应积极动员和指导大型商场、文体中心、影院等，建设具备充电功能的停车场和配套服务设施。不仅要重点推进园区（景区）、公路沿线等公共服务领域的充电设施建设，还要重视居民住宅小区、企事业单位内部停车位等私人领域的充电设施建设，重点打造快充为主、慢充为辅的公共充电网络。

第二，加快普及换电模式，强化快充技术研发，积极引入新技术缩短充电时间。一是在各地区积极开展换电模式的示范应用活动，组织协调相关企业和地区高校及科研机构联合攻关充电技术，加大对充电技术创新和研发的奖励力度，推进无线充电、闪速充电技术和电池技术协同发展。二是顺应新基建发展趋势，利用大数据、互联网、物联网等移动互联网技术创新运营服务方式，加强新能源汽车同充电桩之间的双向互动，进而形成预约、查询、支付及远程操控的"互联网+充电"的运营模式，切实提高充电桩的利用效率，缩短用户的充电时间。

第三，合理布局充电网点，提高充电桩利用效率。一是各地政府应按照合理布局、适当超前、统一标准、桩站优先的原则，在城乡战略规划中纳入充电桩布局，统筹考虑充电网点的选址和建设，有机衔接充电桩建设布局与交通道路和电网规划。二是在城市充电设施建设的过程中要以用户需求为导向，在不同功能性用地上精准投放，通过提高充电设施网络整体连通性，实现充电设施网络在区域间的互联互通，进而提升城市充电设施网络的可用性。三是通过移动互联网、大数据等技术的应用构建充电服务网络大数据平台、云端管理平台、运维平台等数据平台，改善充电服务能力，有效地提高充电桩利用效率。

第三节　本章小结

本章节基于2010—2018年中国20个省份的面板数据，通过构建多元回归模型，考察了充电基础设施对新能源汽车推广的影响，进一步从充电基础设施的可用性、可见度以及充电视角三个方面细化研究了充电基础设施对新能源汽车推广的影响。研究结果显示，充电基础设施的完善显著提高了新能源汽车的销量。以住宅投资和施工完成住宅面积作为工具变量处理充电基础设施和新能源汽车推广的逆向因果内生性问题，结果显示这一结论依然成立。充电基础设施的可用性、可见度和充电时长能够显著影响消费者的新能源汽车购买意愿。与慢充数量的增加相比，快充数量的增加对提升新能源汽车销量的作用更为显著。

第七章 政府采购与新能源汽车发展

新兴产业的诞生、形成和发展有赖于市场需求的巨大拉动作用，只有具有稳定与发展前景的市场需求，战略性新兴产业才有发展壮大的动力。从这个意义上说，市场需求是战略性新兴产业诞生成长和发展壮大的"指挥棒"与"导航仪"（于新东、牛少凤，2011）。然而，对于新能源汽车而言，由于其技术本身的强公益性和弱经济性（Sierzchula et al.，2014），发展新能源汽车是典型的"公共理性行为"。特别是在新能源汽车的市场导入期，信息不对称的存在导致消费者对其了解较少，感知风险较强，购买意愿较低（孙晓华等，2018），新能源汽车无法得到消费者青睐，导致其在成长初期消费者一直缺位，没有相对稳定的市场需求，产业发展面临巨大的风险和不确定性（Liu et al.，2020），因此，新能源汽车产业的培育和发展需要政府的示范引导，必须通过加大示范引导力度培育市场和引导私人消费，推动社会应用①。

作为国内公共消费的重要组成部分，政府采购是指以政府为主体的单位和组织，为满足社会公共需要，使用财政性资金购买货物、工程和服务的行为（韩霞，2003），是一项重要的财政政策工具。政府采购被各国政府用于帮助国家实现特定的政策功能目标，包括保护民族产业（曹润林，2012）、推进反腐倡廉（潘克森、甘义进，2014）、创造就业机会（张国胜、吴晶，2019）、精准扶贫（乌兰，2019）等。此外，政府采购还是一种强大的产业政策工具，体现在通过政府的大规模需求来引导企业行为并促进产业发展（张国胜等，2018），特别是在战略性新兴产业的成长阶段（李方旺，2015）。事实上，作为连接公共部门与市场的桥梁以及私人消费市场的引领者，政府采购还发挥着及时调整经济结构、把控消费趋向、稳定经济发展的重要作用（熊勇清等，2018）。我们把政府采购对私人消

---

① 陈志勇：《以政府采购助推新能源汽车发展》，中国政府采购新闻网（http://www.cgpnews.cn/articles/3591）。

费的引导和影响，称为政府采购的示范效应①。当前政策采购作为一种成熟的示范推广政策工具，已被各国广泛应用到新技术的商业化进程中（Bakker and Trip, 2013; Haddadian et al., 2015）。为了加快新能源汽车的推广应用，以公共需求带动私人需求，中国政府高度重视政府采购在新能源汽车推广过程中的示范效应，并且自2008年以来出台了一系列对新能源汽车的政府采购政策。Global EV Outlook 2020 和《节能与新能源汽车年鉴》（2011—2019年）数据统计，截至2018年底，全国各级政府和公共机构新能源汽车采购数量累计超过107.9万辆，国家在新能源汽车的采购方面已经投入了大量的人力、物力和财力。因此，政府采购的示范效应评估就显得越发重要。鉴于此，本章的主要内容是利用中国20个省份的面板数据考察政府采购带动和扩大新能源汽车私人消费的示范效应。具体安排如下：第一节为中国新能源汽车政府采购现状，第二节为政府采购与新能源汽车的实证研究，第三节为本章小结。

第一节　中国新能源汽车政府采购现状

一　新能源汽车政府采购制度逐步形成，采购管理制度不断完善

中国对于新能源汽车的政府采购政策始于2008年。2008年8月，国务院下发的《关于进一步加强节油节电工作的通知》指出，新购公务车应优先购买节能环保型汽车和清洁能源汽车，并要求把节能环保型汽车和清洁能源汽车列入政府采购清单。2011年初，工信部颁布的《党政机关公务用车配备使用管理办法（征求意见稿）》明确规定：对自主品牌和自主创新的新能源汽车，可以实行政府优先采购。这是国家首次在公务车配备标准中明确优先采购新能源汽车。随后，中央政府通过采用行政管制、补贴、试点城市示范等手段鼓励地方政府在公交、环卫、邮政、公务等公共领域采购新能源汽车，逐步完善政府和公共机构的新能源汽车采购制度，以期发挥政府和公共机构采购政策创造和引导市场需求、提高行业资源配置效率和创新能力的作用，在全社会形成了良好的示范推广效应。表7-1显示了有关中国历年关于新能源汽车政府采购的政策规定。

---

① 示范效应是指消费者行为要受周围人们消费水准的影响（杜森贝利，1949）。

表 7-1　中国历年关于新能源汽车政府采购的政策规定

时间	政策	颁布机构	内容
2008年8月	《关于进一步加强节油节电工作的通知》	国务院	新购公务车应优先购买节能环保型汽车和清洁能源汽车,并要求把节能环保型汽车和清洁能源汽车列入政府采购清单
2009年1月	《关于开展节能与新能源汽车示范推广试点工作的通知》	财政部、科技部	鼓励在公务、公交、环卫、出租和邮政等公共服务领域推广使用节能与新能源汽车,在3年内,每年发展10个城市,每个城市在公交、出租、公务、市政、邮政等领域推出1000辆新能源汽车开展示范运行
2009年3月	《汽车产业调整和振兴规划》	工信部	地方政府要优先在城市公交、出租、公务、环卫、邮政、机场等领域推广使用新能源汽车
2011年1月	《党政机关公务用车配备使用管理办法(征求意见稿)》	工信部、国家发展改革委	对自主品牌和自主创新的新能源汽车,可以实行政府优先采购。配备享受财政补助的自主创新的新能源汽车,以补助后的价格为计价标准
2013年9月	《大气污染防治行动计划》	国务院	公交、环卫等行业和政府机关要率先使用新能源汽车,北京、上海、广州等城市每年新增或更新的公交车中新能源和清洁燃料车的比例达到60%以上
2013年9月	《关于继续开展新能源汽车推广应用工作的通知》	科技部、财政部、工信部、国家发展改革委	政府机关、公共机构等领域车辆采购要向新能源汽车倾斜,新增或更新的公交、公务、物流、环卫车辆中新能源汽车比例不低于30%
2014年7月	《关于加快新能源汽车推广应用的指导意见》	国务院	扩大公共服务领域新能源汽车应用规模,推进党政机关和公共机构、企事业单位使用新能源汽车
2016年2月	《关于促进绿色消费的指导意见的通知》	国家发展改革委、环境保护部、财政部	完善绿色采购制度,严格执行对新能源汽车的优先采购和强制采购制度,健全标准和机制,提高政府对新能源汽车的采购规模
2018年	《打赢蓝天保卫战三年行动计划》	国务院	2020年新能源汽车产销量达到200万辆左右,2020年底前,重点区域的直辖市、省会城市、计划单列市建成区公交车全部更换为新能源汽车

续表

时间	政策	颁布机构	内容
2019年	《关于加快发展节能环保产业的意见》	国务院	政府普通公务用车要优先采购1.8升（含）以下燃油经济性达到要求的小排量汽车和新能源汽车，择优选用纯电动汽车，抓紧研究制订政府机关及公共机构购买新能源汽车的实施方案
2020年3月	《关于加快建立绿色生产和消费法规政策体系的意见》	国家发展改革委、环境保护部、财政部	建立健全新能源汽车采购管理制度，鼓励公交、环卫、出租、通勤、城市邮政快递作业、城市物流等领域新增和更新车辆采用新能源和清洁能源汽车

二 新能源汽车政府采购规模逐渐扩大，主要集中在公交车领域

当前，政府采购作为新能源汽车的示范推广政策工具，在全国各地已得到广泛应用。Global EV outlook 2020 和《节能与新能源汽车年鉴》(2011—2019年) 数据统计，截至2018年底，全国各级政府和公共机构新能源汽车采购数量累计超过107.9万辆。图7-1显示了2010—2018年中国政府采购的新能源汽车数量。如图所示，2010—2018年，中国政府采

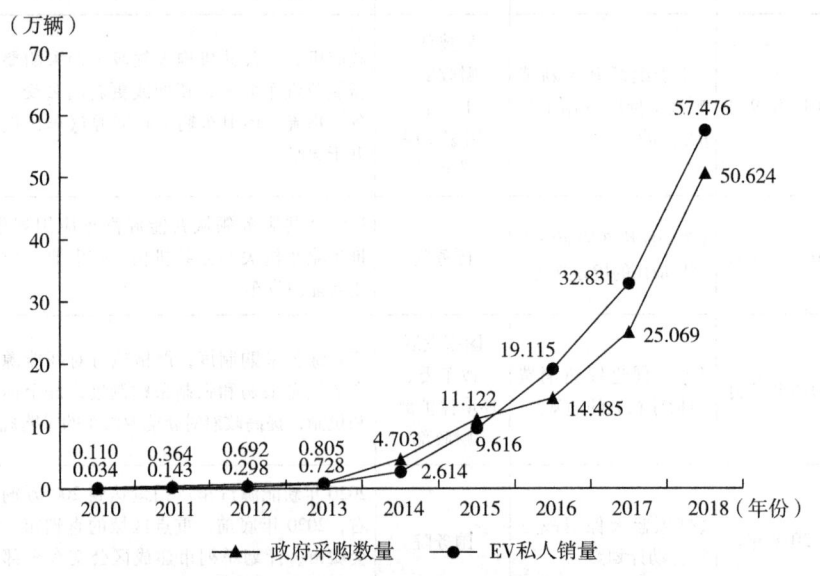

图7-1 2010—2018年中国政府采购的新能源汽车数量

资料来源：笔者根据《节能与新能源汽车年鉴》(2011—2019年) 数据整理所得。

购的新能源汽车数量逐年增长，由2010年的0.11万辆增长到2018年的50.624万辆，采购规模的年均增长速度为246%。与此同时，中国新能源汽车私人消费在飞速增长，也由2010年的0.034万辆增长到2018年的57.476万辆，新能源汽车私人销量出现了几何式的增长。此外，中国新能源汽车政府采购的增长速度主要分为两个阶段：2014年前为平稳增长阶段，2014年之后为飞速增长阶段。2014年前政府采购的新能源汽车数量不足1万辆，2014年迅速扩大到4.703万辆，2018年更是达到50.624万辆。与此同时，中国新能源汽车私人消费的增长速度正好与政府采购的增长规模相对应。2014年前，中国新能源汽车私人销量不足1万辆，2014年迅速扩大到2.614万辆，2018年更是达到57.476万辆。

当前，中国新能源汽车政府采购的领域包括公交车、出租车、租赁用车、物流车、环卫车、公务车、邮政车、工程车等公共服务领域用车。政府在各领域的采购规模参差不齐，主要集中在公交车和租赁用车领域。图7-2显示了2018年不同公共领域政府采购的新能源汽车数量和占比。由图7-2可知，当年政府在公交车领域采购的新能源汽车数量最多，数量为18.368万辆，占采购总占比36%。其次，为租赁用车领域，数量为12.666万辆，占采购总占比25%。再次，为物流车领域，数量为7.540万辆，占采购总占比15%。最后，为出租车领域，数量为3.899万辆，占采购总占比8%；环卫车和其他领域政府采购占比为16%。

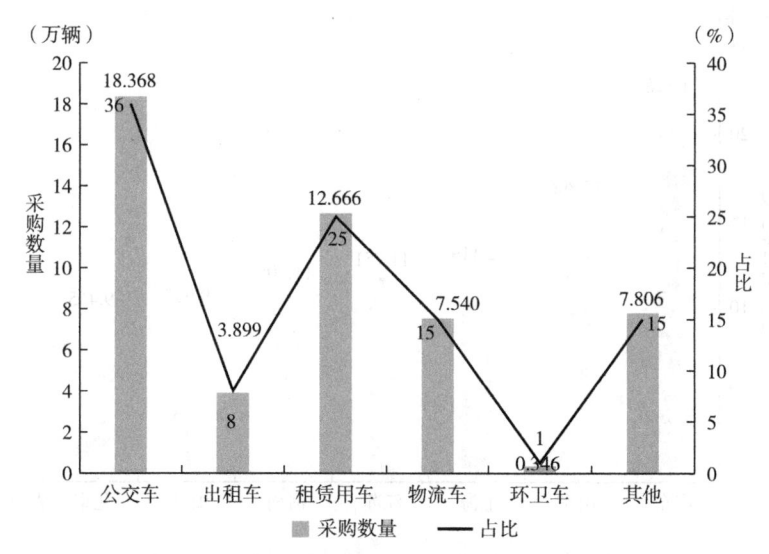

图7-2 2018年不同公共领域政府采购的新能源汽车数量和占比

资料来源：笔者根据《节能与新能源汽车年鉴（2019）》数据整理所得。

总体而言，公交车领域新能源汽车的采购占比过高，商业运营领域的新能源汽车采购规模较小。根据熊勇清等（2018）、Liu 等（2020）的研究结果，与乘坐新能源公交车相比，消费者乘坐新能源出租车或者租赁汽车更能直观地了解新能源汽车的性能和获得驾驶经验，因此，政府在出租车等商业运营领域采购更多的新能源汽车，其影响消费者购买行为的示范带动效果要比采购更多的新能源公交车好。此外，对于地方政府而言，新能源公交车的采购费用比出租车等商业运营领域的采购费用更加昂贵，因此与新能源公交车相比，商业运营领域的部署应是优先事项。然而，当前中国政府采购的主要领域在公交车领域占比为36%，而出租车领域采购占比仅为8%。政府在商业运营领域采购的新能源汽车数量过少，会导致政府采购无法实现示范引导的目的，并对各级政府造成过重的财政负担。

三 各省份新能源汽车政府采购规模参差不齐，地域差异明显

随着中央政府一系列新能源汽车政府采购政策文件的出台，政府采购政策在全国各省份得到广泛应用。截至 2018 年，除港澳台、西藏、青海以及宁夏外，中国共有 28 个省份实施了新能源汽车政府采购政策。图 7-3 显示了截至 2018 年底新能源汽车政府采购累计量前 7 的省份，分别为广东、山东、上海、江苏、河南、浙江和北京。其中，广东省政府累计采

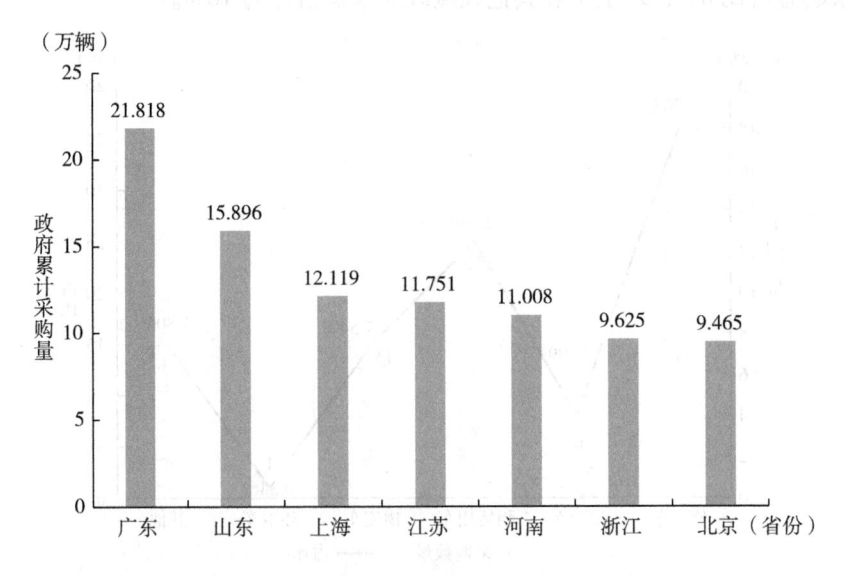

（万辆）

省份	政府累计采购量
广东	21.818
山东	15.896
上海	12.119
江苏	11.751
河南	11.008
浙江	9.625
北京	9.465

图 7-3 截至 2018 年底新能源汽车政府采购累计量前 7 的省份

资料来源：笔者根据《节能与新能源汽车年鉴》（2011—2019 年）数据整理所得。

购的新能源汽车数量最多，2018 年底达到 21.818 万辆，表 7-2 显示了 2014—2018 年中国 20 个省份政府采购的新能源汽车数量，可以看到广东省的新能源汽车政府采购规模增长幅度最大，但是其波动幅度也最大，年均采购数量高达 4.080 万辆。而年均采购数量最少的辽宁，年均采购数量仅为 0.254 万辆，省份之间差异巨大。

表 7-2　　　　2014—2018 年中国 20 个省份政府采购的
新能源汽车数量　　　　单位：万辆

省份	2014 年	2015 年	2016 年	2017 年	2018 年
北京	0.745	0.749	2.147	2.513	2.612
天津	0.206	1.183	1.415	2.065	1.800
河北	0.100	1.696	3.272	1.504	1.474
辽宁	0.032	0.261	0.232	0.374	0.372
上海	0.976	2.091	2.226	2.285	4.097
江苏	0.777	2.174	1.187	3.200	4.128
浙江	0.152	1.608	1.951	2.568	3.129
安徽	0.071	0.470	0.398	0.560	2.242
福建	0.025	0.586	0.577	1.201	1.410
江西	0.059	0.153	0.269	0.560	0.683
山东	0.177	1.373	3.733	4.274	6.041
河南	0.186	0.576	2.728	2.188	5.039
湖北	0.329	0.389	0.578	1.656	1.554
湖南	0.238	0.332	1.049	1.877	1.651
广东	0.665	4.255	2.962	3.219	9.299
广西	0.015	0.104	0.190	0.370	0.755
重庆	0.054	0.431	0.460	3.657	1.489
四川	0.155	0.293	1.060	2.155	2.290
云南	0.019	0.436	0.461	0.968	0.616
海南	0.015	0.315	0.278	0.602	0.382

资料来源：笔者根据《节能与新能源汽车年鉴》（2015—2019 年）数据整理所得。

图 7-4 显示了自 2010 年以来中国新能源汽车年均万人政府采购量前 7 的省份，可以看到上海、北京、天津三个地区新能源汽车年均万人政府采购量最高，其年均万人政府采购量分别为 5.127 辆/万人、4.895 辆/万

人、4.810 辆/万人，是其他四个省份的两倍到三倍。表 7-3 显示了中国 2014—2018 年 20 个省份的新能源汽车年均万人政府采购量，除了广东、浙江、山东、江苏等 8 省份高于 2.8 辆/万人，其他省份新能源汽车年均万人政府采购量均不足 2.3 辆/万人，最小的辽宁和广西两省份分别为 0.582 辆/万人和 0.586 辆/万人，各省份地域差异明显。总体而言，新能源汽车年均万人政府采购量较高的省份集中在东部那些收入受教育水平较高、人口稠密的经济发达地区，年均万人政府采购量较低的省份集中在收入受教育水平较低、人口稀疏的中西部欠发达地区，特别是西部地区。2010—2018 年，仅年均万人政府采购量排名靠前的上海、北京、天津、广东、浙江、山东、江苏 7 个省份，其新能源汽车销量总和就占了全国新能源汽车销量的 53.5%。

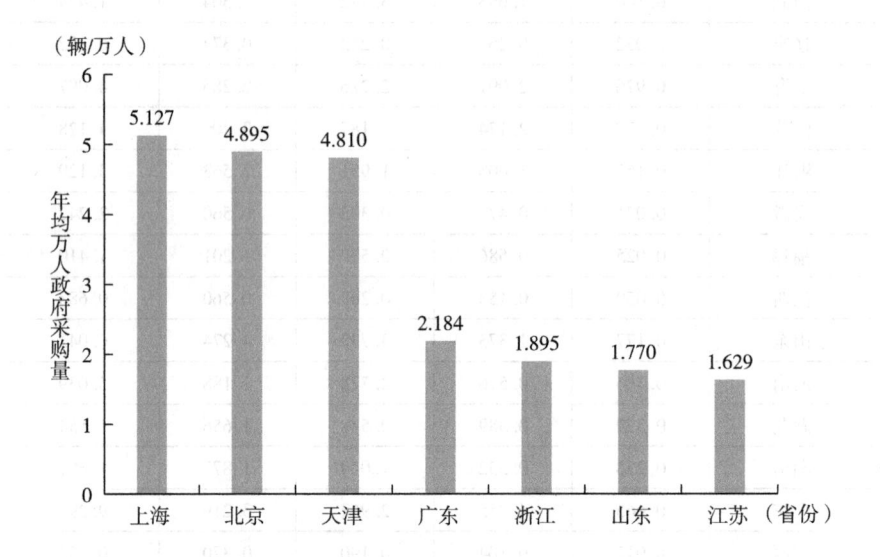

图 7-4　2010 年以来中国新能源汽车年均万人政府采购量前 7 的省份

资料来源：笔者根据《节能与新能源汽车年鉴》（2011—2019 年）数据整理所得。

表 7-3　　　　中国 2014—2018 年 20 个省份的新能源汽车
　　　　　　　　年均万人政府采购量　　　　　单位：辆/万人

省份	2014 年	2015 年	2016 年	2017 年	2018 年
北京	3.461	3.450	9.881	11.575	12.124
天津	1.355	7.648	9.057	13.262	11.538
河北	0.135	2.284	4.380	2.000	1.951

续表

省份	2014 年	2015 年	2016 年	2017 年	2018 年
辽宁	0.073	0.596	0.529	0.856	0.854
上海	4.023	8.628	9.200	9.450	16.964
江苏	0.976	2.726	1.483	3.986	5.128
浙江	0.275	2.903	3.491	4.540	5.453
安徽	0.117	0.765	0.642	0.895	3.546
福建	0.066	1.526	1.489	3.071	3.579
江西	0.130	0.336	0.585	1.211	1.469
山东	0.180	1.394	3.753	4.271	6.013
河南	0.197	0.608	2.862	2.289	5.247
湖北	0.566	0.665	0.982	2.805	2.626
湖南	0.353	0.490	1.538	2.736	2.394
广东	0.620	3.922	2.693	2.882	8.196
广西	0.032	0.218	0.392	0.757	1.533
重庆	0.182	1.430	1.509	5.389	4.800
四川	0.191	0.357	1.283	2.595	2.745
云南	0.040	0.920	0.965	2.016	1.276
海南	0.164	3.453	3.034	6.496	4.087

资料来源：笔者根据《节能与新能源汽车年鉴》(2015—2019 年) 数据整理所得。

总体而言，当前中国新能源汽车采购规模还比较小。从总量来说，虽然 2018 年累计超过 107.9 万辆，但政府采购的数量和私人销量加在一起的新能源汽车的市场份额依然很低，2019 年仅为 4.9%。如果把新能源汽车推广视为创新扩散的过程，根据 Rogers（2003）的创新扩散模型可知，创新事物在一个社会系统中要能继续扩散下去，首先必须有一定数量的人采纳这种创新产品。通常，这个数量是人口的 10%—20%，创新扩散比例只有达到临界数量，扩散过程才能起飞，进入快速扩散阶段。也就是说，当前政府采购和私人消费加在一起的采用比例距离罗杰斯的创新扩散模型 10%—20%的占比还相距甚远，需要政府采购带动来达到适合新能源汽车扩散的采用规模。从各省份万人所拥有的采购量来讲，2014—2018 年只有上海、北京和天津三地区超过 8 辆/万人，而在广东、浙江、山东、海南、江苏，之外的其他省份，万人所拥有的采购量不足 2.3 辆。根据直接网络效应理论，如果潜在消费者身边新能源汽车的用户规模过小，则消费者对于新能源汽车的采纳意愿就相应低迷，政府采购的示范效应就越有限（孙晓华等，2018）。

此外，健全完善的新能源汽车政府采购长效激励机制还未形成，主要表现在各省份政府采购规模不固定，波动幅度较大，且一些年份还会呈现下滑的趋势。这不利于政府采购示范带动作用的发挥，特别是在新能源汽车商业化推广的初始阶段。例如，广东省2015年新能源汽车政府采购数量为4.26万辆，2016年和2017年反而降低到3万辆左右，2018年又增长到9.30万辆，政府采购规模幅度波动过大。此外，根据表7-2可知，除了广东省，其他省份政府每年的新能源汽车采购规模或多或少都会有不同程度的波动。图7-2也显示，当前政府对于新能源汽车的采购也主要集中在公交车领域。这表明，当前各省份并未形成科学规范有效的新能源汽车采购制度，新能源汽车政府采购制度还亟待健全和完善。

第二节 政府采购与新能源汽车发展的实证研究

本节首先从创新扩散的视角阐述政府采购对新能源汽车私人消费产生示范效应的影响机制，然后基于2010—2017年中国20个省份的面板数据，通过构建多元回归模型，从创新扩散的视角考察了政府采购促进新能源汽车私人消费的示范效应，进一步采用门槛回归模型检验了政府采购示范效应的门槛效应以及技术因素对政府采购示范效应的影响。

一 创新扩散视角下政府采购产生示范效应的作用机制

创新扩散是指创新以一定的方式随时间在社会系统的各种成员间进行传播的过程。即使一项创新存在明显的优势，想要得到广泛采用依然需要很长的时间，因为创新扩散是一个漫长的过程（Rogers，2003），所以，如何提高创新的采用率和创新的推广实质上是同一个问题（Brown，2001）。Rogers（2003）在他的创新扩散理论中指出，创新的扩散速度取决于消费者个人对创新特征的理解和认知程度。此外，风险感知理论认为，感知风险是影响消费者是否采纳新产品的一个重要因素，能够显著影响消费者的购买态度、购买意愿和购买决策（王颖，2013）。在创新的扩散过程中，如果消费者对创新特征知之甚少，理解和认知程度低，认为采纳创新的决策结果具有很大的不确定性，就会导致消费者产生较高的感知风险，不愿意采纳和接受创新，特别是环境有益创新（尹洁林等，2019）。

作为一种新的环境有益创新，新能源汽车采用水平较低与环境有益创新的扩散过慢息息相关（Fillippa and Lina，2018）。在新能源汽车推广初始阶段，由于市场信息不对称和消费者有限理性的存在，消费者很难全面了解新能源汽车性能、配套设施、使用成本、维护成本等信息，对新能源汽车理解和认知程度低，存在较高的感知风险，新能源汽车的扩散极为困难（孙晓华等，2018）。因此，消费者的知识和经验是提高新能源汽车采纳意愿的关键因素（Bakker and Trip，2013）。只有通过丰富消费者关于新能源汽车的知识和经验，提高其对新能源汽车的认知，才能消除和缓解信息不对称与有限理性障碍，加快新能源汽车的扩散。

政府采购由于其良好的"公众展示"功能被许多国家用于解决新技术的市场信息传递问题，因此可以用来降低消费者的信息搜寻成本，缓解新能源汽车推广的认知障碍（Liu et al.，2021；陈晓华、王林，2014）。一方面，政府采购新能源汽车能够吸引新闻媒体以及汽车产业利益相关者对新能源汽车进行宣传、报道和科普，促进新能源汽车相关信息的扩散，提高消费者对新产品的认知度和技术信任度（Bakker and Trip，2013）。另一方面，大规模的政府采购还能为新能源汽车推广提供商业化平台，增加潜在消费者观察、驾驶新能源汽车的机会，丰富消费者驾驶经验（Fillippa and Lina，2018）。消费者驾驶经验的丰富还能够通过口碑效应，促进新能源汽车信息的传播（Liu et al.，2020）。此外，政府采购还能引发消费者的从众心理和攀比心理，提升潜在消费者购买新能源汽车的效用。这是因为作为一种新生事物，驾驶新能源汽车更容易被视为把握流行趋势、引领时尚潮流的行为（孙晓华等，2018）。

据此提出

H7-1：政府采购有利于带动和促进新能源汽车私人消费。

基于上述论述可知，新能源汽车扩散本质上是一种创新扩散的过程，但是在创新扩散的初期，通常无法吸引足够多的采用者来扩大市场规模，导致没有足够的市场需求激励企业进行新产品的研发和生产（Geels et al.，2002），这致使企业在边做边学的过程中无法获得规模经济和范围经济的好处，形成有利于创新应用和扩散的市场利基（Sierzchula et al.，2014）。新能源汽车作为新的环境有益创新，如果在推广前期没有一定规模且相对稳定的市场需求，就无法实现商业化（Sierzchula et al.，2014）。政府采购的过程，本质上就是通过增加公共需求带动私人需求，形成一个有助于新能源汽车扩散的市场环境（李晓敏等，2020）。此外，新能源汽车的扩散还与其知识信息传播的范围紧密相关，如果政府采购没有达到一定的规模和范围，新能源汽车的知识和信息传播范围有限，其可见度较低，那么新能源汽车就无法被更多的人认知和接受，政府采购的示范效应就无法凸显（Fillippa and Lina．，2018）。根据直接网络效应理论可知，如果新能源汽车没有一定规模用户的示范和引导，消费者无法感受到购买新能源汽车效用的增加，新能源汽车的直接网络效应就无法凸显（孙晓华等，2018）。

据此提出

H7-2：政府采购示范效应的凸显存在门槛效应。

尽管现有研究表明，示范类政策在加快创新扩散的过程中存在积极的影响（Frishammar et al．，2016），但并非总是有效的（Scott，2013），其政策效应的发挥受到一些因素的制约（Scott，2013）。政府采购的示范效应的发挥也受到某种条件的制约。Liu 等（2020）通过对现有一些失败示范项目教训的总结，发现影响示范类政策能否成功的主要因素是新产品的技术水平。由于新能源汽车的推广本质上是其技术扩散的过程，因此，技术创新的质量对其扩散至关重要（李晓敏等，2020）。如果新能源汽车的技术先进成熟，那么其质量性能更有保证，在示范推广过程中就更容易被消费者所接受，政府采购的示范效应也越好（Liu et al．，2021）；如果新能源汽车的技术不成熟，且存在诸多缺陷，其质量性能无法得到保证，即使政府采购存在一定的示范效应，其效果也是有限的，甚至在某种程度上有损政府的公信力（Frishammar et al．，2016）。因此，只有当新能源汽车技术达到一定水平时，政府采购才能发挥示范效应。例如，美国早在1976 年就制定了《电动汽车研究与开发示范法》，并投资了1.8 亿多美元来加快电动汽车的商业化进程，但是因为电动汽车技术的不成熟，导致其商业化失败（Liu et al．，2020），直到特斯拉的问世，新能源汽车才逐步实现商业化。

据此提出

H7-3：政府采购的示范效应受到新能源汽车技术水平的制约。

二　研究设计

（一）变量选取和数据来源

本节研究是基于中国 2010—2018 年 20 个省份新能源汽车销量的面板数据进行的，这 20 个省份分别是北京、上海、天津、江苏、浙江、安徽、福建、重庆、河北、辽宁、江西、山东、湖北、湖南、广东、广西、河南、四川、云南、海南。之所以只选取这 20 个省份为研究样本，是因为在《节能与新能源汽车年鉴》（2011—2019 年）的数据统计中只有这 20

个省份的新能源汽车销量的年度统计是连续的。表 7-4 展示了所有变量的含义以及数据来源。

表 7-4 变量及数据来源

变量类型	变量	变量符号	变量定义	数据来源
被解释变量	新能源汽车私人购买数量	EV	中国各省份当年私人购买的新能源汽车数量（辆）	《节能与新能源汽车年鉴》（2011—2019 年）
核心解释变量	政府采购	Proc	中国各省份当年政府和公共机构在公交、环卫、邮政、公务等公共领域的新能源汽车采购数量（辆）	《节能与新能源汽车年鉴》（2011—2019 年）
控制变量	财政补贴	Subsidy	中国各省份当年新能源汽车推广应用补助资金清算金额（万元）	工信部官网，Wind 数据库
控制变量	车辆限行限购	Privilege	中国各省份当年是否对燃油汽车实行了限行或限购政策，采用虚拟变量来衡量：是 1，否 0	《节能与新能源汽车年鉴》（2011—2019 年）
控制变量	充电桩数量	Charger	中国各省份当年每千人所拥有的充电桩总数（个）	《节能与新能源汽车年鉴》（2011—2019 年）
控制变量	新能源汽车技术水平	Patent	中国各省份当年新能源汽车电池储能领域年度专利申请量（个）	国家知识产权局数据库、智慧牙专利检索
控制变量	新能源汽车价格	Price	新能源汽车售价，用上海汽车荣威 E550 年度成交价格来表示（万元）	达示数据平台
控制变量	油价	Gasprice	中国各省份当年 92 号汽油的月度平均价格（元）	东方财富网
控制变量	收入水平	Income	中国各省份当年城镇居民可支配收入（万元）	《中国统计年鉴》
控制变量	受教育水平	Education	中国各省份人均受教育年限（年）	《中国人口统计年鉴》

当前电池技术的不成熟导致消费者在购买新能源汽车时产生"成本焦虑""里程焦虑""安全焦虑",电池技术的改进是未来新能源汽车大规模采用的决定因素(李晓敏等,2020)。基于李晓敏等(2020)的研究,用电池储能领域(H02j)的年度专利申请量来衡量新能源汽车行业技术水平。表7-5为实证研究各变量的描述性统计。

表7-5 各变量的描述性统计

变量名称	平均值	最大值	最小值	标准差	样本值(个)
私人销量	4135.912000	59500.000000	1.000000	10105.470000	180
政府采购	6011.588000	44738.000000	2.000000	9791.440000	180
财政补贴	28144.850000	481708.500000	5.000000	62047.350000	180
车辆限行限购	0.368751	1.000000	0	0.444702	180
充电桩数量	0.181362	5.306317	0.000139	0.665096	180
电池专利申请量	228.868800	2149.000000	1.000000	310.087600	180
新能源汽车售价	20.578650	25.980000	17.230000	3.197189	180
汽油价格	6.826947	8.964393	5.354298	0.801974	180
收入水平	2.881037	6.259574	1.546116	0.942960	180
受教育水平	9.165165	12.517200	7.006080	0.981955	180

(二)模型设定

为考察政府采购是否能够促进新能源汽车私人消费,构建计量模型如下。

$$EV_{it}=C+\alpha Proc_{it}+\beta X_{it}+\varepsilon_{it} \tag{7-1}$$

式中:i为省份;t为年份;EV_{it}为新能源汽车私人购买数量;$Proc_{it}$为政府采购;X_{it}为控制变量;ε_{it}为随机误差干扰项。

为进一步检验政府采购的示范带动效果是否存在门槛效应,本书参照熊勇清等(2018)的门槛模型设定,设定门槛模型如下。

$$EV_{it}=C+\alpha_1 Proc_{it} \cdot I(Proc_{it} \leq \lambda)+\alpha_2 Proc_{it} \cdot I(Proc_{it}>\lambda)+\beta X_{it}+\varepsilon_{it} \tag{7-2}$$

其分段函数为

$$EV_{it}=C+\alpha_1 Proc_{it}+\beta X_{it}+\varepsilon_{it},\ (Proc_{it} \leq \lambda)$$
$$EV_{it}=C+\alpha_2 Proc_{it}+\beta X_{it}+\varepsilon_{it},\ (Proc_{it}>\lambda) \tag{7-3}$$

为考察新能源汽车技术水平对政府采购示范效应的影响,进一步设定如下门槛模型。

$$EV_{it}=C+\alpha_1 Proc_{it} \cdot I(Patent_{it} \leq \lambda)+\alpha_2 Proc_{it} \cdot I(Patent_{it}>\lambda)+\beta X_{it}+\varepsilon_{it}$$

$$(7-4)$$

式中：$I(\cdot)$ 为示性函数，括号内为门槛变量；λ 为门槛值，当满足括号内条件时取值 1，当条件不满足时取值 0。

三 实证结果和分析

首先对每个变量进行单位根检验，所有变量均为一阶差分平稳。为了消除多重共线性多模型估计结果的影响，对各变量取对数。进一步采用方差因子分析对各变量做多重共线性检验。方差因子分析结果显示，模型中解释变量最大的 VIF 为 5.31（ln$Income$），小于 10 的临界值，1/VIF 均大于 0.1，因此模型不存在严重的多重共线性。

（一）基准回归结果

考虑到政府采购示范效应的发挥是一个过程，存在时滞，因此，在模型估计过程中，将政府采购的滞后项一期替换当期值重新进行估计，结果如表 7-6 所示。根据模型 1 至模型 4 的估计结果可知，控制省份效应和时间效应后政府采购的滞后项 ln$Public$（$t-1$）的系数（0.314）和统计显著性（$P=0.001$）都高于政府采购当期 ln$Public$ 的估计结果（0.202，$P=0.079$）。此外，政府采购滞后项替换后模型估计的 R^2 值（0.859）大于当期模型的 R^2 值（0.784）。因此，政府采购示范效应的凸显存在时滞。

表 7-6　　　　　　　　　　基准回归结果

变量	模型 1	模型 2	模型 3	模型 4
ln$Public$	0.278** (2.16)	0.202* (1.73)		
ln$Public$（$t-1$）			0.490*** (4.56)	0.314*** (2.83)
ln$Subsidy$	0.078 (0.41)	0.093 (0.95)	0.181* (1.90)	0.084 (0.80)
$Privilege$	0.783*** (2.91)	0.525** (2.29)	0.760** (2.07)	0.593** (2.12)
ln$Charger$	0.707*** (5.52)	0.451*** (3.41)	0.572*** (4.79)	0.422*** (2.81)

续表

变量	模型1	模型2	模型3	模型4
ln*Price*	-3.723*** (-3.10)	-1.937* (-1.97)	-4.792*** (-4.34)	-2.534** (-2.10)
ln*Gasprice*	1.292 (0.89)	1.601 (1.07)	1.986 (1.34)	1.828 (1.10)
ln*Income*	3.115** (2.39)	4.491*** (3.07)	3.784** (2.36)	5.152*** (3.39)
ln*Education*	1.102 (0.98)	0.723 (0.66)	1.307** (2.12)	1.604 (1.53)
常数项	-17.768*** (-3.16)	-11.809** (-2.17)	-14.690*** (-3.57)	-13.301** (-2.04)
省份效应	控制	控制	控制	控制
时间效应	否	控制	否	控制
观测值	180	180	160	160
R^2	0.767	0.784	0.825	0.859

注：*、**、***分别表示在10%、5%、1%的显著水平上通过检验，括号内为 t 值；下同。

表7-6中的模型4显示，ln*Public*（t-1）的系数为0.314，且在1%水平上显著为正。这表明，政府采购有效地带动了新能源汽车的私人消费，地区上一年公共领域新能源汽车的数量每增加1%，该地区当年新能源汽车的私人销量就会增加0.314%。即政府采购在带动新能源汽车私人消费方面的示范效应显著，H4-1由此得到验证。2010—2018年，随着公共领域新能源汽车数量的增多，新能源汽车的私人销量也在不断增加，2015年中国私人购买的新能源汽车数量开始超过公共领域用车数量。地区政府采购的规模差异也解释了新能源汽车扩散速度的快慢。《节能与新能源汽车年鉴》数据显示，2010—2018年，样本中"地区公共领域新能源汽车数量/千人"大于0.14的北京、上海、广东三个省份的私人新能源汽车年均购买数量都超过8532辆，而"公共领域新能源汽车数量/千人"最小的辽宁、重庆、云南、海南（都小于0.07），其年均采购数量也是最低的（不超过580辆）。

控制变量中，ln*Subsidy*系数为正，但没有统计意义。这表明当前中国财政补贴政策在各省份的激励效果有限，这与Sierzchula等（2014）和熊勇清等（2019）的研究结果不一致。本书从以下两个方面对此进行解释。其一，对于消费者而言，当前新能源汽车价格依然较高，致使补贴政策的经济激励没有凸显。尽管补贴能够从经济上激励消费者更倾向于新能源汽车，降低企业研发和生产成本，但是车企通常更倾向于在垄断竞争市场上提高新能源汽车售价（Shao et al., 2017）。另外，补贴会使一些企业积极寻求骗补，导致购置补贴无法惠及消费者，特别是在地方省份（Mock and Yang, 2013）。其二，省市层面的地方政策的激励效果通常与国家层面的激励效果不同（Qiu et al., 2019）。本书重点关注财政补贴在省级层面的激励效果，这和多数侧重国家层面的新能源汽车激励政策研究不同。在其他控制变量中，车辆限行限购、充电桩数量、新能源汽车售价和居民收入水平对于私人新能源汽车销量的影响显著，汽油价格和受教育水平的影响不明显。

（二）门槛效应回归结果

为了分析政府采购促进新能源汽车私人消费的门槛效应，进一步考察技术水平对政府采购示范效应的影响，本书采用 Stata15 软件分别以政府采购（$\ln Proc$）和新能源汽车技术水平（$\ln Patent$）为门槛变量进行双重门槛效应检验，设定自抽样次数均为 300 次，检验结果如表 7-7 所示。

表 7-7　　　　　　　　门槛效应检验结果

门槛变量	$\ln Proc$	$\ln Patent$
第一门槛	7.223* [7.110, 7.244]	4.007** [3.879, 4.111]
F 值	13.95	18.91
第二门槛	5.366 [5.288, 5.438]	4.654 [4.595, 4.673]
F 值	2.55	7.42

注：[ ] 内为门槛值在 95% 置信水平的置信区间。

如表 7-7 所示，当 $\ln Proc$ 为门槛变量时，单一门槛在 10% 的水平下显著，双重门槛不显著，没有统计意义，表明政府采购只存在单门槛变量，估计值为 7.223。当 $\ln Patent$ 为门槛变量时，单一门槛在 5% 的水平下显著，双重门槛不显著，没有统计意义。表明 $\ln Patent$ 只存在单门槛变量，估计值为 4.007，新能源汽车技术对政府采购示范效应的影响也只存在单一门槛。

表7-8显示了门槛面板回归的估计结果。由表7-7可知，政府采购的示范效应存在门槛效应。当 $\ln Proc \leqslant 7.223$ 时，$\ln Public$ 的系数并不显著，即如果政府采购不达到一定的规模，就无法带动新能源汽车私人消费；当政府采购 $\ln Proc$ 越过门槛值7.223时，也就是地区公共领域新能源汽车的推广数量超过1124辆后，政府采购示范效应才得以凸显。当前在160个样本观测值中只有85个超过了这一门槛值，也就是说，当期中国政府采购的规模还比较小，无法有效带动新能源汽车私人消费，这也是中国不断加快政府采购进程的重要原因。为了促进新能源汽车私人消费，自2009年"十城千辆工程"启动伊始，国家就在不断推进政府采购。随后国家在主要示范城市强制规定新增或更新的公共领域车辆中新能源汽车比例不低于30%。2018年国务院更是在《打赢蓝天保卫战三年行动计划》提出，2020年底前，重点区域的直辖市、省会城市、计划单列市建成区公交车全部更换为新能源汽车，以期通过政府采购带动新能源汽车私人消费。

表7-8　　　　　　　　　　门槛面板回归结果

变量名称	门槛变量 $\ln Public$ 系数值	t值	门槛变量 $\ln Patent$ 系数值	t值
$\ln Proc1$	0.116	0.95	0.148	1.33
$\ln Proc2$	0.281**	2.29	0.384***	3.54
$\ln Subsidy$	0.028	0.29	0.032	0.32
$Privilege$	0.590*	1.84	0.697*	1.67
$\ln Charger$	0.496***	3.96	0.554**	4.34
$\ln Price$	−2.481**	−2.11	−2.429**	−2.46
$\ln Gasprice$	1.970	1.25	1.980	1.53
$\ln Income$	4.815***	3.02	4.401***	2.84
$\ln Education$	1.604	1.46	1.675	1.65
常数项	−13.380**	−2.21	−24.206**	−2.68

由表7-7、表7-8估计结果可知，新能源汽车电池专利申请数量显著影响政府采购示范效应的结果。当 $\ln Patent \leqslant 4.007$ 时，$\ln Proc$ 的系数并不显著；当 $\ln Patent > 4.007$ 时，也就是地区新能源汽车电池专利数量超过55个后，政府采购才能发挥示范效应，有效引导和促进新能源汽车的私

人消费。这表明新能源汽车电池技术水平能够影响政府采购的示范效应。电池技术不成熟会导致消费者在购买新能源汽车时产生"成本焦虑""里程焦虑""安全焦虑"。当前新能源汽车能否实现大规模采用取决于电池技术的突破。图7-5显示了2012—2019年中国新能源汽车私人用车月度销量和电池技术专利月度申请量的趋势。由图7-5可知，新能源汽车私人购买数量同电池专利申请数量具有明显的正相关趋势，表明电池技术水平越高，新能源汽车越容易被消费者接受，政府采购的示范带动结果才会更好。

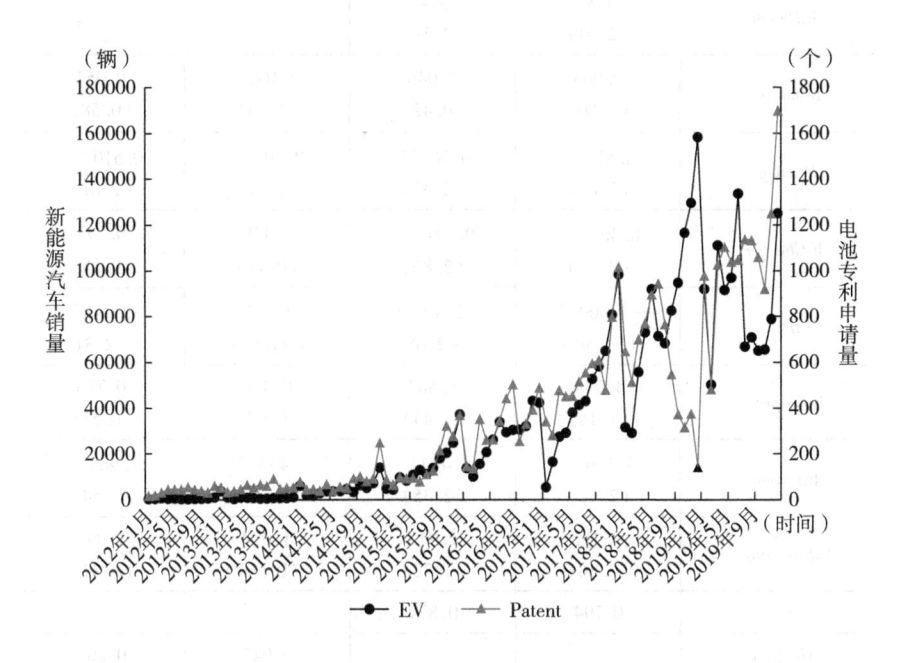

图7-5 2012—2019年中国新能源汽车私人用车月度销量和电池专利月度申请数量趋势

（三）稳健性检验

本书采用两种方法进行稳健性检验。第一种方法是在基准模型中加入表征新能源汽车技术水平的变量——各省份新能源汽车电池专利申请量，重新进行OLS估计。第二种方法是把因变量的滞后一期加入基准回归模型分别采用差分GMM和系统GMM方法重新进行估计，结果如表7-9所示。

表 7-9 稳健性检验结果

变量名称	OLS	OLS	差分 GMM	系统 GMM
$\ln EV\,(t-1)$			0.285* (1.82)	0.485*** (5.62)
$\ln Proc$	0.195* (1.67)		0.367*** (7.38)	0.450*** (6.70)
$\ln Proc\,(t-1)$		0.301** (2.39)		
$\ln Patent$	0.958** (2.04)	1.084** (2.38)		
$\ln Subsidy$	0.063 (0.60)	0.046 (0.42)	0.106* (1.94)	0.053 (0.58)
$Privilege$	0.518** (2.03)	0.564** (2.37)	0.607** (2.07)	0.510*** (2.01)
$\ln Charger$	0.407*** (3.01)	0.421*** (2.86)	0.119 (0.11)	0.293 (0.28)
$\ln Price$	-1.900** (-1.91)	-2.497** (-2.08)	-1.347* (-1.65)	-2.148** (-2.31)
$\ln Gasprice$	1.744 (1.14)	1.883 (1.44)	0.446 (0.67)	0.776 (0.51)
$\ln Income$	3.106** (2.20)	3.444** (2.35)	9.463*** (5.26)	1.968** (2.54)
$\ln Education$	0.911 (0.86)	1.715 (1.72)	1.087 (0.66)	1.093 (0.82)
R^2	0.794	0.879		
AR（1）			0.047	0.002
AR（2）			0.717	0.101
Sagan test			0.481	0.592
样本观测值	160	140	140	140

在表 7-9 的四个模型估计结果中，$\ln Proc$ 系数均显著为正，表明政府采购有效促进了新能源汽车私人需求。新加入的新能源汽车技术水平变量 $\ln Patent$ 的系数在 OLS 模型估计结果中在 5% 的水平上均显著为正，表明技术变量是影响新能源汽车私人销量的重要因素，新能源汽车技术的进步能够显著提高消费者的购买意愿，这与李晓敏等（2020）等的研究结果一致。在 OLS 模型估计中，控制变量车辆限行限购、充电桩数量、新能

源汽车售价、居民收入水平对于私人新能源汽车销量的影响依然显著,而财政补贴、汽油价格以及受教育水平的影响依然不明显。在动态面板模型估计中,充电桩 $\ln Charger$ 系数同基准结果相差较大,其系数在统计意义上变得不再显著,这可能是因为消费者短期内对充电桩数量增加所带来的收益感知不明显,导致充电设施的完善在短期内提高消费者采纳意愿的效果不如长期效果。总体而言,稳健性检验的结果与普通面板固定效应模型的估计结果基本一致,研究结果具有稳健性。

第三节 本章小结

本章基于2010—2018年中国20个省份的面板数据,从创新扩散的视角考察了政府采购的示范效应,进一步检验了政府采购在带动新能源汽车私人消费方面的门槛效应,最后考察了技术因素对政府采购示范效应的影响。研究结果显示:①政府采购在带动新能源汽车私人消费方面具有显著的示范效应,但其示范效应的发挥存在时滞。地区上年政府采购的新能源汽车数量每增加1%,该地区当年新能源汽车的私人销量就会增加0.314%。②政府采购的示范效应存在门槛效应,只有当地区新能源汽车政府采购的数量超过1124的门槛阈值,其示范效应才能凸显。③技术变量是影响新能源汽车私人销量的重要因素,新能源汽车技术的进步能够显著提高消费者的购买意愿。政府采购的示范效应受到新能源汽车技术水平的显著影响,新能源汽车的技术水平越高,政府采购的示范效应越好。

当前,中国正在加快形成以经济内循环为主的双循环新发展格局,扩大内需是双循环的战略基点。然而,受补贴大幅退坡和新冠疫情的双重影响,2019年中国新能源汽车销量十年来首次同比下降。为加快新能源汽车在中国的推广,政府应该高度重视和发挥采购政策对引导新能源汽车私人消费的示范效应。一方面,通过政府采购形成当期消费需求,为企业创新以及创新扩散营造良好的市场环境。另一方面,注重政府采购在示范引导、扩大内需方面的促进作用。具体可从以下三个方面展开。

第一,充分发挥政府采购在扩大新能源汽车内需方面的促进和引导作用。首先,要以建立健全政府采购政策落实机制为切入点,在中央和地方严格落实公务用车优先采购新能源汽车的规定,切实通过政府采购形成新能源汽车的消费需求。其次,各级政府应逐年加大在全国各城市公交车、出租车等公共交通领域中对新能源汽车的使用规模,不断稳定并扩大国内新能源汽车市场的公共消费规模，通过政府采购引导和带动新能源汽车的私人消费。

第二，在政府采购的过程中，重视对车企技术研发和创新的激励作用。政府可以通过公开招标等方式优先采购技术性能可靠的新能源汽车，尤其是电池技术在国内领先的品牌和车型，以采购的方式为技术水平高、产品性能好的车企提供商业化推广平台。重视通过政府采购为新能源汽车生产企业提供技术研发的激励和方向，倒逼车企更加重视关键技术的突破。

第三，重视政府采购在信息传播和宣传示范方面的积极影响。政府要加大对新能源汽车相关产品和技术的宣传，充分发挥政府采购在传播新能源汽车知识和信息方面的作用，根据人口分布情况实行差异化的示范推广政策，最大限度地消除有限理性对消费者造成的选择障碍，切实提高消费者对新能源汽车的认可度和接受度，拓宽新能源汽车的使用范围和销售渠道，为新能源汽车的扩散营造良好的社会环境。

第八章　可再生能源与新能源汽车发展

当今世界正面临着越来越严峻的能源可持续发展问题,《世界能源统计年鉴(2020)》指出,尽管煤炭发电量相比 2018 年有所下降,但仍然是最大的发电来源,占全球电力的 36%以上,石油与天然气的发电量占全球电力的 26%以上[①]。然而化石燃料的使用不仅会加速化石燃料枯竭,还会导致大气中的二氧化碳浓度接近 $450×10^{-6}$ 的阈值。可再生能源是指风能、太阳能、水能、生物质能、地热能、海洋能等非化石能源,是取之不尽、用之不竭的能源,资源分布广泛,适宜就地开发利用,而且可再生能源相对于化石燃料对环境来说无害或危害极小。因此,增加可再生能源的使用是人类面临能源危机和环境污染问题的必然选择。

然而,太阳能、风能和水能等可再生能源发电的特点是随机性、无规律性、不可预测性,这会在很大程度上影响电能品质,并且一些传统的储能技术也无法满足可再生能源的存储,只能选择使其不可直接接入电网,避免影响电网稳定,所以在大多数情况下弃风和弃光是被迫的(王圣,2017)。因此,迫切需要其他能源(如电池能量存储系统)进行补偿,保证电网频率的稳定。可喜的是,近年来新兴的一种电动汽车与电网融合的技术(Vehicle to Grid,V2G)有望解决上述问题。如图 8-1 所示,在智能电网技术的支撑下,电动汽车与电网之间通过双向通信,将处于停驶状态的电动汽车作为可移动的分布式储能单元,实现能量在电动汽车与电网之间双向流动(充/放电)。在电动汽车电池电量不足时,可作为电网的负荷从电网获取电能,在电动汽车电池电量充足且满足用户行驶需求时,电动汽车可作为电网的储能设备或备用电源将剩余可控电能反向输送到电网中,实现电动汽车与电网互动。

---

① BP:《世界能源统计年鉴(2020)》, https://news.bjx.com.cn/html/20200619/1082478-2.shtml。

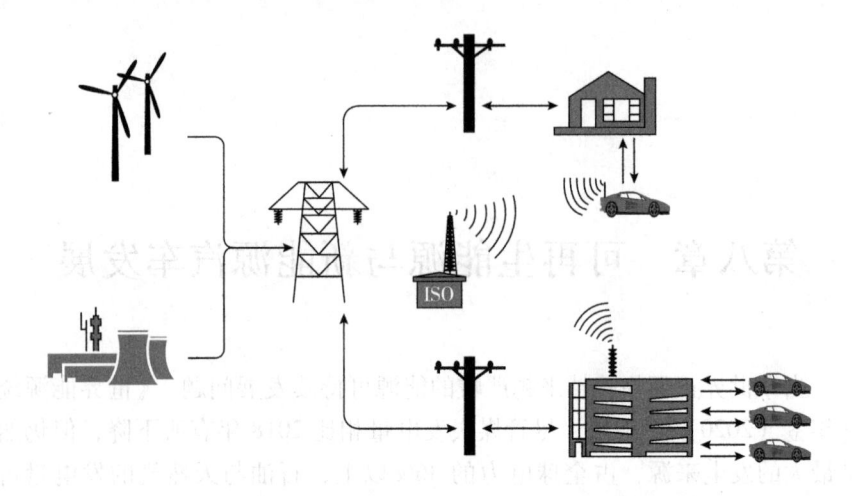

图 8-1　电动汽车与电网双向互动

注：箭头方向表示电流方向。

资料来源：百度百科。

对于可再生能源发电和电动汽车之间的关系，国内外学者进行了许多富有成效的研究，一致认为二者具有高度的技术互补性，协同发展的潜力巨大（Dias et al., 2014；Hennings et al., 2013；Weiller and Sioshansi, 2014）。McLaren 等（2016）认为，新能源汽车充电的电力来源只有来自可再生能源发电时，电动汽车才是真正意义上环保的清洁汽车。如果新能源汽车充电的电力来源来自可再生能源发电以外的来源（如煤电），那么新能源汽车的生产和使用虽然减少了产业下游（汽车尾气）的污染，但增加了产业上游（煤电发电厂发电会产生污染）的污染，从整个产业链来讲，新能源汽车只是转移了污染，而并没有真正减少污染。因此，有环保意识的消费者会更倾向于用可再生能源发电来给新能源汽车充电。其次，可再生能源发电比例的增加可以降低电价，更低的用电成本和日益紧张的化石能源会使更多的人在内燃机汽车和新能源汽车之间选择后者。根据国际能源署的调查，在当今大多数国家中，光伏发电厂和风能发电站已经成为新增发电厂的最廉价选择，对传统的化石燃料电厂形成挑战。可再生能源发电的成本在持续降低，光伏发电正在提供有史以来最低成本的电力。世界能源署预测，到 2025 年，可再生能源将占到全球总发电量净增长的 95%。此外，基于 V2G 技术的应用，消费者通过可再生能源发电和智能电网系统给新能源汽车充电时，可以选择在电网的用电低峰期充电（电价低），在电网的用电高峰期把电动汽车电池中的电量输入电网——

卖电（电价高），从而赚取"差价"，因此，消费者具有购买和使用新能源汽车的"经济动机"。可再生能源发电占比越大，该国消费者的这种"经济动机"越强。

据此提出

H8-1：可再生能源发电占比越大，该国消费者对于电动汽车的需求越大。

本章结构安排如下：第一节介绍全球和中国的可再生能源发展现状。第二节为可再生能源与新能源汽车发展的实证研究，主要对本章提出的重要假设（可再生能源发电占比越大，该国消费者对于电动汽车的需求越大）进行了验证，结果发现可再生能源发电占比确实对电动汽车的需求有显著的正向影响；可再生能源发电每增加一个百分点，将导致电动汽车需求密度大约增加2%。第三节为本章小结。

第一节　可再生能源发展现状

一　全球可再生能源发展现状

全球能源结构转型进程不断加速。随着应对气候变化的国际努力及能源低碳化越发成为共识，越来越多国家积极出台政策措施推动可再生能源发展。《可再生能源全球状况报告（2020）》指出，世界各国政府已加大了应对气候变化的力度，截至2019年底，共有28个国家（包括1480个管辖区、覆盖8.2亿公民）发布了"气候紧急状态"声明，其中许多声明还附带了以可再生能源为基础的能源体系过渡计划①。

近些年来，全球可再生能源取得巨大发展。全球可再生能源在发电领域的份额持续上升。2011—2019年全球可再生能源发电占比如图8-2所示。

2011—2019年全球可再生能源发电占比不断增加，总体呈上升趋势。从2011年的20.3%上升到2019年的26.9%。国际能源署发布的《世界能源展望2020》报告显示，在全球能源需求整体下滑的背景下，可再生能源开发利用表现出了更大弹性，预计2020—2030年，可再生能源电力需

---

① 国际可再生能源机构：《可再生能源全球状况报告（2020）》，http：//www.199it.com/archives/1048157.html。

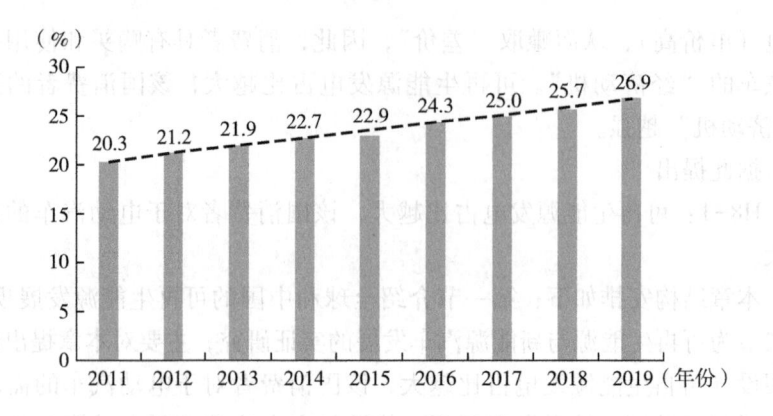

图 8-2　2011—2019 年全球可再生能源发电占比

资料来源：《可再生能源全球状况报告（2020）》。

求将增长 2/3，约占全球电力需求增量的 80%[①]。可再生能源的发展还需要各个国家的支持，因为有效的政策支持是可再生能源发展的关键。在过去的十年中，可再生能源的应用显著增加。截至 2019 年底，几乎所有国家都制定了可再生能源支持政策。在公众中，对可再生能源的支持继续推进，同时人们对使用可再生能源的多种益处，包括减少二氧化碳和其他温室气体排放的认识不断增强。2016—2019 年世界可再生能源发电前十国家可再生能源发电占比如表 8-1 所示。

表 8-1　　　　　　世界前十国家可再生能源发电占比　　　　　单位：%

国家	2016 年	2017 年	2018 年	2019 年
巴西	80.4	79.1	83.7	82.6
加拿大	64.7	63.9	66.2	65.4
德国	33.2	37.4	44.15	44.1
意大利	39.0	37.0	39.9	41.4
西班牙	39.7	33.2	39.3	38.1
中国	25.4	25.8	26.0	27.4
日本	17.4	18.8	19.8	22.9
俄罗斯	17.5	17.3	17.6	17.9

---

① IEA：《世界能源展望（2020）》，https://www.bp.com.cn/content/dam/bp/country-sites/zh_cn/china/home/reports/bp-energy-outlook/2020/energy-outlook-2020-china.pdf。

续表

国家	2016 年	2017 年	2018 年	2019 年
美国	14.8	16.9	17.0	17.6
印度	14.7	15.5	16.7	19.0
世界总计	24.3	25.0	25.7	26.9

资料来源：笔者根据《世界能源展望（2020）》整理所得。

在越来越多的国家和地区，可再生电力的份额正在迅速上升。如表8-1所示，巴西和加拿大可再生能源发电占比较高，已经超过了50%。其他国家均在50%以下。德国是涨幅最大的国家，可再生能源发电占比从2016年的33.2%增至2019年的44.1%，增幅超过10%。而西班牙的可再生能源发电占比呈减少态势。俄罗斯的可再生能源发电占比几乎没有变化。中国最近几年可再生能源发电比例都略高于全球，而且是在逐年增加的，但是涨幅比较小。

根据《世界能源统计年鉴（2020）》，可再生能源（包括生物燃料）的消耗量创下了历史新高（3.2艾焦耳），这也是2019年所有能源中增量最大的。风能对可再生能源增长的贡献最大（1.4艾焦耳），其次是太阳能（1.2艾焦耳）。按国家排名，中国是可再生能源增长的最大贡献者（0.8艾焦耳），其次是美国（0.3艾焦耳）和日本（0.2艾焦耳）。与此同时，可再生能源在发电中的比重从9.3%上升到10.4%，首次超过核电。未来30年，可再生能源将需要更强劲的增长，以实现电力行业的脱碳。

二 中国可再生能源发展现状

为了使能源生产结构更多元、更合理，能源消费更清洁、更集约，中国一直在不遗余力地发展可再生能源。根据《可再生能源全球状况报告（2020）》，截至2019年，中国的可再生能源消费量的增量已经居于全球首位，为0.8千兆焦耳，占比达到25%。图8-3显示，2016—2019年中国在可再生能源领域的进步较快。在政策上也给予了很大的支持，早在2005年2月28日颁布的《中华人民共和国可再生能源法》就说明了中国对可再生能源发展的重视，对可持续能源体系的建设奠定了良好政策基础（涂强等，2020）。仅在2020年就发布了《关于加快推进可再生能源发电补贴项目清单审核有关工作的通知》《财政部关于提前下达2021年可再生能源电价附加补助资金预算的通知》《关于做好2020年度新能源发电项目并网接入有关工作的通知》等政策来支持可再生能源的发展。

图 8-3　2016—2019 年中国可再生能源发电占比

资料来源：《可再生能源全球状况报告（2020）》。

图 8-4 与图 8-5 分别说明了水电与风电的发展情况。首先，从发电量来讲，水力与风力的发电量都是逐年增加的，特别是风力发电量增长速度较快，在 2019 年发电量为 405.7 太瓦时，同比增长 10.85%。其次，从发电量在可再生能源占比来讲，近几年，水力发电量在可再生能源占比中是逐年降低的，而风电在可再生能源发电占比中呈现上升趋势。

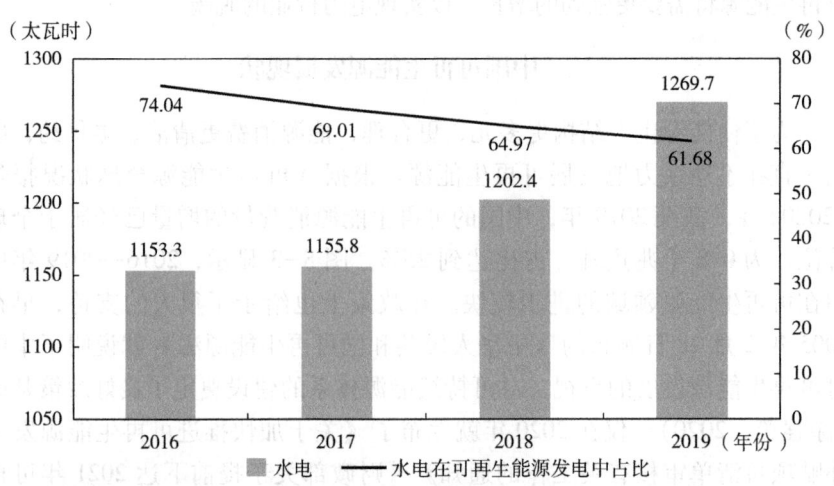

图 8-4　2016—2019 年中国水力发电量及在可再生能源发电中占比

资料来源：《可再生能源全球状况报告（2020）》。

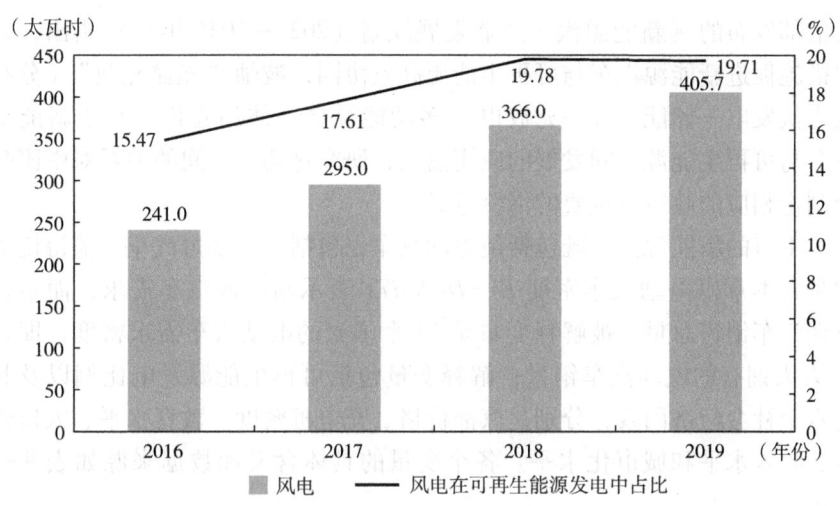

图 8-5　2016—2019 年中国风力发电量及在可再生能源发电中占比

资料来源：《可再生能源全球状况报告（2020）》。

第二节　可再生能源与新能源汽车发展的实证研究

本节的主要工作是对本章开头提出的 H8-1（可再生能源发电占比越大，该国消费者对于电动汽车的需求越大）进行检验。具体来说，本节基于 2011—2019 年 13 个国家的面板数据，通过构建影响新能源汽车需求量的计量模型考察可再生能源发电比例以及其他因素对电动汽车需求的影响。

一　变量选取和数据来源

在跨国研究中，本节选择了美国、德国、英国、法国、加拿大、瑞典、挪威、意大利、西班牙、葡萄牙、日本、韩国和新西兰，一共 13 个样本国家，样本周期选择在 2011—2019 年，这样的选择主要是基于新能源汽车销售数据可获得性的考虑。

样本国家是根据用电政策选择的。由于发达国家的分布式光伏发电比较普及，并且在发用电上的政策阻碍较小，可再生能源的普及能够减少居民的用电成本，从而提高新能源汽车的销量。中国实行的是"西电东输"政策，可再生能源发电站主要集中在西部，电力在输送到东部之后，由国家电网统一定价。鉴于国内外的用电政策不同，为保证用电环境的相似性，这次研究主要选取了 13 个发达国家作为样本，而没有包含中国。目前，中国正在大力推动可再生能源与新能源汽车的协同发展。2019 年，工信部发布的《新能源汽车产业发展规划（2021—2035年）》指出，采取措施促进新能源汽车与可再生能源高效协同，鼓励"光储充放"（分布式光伏发电—储能系统—充放电）多功能综合一体站建设。基于新能源汽车与可再生能源协同发展的应用前景，研究这两者之间的关系对中国政府制定相应的政策有重要的借鉴意义。

本节的新能源汽车既包括纯电动汽车也包括混合动力汽车。值得说明的是，本章以电动汽车密度 EV-DENSITY 表示新能源汽车需求，而不是电动汽车销售总量。被解释变量是13个国家的电动汽车需求密度，即每10万人拥有的电动汽车销量；解释变量包括可再生能源发电比例以及其他六个社会经济因素，分别是汽油价格、充电桩密度、教育水平、人口密度、收入水平和城市化水平。各个变量的具体含义和数据来源如表8-2所示。

表8-2　　　　　　　　　　变量及数据来源

变量	定义	数据来源
EV-DENSITY[a]	每10万人口新增电动汽车数量（辆/每10万人口）	IEA（2020）：*Global EV Outlook 2020*[b]
RENEWABLES	可再生能源发电在总发电中的份额（%）	*Global Energy Statistical Yearbook 2020*[c]
GASPRICE	平均汽油价格（美元/立升）（1立升=1升）	http://www.globalpetrolprices.com
CHARGER-DENSITY	每10万人口拥有的电动汽车充电桩数量（个/每10万人口）	IEA（2020）：*Global EV Outlook 2020*
EDUCATION	25—64岁成人中接受过大学教育的人口比例（%）	OECD（Organization for Economic Cooperation and Development）：Educational Attainment and Labour-force status for 13 countries[d]
POPULATION-DENSITY	每平方公里土地居住的人口数（人/平方公里）	World Bank[e]
PERGDP	人均GDP, PPP（不变美元）	World Bank[e]
URBANIZATION	城市人口比例（%）	World Bank[e]

注：a. *Global EV Outlook 2020* 提供了各国2011—2019年各年总的电动汽车销售量，每10万人拥有电动汽车数量根据总的电动汽车销售量和各国人口数计算获得。b. *Global EV Outlook* 2020 提供了各国2011—2019年各年的快速充电桩数量和慢速充电桩数量，本书的充电桩数量是二者的加总。c. https://yearbook.enerdata.net/renewable-in-electricity-production-share-by-region.html。d. https://stats.oecd.org。e. http://data.worldbank.org/indicator。

二 模型设定与变量定义

参照 Sierzchula 等（2014）的模型，本书设定的基本计量模型为：

$$\ln(EV\text{-}DENSITY_{it}) = \beta_1 RENEWABLES_{it} + \beta_2 \ln(GASPRICE_{it}) + \\ \beta_3 \ln(CHARGER\text{-}DENSITY_{it}) + \beta_4 EDUCATION_{it} + \\ \beta_5 \ln(POPULATION\text{-}DENSIDY_{it}) + \beta_6 \ln(PERGDP_{it}) + \\ \beta_7 URBANIZATION_{it} + \gamma_i + \mu_t + \varepsilon_{it} \qquad (8\text{-}1)$$

式中：i 和 t 分别为国家 i 和年份 t；β 为待估参数；γ_i 和 μ_t 分别为国家和年份的固定效应；ε_{it} 为随机扰动项。$EV\text{-}DENSITY_{it}$ 为第 i 个国家 t 期的电动汽车的需求密度，以每十万人口拥有的电动汽车数量表示[1]，计算公式为 $EV\text{-}DENSITY_{it}$ 等于第 i 个国家 t 期新增的电动汽车总量×100000/第 i 个国家 t 期的总人口数（辆/每 10 万人口）；$RENEWABLES_{it}$ 为第 i 个国家 t 期可再生能源发电占总发电的份额，单位%；$GASPRICE_{it}$ 为第 i 个国家 t 期的平均汽油价格（美元/立升）；$CHARGER\text{-}DENSITY_{it}$ 为第 i 个国家 t 期的充电桩密度，以每十万人口拥有的电动汽车充电桩数量表示，计算公式为 $CHARGER_{it}$=第 i 个国家 t 期拥有的电动汽车充电桩总量×100000/第 i 个国家 t 期的总人口数（个/每 10 万人口）；$EDUCATION_{it}$ 为第 i 个国家 t 期的受教育水平，以 25—64 岁成人中接受过高等教育的人口比例表示（%）；$POPULATION\text{-}DENSITY_{it}$ 为第 i 个国家 t 期的人口密度，即每平方公里土地居住的人口数（人/平方公里）；$PERGDP_{it}$ 为第 i 个国家 t 期的人均 GDP，采用不变美元，以 1990 年为基期（美元）；$URBANIZATION_{it}$ 为第 i 个国家 t 期的城市化水平，以城市人口占总人口的比重表示（%）。ln 为取自然对数，为减少异方差，电动汽车密度、汽油价格、充电桩密度、人口密度、人均 GDP 均取自然对数形式。

表 8-3 给出了各变量的描述性统计，共 117 个观察值。各国电动汽车密度在样本区间都经历了快速增长，变化较大。在样本期间平均而言，各国每 10 万人拥有的电动汽车数量为 90.471 辆，每 10 万人人均拥有电动汽车数量最多的是 1480.61 辆（挪威，2019 年），最少的是 0.19 辆（意大利，2011 年）；可再生能源发电比例平均为 39.844%，最高为 97.36%（挪威，2019 年），最低为 1.54%（韩国，2012 年）；汽油价格平均为 1.645 美元/立升，最高为 2.6 美元/立升（挪威，2013 年），最低为 0.62

---

[1] 这里取每 10 万人口新增的电动汽车，而没有采用新增的电动汽车总量，主要是为了剔除人口因素的影响。后文在稳健性检验时，因变量换成了新增的电动汽车总量。

美元/立升（美国，2015年）；每10万人拥有充电桩均值为22.372个，最大值为265.99个（挪威，2019年），最小值为0.01个（意大利，2011年）；成人中接受高等教育的平均百分比为38.062%，最大值为59.38%（加拿大，2019年），最小值为15.5%（意大利，2011年）；平均人口密度为每平方公里土地居住149.867人，最大值为510.36人/平方公里（日本，2015年），最小值为3.5人/平方公里（加拿大，2011年）；人均GDP均值为44038.637美元，最大值为102913.45美元（瑞士，2013年），最小值为19242.37美元（日本，2015年）；城市化水平均值为80.163%，最大值为91.698%（日本，2019年），最小值为61.167%（葡萄牙，2011年）。

表8-3 各变量的描述性统计

变量	单位	最大值	最小值	均值	标准差
EV-DENSITY	辆/每10万人口	1480.61	0.19	90.471	234.183
RENEWABLES	%	97.36	1.54	39.844	27.523
GASPRICE	美元/立升	2.6	0.62	1.645	0.416
CHARGER-DENSITY	个/每10万人口	265.99	0.01	22.372	39.67
EDUCATION	%	59.38	15.5	38.062	10.5
POPULATION-DENSITY	人/平方公里	510.36	3.5	149.867	147.34
PERGDP	美元	102913.45	19242.37	44038.637	16426.69
URBANIZATION	%	91.698	61.167	80.163	6.95

资料来源：笔者根据Stata软件的运行结果整理所得。

表8-4给出了计量模型中各变量之间的相关系数矩阵，从相关系数的大小来看，自变量之间的相关系数最大值为0.825，这意味着在接下来的模型回归中不存在严重的多重共线性问题。

三 数据的平稳性检验

为避免数据不平稳带来的回归问题，对各变量均进行了平稳性检验。Hadri提出了一种基于残差的拉格朗日乘子检验（Hadri，2000），特别地，该检验不仅可以通过减去组内均值的方式缓和截面相依，而且允许存在截面异方差。该检验的原假设是每个截面单位的时间序列是平稳的，备择假设是面板数据中存在单位根。检验各变量时，模型设定均包含时间趋势，减去了组内均值，同时使用了异方差稳健标准误。具体检验结果如表8-5所示，从中可以看到，每个变量的检验均无法拒绝原假设，这说明各变量数据是平稳的。

表8-4 变量之间的相关系数矩阵

变量	ln*EV-DENSITY*	*RENEWABLES*	ln*GASPRICE*	ln*CHARGER-DENSITY*	*EDUCATION*	ln*POPULATION-DENSITY*	ln*PERGDP*	*URBANIZATION*
ln*EV-DENSITY*	1							
RENEWABLES	0.334	1						
ln*GASPRICE*	−0.280	0.165	1					
ln*CHARGER-DENSITY*	0.825	0.308	−0.138	1				
EDUCATION	0.401	−0.001	−0.490	0.285	1			
ln*POPULATION-DENSITY*	−0.314	−0.782	0.260	−0.197	−0.333	1		
ln*PERGDP*	0.517	0.402	−0.080	0.346	0.421	−0.564	1	
URBANIZATION	0.296	−0.028	−0.267	0.047	0.750	−0.160	0.495	1

资料来源：笔者根据Stata软件的运行结果整理所得。

表 8-5　　　　　　　　　变量平稳性检验结果

变量	z 统计量	P 值	变量	z 统计量	P 值
lnEV-$DENSITY$	3.144	0.0008	$RENEWABLES$	1.526	0.0435
ln$PERGDP$	2.773	0.0028	$URBANIZATION$	8.044	0.0001
ln$GASPRICE$	3.543	0.0002	ln$POPULATION$-$DENSITY$	2.729	0.0032
$EDUCATION$	2.540	0.0055	ln$CHARGER$-$DENSITY$	3.811	0.0001

资料来源：笔者根据 Stata 软件的运行结果整理所得。

四　实证结果和分析

用面板数据建立的模型通常有三种，即混合模型、固定效应模型和随机效应模型。本书通过 F 值检验和 Hausman 检验，最终选用固定效应模型（Hausman, 1978），表 8-6 报告了以电动汽车需求密度的对数值为被解释变量的回归结果。

表 8-6　　　　　　　　　基准估计结果

解释变量	被解释变量 lnEV-$DENSITY$			
	模型 1	模型 2	模型 3	模型 4
$RENEWABLES$	0.0127* (0.00691)	0.0330*** (0.0127)	0.0291*** (0.00977)	0.0189** (0.00909)
ln$GASPRICE$	-1.288** (0.538)	-1.626*** (0.571)	-2.147*** (0.529)	-1.768*** (0.486)
ln$CHARGER$-$DENSITY$	0.798*** (0.0809)	0.691*** (0.0951)	0.722*** (0.0818)	0.824*** (0.0855)
$EDUCATION$	0.0405** (0.0192)	0.0639*** (0.0227)	0.0219 (0.0158)	-0.0104 (0.0199)
ln$POPULATION$-$DENSITY$		0.466* (0.246)	0.564*** (0.199)	0.311 (0.194)
ln$PERGDP$			1.736*** (0.480)	1.234*** (0.472)
$URBANIZATION$				0.0492* (0.0281)
C	-0.165 (0.890)	-3.459* (1.899)	-20.40*** (5.418)	-16.69*** (4.735)
地区固定效应	是	是	是	是

续表

解释变量	被解释变量 lnEV-DENSITY			
	模型1	模型2	模型3	模型4
时间固定效应	否	否	否	否
R^2	0.77	0.77	0.78	0.78
观测值	117	117	117	117

资料来源：笔者根据 Stata 软件的运行结果整理所得。

（一）基准模型结果

在进行个体固定效应模型回归时，本节逐步把自变量引入模型。表8-6的回归结果显示，4个模型中可再生能源发电百分比的回归系数均显著为正。这说明在控制了其他影响电动汽车需求量的因素后，可再生能源发电占比的确对电动汽车的需求密度有显著的正向影响（Axsen and Kurani，2013）。至于回归系数的大小，4个模型的回归系数在0.02左右。这意味着，在其他影响电动汽车需求的因素不变的情况下，可再生能源发电每增加一个百分点，将导致电动汽车需求密度大约增加2%。对于人口大国来说，电动汽车需求增加的绝对值将非常可观。这就证实了H8-1（可再生能源发电占比越大，该国消费者对于电动汽车的需求越大）。

回归结果表明，汽油价格对数值的回归系数均显著为负，这很可能是受到汽油价格短期波动的影响。2014—2015年，原油市场受到页岩油的冲击，原油需求放缓，导致油价大幅下降。① 在所有的基本模型回归结果中，充电桩对数值的回归系数均为正，且均在1%的水平上显著。这个结果表明充电桩数量对电动汽车的需求密度有显著的正向影响，充电设施的普及程度和充电便利性是消费者考虑购买电动汽车的重要因素之一。这个结果与Egbue和Long（2012）、Sierzchula等（2014）的研究结论是相符的。采用最保守的回归系数0.69来举例，在其他影响电动汽车需求的因素不变的情况下，充电桩密度每增加1%，将导致电动汽车需求密度大约增加69%。

在表8-6的模型1至模型2中，教育水平的回归系数均为正值且在

---

① 本书又用2015—2019年的数据对汽油价格进行实证分析，发现汽油价格对新能源汽车的影响为正，但不显著。这与杜雨微（2021）的结论相同，即在不同时期，汽油价格对新能源汽车的影响有正也有负。新能源汽车的使用是一种长期行为，短期汽油价格对新能源汽车销量的影响较小。

5%的水平上高度显著;但在模型3至模型4中,教育水平的回归系数不显著。这表明教育水平并不是影响新能源汽车需求的主要因素,出现这种情况可能是因为,相比传统燃油汽车,现阶段新能源汽车的销售份额还很低。因此,虽然有很多受到过高等教育、拥有环保意识的新能源汽车消费者,但从国家层面来说,这些消费者的比例很低,不能反映国家人口统计特征对新能源汽车需求的影响。

人口密度的回归系数在表8-6的模型2、模型3和模型4中均为正,这说明每平方公里内居住的人口数越多,电动汽车的需求越大。这与IEA(2016)的研究结论是一致的。人均GDP的回归系数均显著为正。城市化水平的回归系数在模型4中显著为正。

(二)电动汽车、纯电动汽车、混合动力汽车分类回归

接下来,本节分别考察可再生能源发电对电动汽车需求密度、纯电动汽车需求密度和混合动力汽车需求密度的影响是否一致,估计结果如表8-7所示。表8-7中的被解释变量分别为电动汽车需求密度的对数值、纯电动汽车需求密度的对数值和混合动力汽车需求密度的对数值。模型4中电动汽车销量同时包含了纯电动汽车和混合动力汽车的销售量,结果显示可再生能源发电对电动汽车需求的影响是显著为正的。对比模型4、模型5和模型6,可以发现,可再生能源发电对纯电动汽车需求有显著的正向影响,而对混合动力汽车需求的影响不显著,这种结果符合本书的预期,这是因为:纯电动汽车和混合动力汽车对汽油的依赖是不同的。纯电动汽车是一种电机驱动的汽车,驱动的电力来自可充电的电池或其他可安装在汽车内的电力储存装置,汽油价格的变化必然对纯电动汽车的销售有较大的影响;混合动力汽车是集电力驱动装置和传统内燃机于一体的汽车,既可以靠充电驱动又可以靠汽油驱动,因此汽油价格的变化对混合动力汽车需求的影响相对较小。此外,在模型5中,可再生能源发电比例、充电桩密度的系数方向和显著性与模型4保持一致,这说明本书的分析是稳健的。

表8-7　　对电动汽车、纯电动汽车、混合动力汽车需求密度的估计结果

解释变量	被解释变量		
	模型4	模型5	模型6
	ln$EV\text{-}DENSITY$	ln$BEV\text{-}DENSITY$	ln$PHEV\text{-}DENSITY$
RENEWABLES	0.0189** (0.00909)	0.0405*** (0.0143)	0.0327 (0.0227)

续表

解释变量	被解释变量		
	模型 4	模型 5	模型 6
	lnEV-$DENSITY$	lnBEV-$DENSITY$	ln$PHEV$-$DENSITY$
ln$GASPRICE$	-1.768*** (0.486)	-1.956*** (0.707)	-4.441*** (1.152)
ln$CHARGER$-$DENSITY$	0.824*** (0.0855)	0.608*** (0.111)	1.166*** (0.187)
$EDUCATION$	-0.0104 (0.0199)	0.0508 (0.0360)	-0.0740 (0.0545)
ln$POPULATION$-$DENSITY$	0.311 (0.194)	0.976*** (0.310)	0.356 (0.488)
ln$PERGDP$	1.234*** (0.472)	2.100*** (0.808)	0.186 (1.243)
$URBANIZATION$	0.0492* (0.0281)	-0.00746 (0.0512)	0.179** (0.0768)
C	-16.69*** (4.735)	-27.40*** (8.474)	-15.31 (12.82)
地区固定效应	是	是	是
时间固定效应	否	否	否
R^2	0.78	0.80	0.80
观测值	117	117	117

资料来源：笔者根据 Stata 软件的运行结果整理所得。

（三）稳健性检验

考虑到可再生能源发电以及充电桩可能存在的内生性问题，本书通过在基本计量方程式（8-1）中引入滞后因变量，利用 Arellano 和 Bond（1991）的工具变量估计方法，再次估计了可再生能源发电和充电桩的估计系数，相关结果如表 8-8 所示。

表 8-8　　　　　　　　稳健性回归结果

变量	Arellano 和 Bond（1991）的方法		工具变量估计方法	
	估计系数	P 值	估计系数	P 值
	(1)	(2)	(3)	(4)
$RENEWABLES$	0.012	0.073	0.018	0.031

续表

变量	Arellano 和 Bond（1991）的方法		工具变量估计方法	
	估计系数	P 值	估计系数	P 值
	（1）	（2）	（3）	（4）
ln*CHARGER-DENSITY*	0.530	0.002	控制	
其他变量	控制		控制	
地区效应	是		是	
时间效应	否		否	
观测值	117		117	

资料来源：笔者根据 Stata 软件的运行结果整理所得。

正如 Angrist 和 Pischke（2009）所指出的，如果固定效应模型是正确的，那么使用加入滞后因变量的模型会使感兴趣的估计系数偏小；若加入滞后因变量模型是正确的，那么使用固定效应模型会使感兴趣的估计系数偏大。真正的估计系数往往会落在这两个估计系数之间。从结果来看，可再生能源发电比例和充电桩的估计系数比基本回归结果有所减少，但仍显著为正，这验证了先前结论的稳健性。

实际上，为再一次确定研究结果，本书为可再生能源寻找了一个工具变量——煤炭消费占比。一方面，煤炭消费占比往往反映了一国煤炭资源的丰裕度，煤炭资源越丰裕的国家，更加缺少利用可再生能源的动力，从而可再生能源在总发电中的份额就越少；另一方面，煤炭也缺乏对电动汽车直接或间接的影响渠道。因此，本书在基准模型之上，以煤炭消费占比作为可再生能源的工具变量，重新进行了固定效应估计，估计系数如表8-8列（3）所示，该系数在10%的水平上依然是显著的。

第三节　本章小结

本章运用 2011—2019 年 13 个国家的面板数据，构建了影响电动汽车需求量的计量模型，回归结果发现：一是可再生能源发电比例和充电桩密度对人均电动汽车的需求有显著的正向影响。二是在短期内，教育水平和汽油价格不是新能源汽车的主要影响因素。三是人口密度、收入水平和城市化水平对电动汽车销售有正向的影响。本书的政策建议有以下几方面。

第一，政府应该实施分时电价促进可再生能源和电动汽车的协同发展。根据前文的研究发现，可再生能源发电比例提高一个百分点，将导致电动汽车需求大约增加 2%。当大量电动汽车与电网相连接时，它们就可以作为能量存储器，平滑太阳能发电和风能发电的间歇性和不稳定性。电动汽车拥有者会对充电成本做出反应，他们倾向于在电价低时充电，而在电价高时卖电，因此政府实施分时电价既可以调节和平滑电网的用电峰谷，又可以鼓励再生能源和电动汽车的协同发展。

第二，由于电动汽车充电的便利性是影响消费者购买电动汽车的重要因素之一，政府应该实施诸如充电桩标准、接口标准等在全国甚至多国之间（欧盟）实现资源的有效配置。避免生产厂商"各自为政"，提供不兼容的充电桩，造成充电桩资源的浪费；政府应提供充电桩低电价、税收减免、研发补贴等激励措施，鼓励电动汽车生产厂家与其他社会资本通过提供和维护充电桩实现营利的商业模型，实现充电桩产业的可持续发展。

第三，鉴于人口密度对电动汽车销售有正向影响，电动汽车销售商重点在人口密度程度高的地区尤其是特大人口集聚城市推广电动汽车，符合电动汽车发展的市场规律。政府可以根据消费者的人口统计特征，优先在人口密度大的地区试行电动汽车共享项目，即不同的消费者和家庭可以付费使用公共的电动汽车。

第四，收入水平对未来电动汽车的需求有正向影响，且在当前阶段电动汽车的需求收入弹性大于 1，对于需求收入弹性大于 1 的商品，电动汽车厂商促进未来销量的正确做法应该是准确把握市场定位和人群细分，重点将高收入人群作为潜在客户；而对于家庭平均收入较低的消费者群体，厂商应该挖掘他们的潜在需求，发明和生产质优价廉的经济型电动汽车，以满足这部分群体的需求。对于政府而言，要想促进电动汽车发展，一方面应该尽可能提高消费者的可支配收入，另一方面要保持对消费者购买电动汽车的税收减免和补贴政策。

第九章 地区气温与新能源汽车发展

本书第四章至第八章分别讲述了产业政策、技术进步、充电基础设施、政府采购以及可再生能源与新能源汽车发展的关系，但这些研究并没有涉及可能影响新能源汽车推广的气候因素。气候变化问题已成为影响人类社会发展和全球政治经济格局的重大战略课题，因此本章尝试探讨地区气温对新能源汽车推广的影响。

第一节 地区气温与新能源汽车推广现状

中国幅员辽阔，南北纬度跨越约50度，东西经度跨越约60度，同时地势高低、地貌类型及山脉走向多样，因而各地区形成了不同的气候。从温度带划分来看，中国有热带、亚热带、暖温带、中温带、寒温带和青藏高原气候区。具体来看在冬季，等温线基本与纬度平行。等温线以北（包括东北、华北、西北及青藏高原）的平均气温在0℃，其中黑龙江漠河的冬季平均气温接近-30℃；以南地区冬季的平均气温在0℃，其中海南三亚的冬季平均气温为20℃。因此，冬季不同地区气温差异巨大。其次在夏季，大部分地区夏季平均气温在20℃，南方许多地区在28℃以上，但地势高的青藏高原和东北地区气温依然较低。因此，夏季不同地区气温也存在差异，但程度低于冬季。综上所述，不同地区的气温差异巨大，与此同时各地区间新能源汽车销量也差别巨大，这为研究气温对新能源汽车推广的影响提供了天然的实验空间。

新能源汽车具有节能和环保的技术优势，但由于当前电池驱动系统与保温隔热技术水平的限制，新能源汽车的正常使用需要一个适宜的气温环境。在极端温度环境下，新能源汽车会遇到充电慢、续航里程降幅大、安全性差等问题，这会导致新能源汽车对消费者的吸引力下降，从而阻碍其进一步的市场推广。一个可观察到的经验事实是，在中国较为寒冷和炎热的部分省份，如黑龙江、辽宁、海南，新能源汽车推广的效果确实不佳。表 9-1 列出了 2019 年中国 31 个省份（不含港澳台地区）的新能源汽车销量与平均气温。从表 9-1 可以看出，同处于适宜气温区的京津冀地区、东南沿海地区和中部省份相比，黑龙江、吉林、甘肃、青海、宁夏、新疆与西藏 7 个省份（低温区）的新能源汽车销量较低；同样，在高温区，海南、福建、云南、陕西的新能源汽车销量也处于较低水平。此外，高温组省份新能源销量要普遍大于低温组省份的销量，这表明高温和低温对新能汽车销量的影响可能存在异质性。

表 9-1　　2019 年中国 31 省份新能源汽车销量与平均气温

省份	北京	天津	河北	山东	江苏	上海	浙江	广东
销量（辆）	80365	30103	34036	59009	39197	68314	79477	186982
平均气温（℃）	11.4	13.8	10.6	14.6	16.1	16.9	16.8	21.8
省份	海南	福建	云南	陕西	黑龙江	吉林	甘肃	青海
销量（辆）	11133	35058	9346	22888	1636	2113	2156	642
平均气温（℃）	25.1	19.0	15.7	11.3	3.2	6.1	6.0	-3.6
省份	宁夏	新疆	西藏	内蒙古	河南	安徽	湖北	江西
销量（辆）	775	2476	78	3261	39896	31113	29716	17259
平均气温（℃）	9.1	6.2	-3.9	5.6	15.8	16.5	15.9	18.6
省份	湖南	重庆	四川	贵州	广西	辽宁	山西	
销量（辆）	18458	14040	30940	7233	37975	5205	18399	
平均气温（℃）	17.3	15.6	7.1	15.1	20.3	9.2	9.7	

资料来源：中国汽车工业协会与中国气象局。

鉴于此，本章利用中国 20 个省份 2010—2018 年新能源汽车销量的面板数据，探讨并检验地区气温对新能源汽车推广的影响机制，并从气温和气候条件角度解释了新能源汽车推广效果存在地域差异的成因。

第二节　地区气温对新能源汽车发展的影响

近十年来，尽管新能源汽车在中国得到了迅速发展，但目前仍存在四大障碍。这四大障碍分别是消费者对于新能源汽车的"里程焦虑"、"速度焦虑"、"安全焦虑"与"充电焦虑"，限制了新能源汽车的进一步推广。以往很多学者从不同的角度研究了影响新能源汽车推广的因素，如新能源汽车价格、电力价格和汽油价格等成本因素（Chen et al.，2020），货币补贴、税收抵免等货币激励政策因素（Qiu et al.，2019），道路优先权（Wang et al.，2019），公共领域车辆电动化（Bakker and Trip，2013），新能源汽车技术性能（Egbue and Long，2012），充电基础设施等非货币激励政策因素（Mahmoudzadeh et al.，2017），年龄、教育、收入、职业、环境意识、人口密度、政策认知等消费者个人特征因素（Sónia et al.，2019）。然而，可能影响新能源汽车推广的气候因素被忽略了，并且目前鲜有研究关注气候对新能源汽车推广的影响。

一 文献回顾与理论假说

气候以及气候变化能在多大程度上影响人类社会的经济运行，是气候经济学所要研究的主要问题。气候变化对经济的影响反映到现实社会中存在宏观、微观和产业三个层面。因此本书从宏观、微观和产业三个方面针对气温对经济运行的影响回顾相关文献。

（一）宏观层面

许多学者从宏观的角度研究了气候变化对社会整体经济发展的影响。Colacito 等（2018）发现气温对 GDP 增长具有显著影响，并通过计量模型得出夏季平均气温每上升 1℃，国家 GDP 年增长率就会下降 5.07 个至 8.45 个百分点的结论。Burke 等（2015）发现气温对经济发展的影响是非线性的，当年平均气温低于 13℃时，随着该气温上升，经济生产力会增加，经济增长率上升；一旦超过 13℃，气温上升就会对经济增长产生负面影响。Dell 等（2012）基于 125 个国家的生产总值与天气数据，研究发现较高的气温不仅会大幅降低贫穷国家的经济增长速度，还会带来更加广泛的负面影响，如降低农业产出、工业产出和政治稳定。Chen 和 Yang（2019）认为气温对工业产出的影响是非线性的，春季气温升高有利于工业产出增加，夏季气温升高不利于工业产出增加，而且过去的气温变化对当年工业产量也具有较大的影响。Zhang 等（2018）基于 1998—2007 年 50 万家中国制造企业的生产数据，发现气温和企业全要素生产率（TFP）之间存在倒"U"形的关系。

（二）微观层面

人们对各种商品的消费行为是微观经济的直接缩影，气候对微观经济的影响会直接反映在消费者对各种商品的需求上，如便利商店的业绩（Chen and Yano，2010；Gao et al.，2012；Tian et al.，2021）、茶叶销售

(Murray et al., 2010)、食品需求（Agnew and Thornes, 1995）、饮料需求（Stulec et al., 2019）、服装需求（Conlin et al., 2007）与旅游需求（Belen, 2005; Wietze and Richard, 2002）均受到气温的影响。其中，Agnew 和 Thornes（1995）研究了零售分销行业和食品饮料行业受气温的影响，并讨论了使用天气预报提高食品饮料行业销售业绩的可行性。Wietze 和 Richard（2002）对经合组织成员国游客的目的地与当地的气温进行了横截面分析，研究发现游客对旅行目的地的选择高度依赖当地的气温，他们更倾向于所选择的目的地处于 21℃ 时外出旅行。Conlin 等（2007）基于服装行业的数据，研究发现消费者的退换货行为受到订单日期气温变化的影响，订单日期的温度每下降 1℃，退货概率就会增加 4.45%。Bertrand 等（2015）基于法国数千家服装零售商的销量与气温的数据，研究非季节性气温对服装销售的影响，发现非季节性温度对春季和秋季的服装销售具有显著性影响，非季节性气温会提高春季服装销量、降低秋季服装销量，而夏季和冬季服装销售不受非季节性气温的影响。Stulec 等（2019）使用多元线性回归方法量化天气条件对饮料销售的影响，发现气温对饮料销售的正向影响非常显著，但不同月份的饮料销售受到气温的影响不同。其中，6 月和 8 月是饮料受气温影响最大的月份，当月的日平均气温上升 1℃，会导致当月销售额分别提高 2.68% 和 2.86%。Busse 等（2015）使用超过 4000 万辆汽车交易的数据，发现消费者购买敞篷车还是普通车辆的选择高度依赖购买时的天气，购买时的气温对敞篷车的销量具有显著正向影响，而降雨、降雪、阴天均不利于敞篷车的销售。Albeniz 和 Belkaid（2020）基于欧洲 98 个时尚服装商店的销售数据，实证研究天气条件对商店客流量和商品销量的影响，发现降雨会导致街道商店客流量降低 7.4%，而商场商店的客流量会提高 5.2%；气温升高增加夏季服装的销售，减少冬季服装的销售。Tian 等（2021）基于中国一家连锁便利店 146 家分店的销售数据，量化研究天气阴晴、雨水、气温和空气质量指数对便利店销售业绩的影响，发现相比阴天，晴天和雨天对便利店销售业绩有显著的正向影响；气温升高对便利店销售业绩有显著的正向影响，而空气质量对便利店销售业绩有显著的负向影响。

（三）新能源汽车产业层面

新能源汽车是指除汽油、柴油发动机外所有其他能源汽车，目前主要包括纯电动汽车和混合动力汽车。作为传统燃油汽车的替代品，新能源汽车也是一种耐用消费品。学界关于气候对于耐用消费品销量的研究相对较少，研究气温对新能源汽车销量的经济学文献更是极为少见。本节认为气温主要是通过影响汽车性能进而影响新能源汽车销量的。首先，由于当前电池系统与车辆保温隔热系统技术水平的限制，盐酸铁锂电池（新能源汽车使用的主要电池类型）在气温达到40℃和0℃时，平均能量损耗功率会提高到2.98瓦特与2.82瓦特（20℃时仅为1.98瓦特），而且随着气温的持续升高或降低，损耗功率也会进一步提高（Demircali et al., 2018）。电池组的这一特性意味着新能源汽车的最佳工作环境存在一个温度区间，超过这个区间的高温或低温都会影响电池的活性，从而影响车辆性能（续航里程、充放电效率以及车辆的能耗），而车辆性能最终会影响新能源汽车的销量。其次，在高温或低温情况下，车内人员需要通过空调调节车内温度，耗费更多的电池电量，造成实际续航能力要低于名义水平，降低了消费者的使用效用，制约了新能源汽车的市场扩散（李晓敏等，2020）。此外，主流新能源汽车均使用锂电池作为动力来源，锂电池显著的特性是高密度性（续航能力较强），但其在安全性方面较弱，造成了续航里程与安全性难以兼顾的困境（李晓敏等，2020）。因为更高的能量密度意味着更强的续航能力，但过高的能量密度也带来了更高的自燃率（Zahabi et al., 2014）。极端气温会放大新能源汽车所使用的锂电池的固有缺陷，加重消费者因锂电池的固有缺陷而产生的"安全焦虑"。最后，新能源汽车进一步的推广，离不开成熟的充电技术，但当前许多地区使用的公共充电设施很容易受到极端气温的负面影响而产生充电速度慢、利用率低等一系列问题。这是因为新能源汽车所使用的锂电池在充电、放电时，电极、电解液中会发生一系列的化学反应，然而低温会降低化学反应的效率，导致低温充电时电流低于正常温度下的水平，延长了充电完成所需要的时间（Parsons, 2011）。

综上所述，极端气温不仅会弱化新能源汽车的续航能力与加速能力，扩大消费者对新能源的"里程焦虑"与"速度焦虑"，而且会加大消费者的"充电焦虑"和"安全焦虑"。换言之，高温或低温都不利于新能源汽车性能的最佳发挥，进而影响消费者的需求。

据此提出

H9-1：新能源汽车销量随气温变化呈现倒"U"形的变化趋势。

平均气温通常被用来刻画各地区气温的时空变化，但是仅仅用平均气温来表征一个地区的气温条件是不够的。两个年平均气温相同的地区可能有着完全不同的气候状况：一个地区四季如春，气温变化不大；而另一个地区春夏秋冬四季分明，温差较大。因此，仅用平均气温难以捕捉气温变化的幅度和对平均值偏离的程度。为了提高因果识别的可信性，缓解平均气温可能带来的估计偏误,本书还引入了中国 20 个省份一年中极端高温和极端低温天气出现的天数,并考察二者对新能源汽车需求的影响①。如果一个省份一年中极端高温和极端低温天气出现的天数越多,表明该地区内的消费者在该年内受到极端气温负面影响的概率也就越大。也就是说相较于其他省份,该省份的消费者遭遇新能源汽车续航里程缩减、提速缓慢、充电时间过长等负面问题以及发生电池故障或车辆自燃等事故的概率更大。极端气温造成车辆的低性能和高事故概率加大了消费者的风险感知,而消费者作为理性行为人,势必减少使用或购买新能源汽车。另外,在极端气温天气出现次数高的省份,极端气温造成车辆的低性能和高发事故会通过新闻或互联网媒介在该地区迅速传播,使潜在消费者形成一种该地区不适宜购买新能源汽车的"消极预期",进而不利于新能源汽车在该地区的采用。

另外,以往的研究还表明,相比高温,低温对新能源汽车续航里程和充放电效率的负面影响更大(Zahabi et al., 2014)。首先,高温时开空调带来的电能消耗要小于低温时开空调的电能损耗。其次,车主对夏天车辆自燃事件的警惕性较高,会把新能源汽车放置在阴凉的地方。相比之下,车主在冬季对自燃事件的警惕性往往低于夏季,而且他们为了应对冬季充电缓慢的问题往往选择更大功率的快速充电桩,造成电池在低温条件下短时间内能量过大并产生析锂现象,提高了电池因短路发生自燃的概率(She et al., 2017)。最后,相比高温,低温更容易导致电池组充放电效率下降。

据此提出

H9-2a:极端低温天气出现的次数越多,该地区新能源汽车销量越低。

H9-2b:极端高温天气出现的次数越多,该地区新能源汽车销量越低。

H9-2c:与极端高温天气相比,极端低温天气对该地区新能源汽车销量的负面影响更大。

二 研究设计

(一)变量选取和数据来源

本节使用 2010—2018 年中国 20 个省份(北京、上海、天津、重庆、河北、辽宁、江苏、浙江、安徽、福建、江西、山东、河南、湖北、湖南、广东、广西、四川、云南、海南)新能源汽车销量作为被解释变量,

---

① 这里的极端高温和极端低温是指不适宜新能源汽车性能发挥的高温和低温。

这一做法也与之前学者的设定相符（熊勇清等，2019）。其中，新能源汽车销量数据来源于《节能与新能源汽车年鉴》（2011—2019年）。年鉴上包含中国23个省、5个自治区、4个直辖市的新能源汽车销量，本节选取这20个省份作为样本地区的原因有两个：一是考虑到面板数据的平衡性，年鉴中只有被选取的20个样本地区在2010—2018年的数据是连贯的，其余省份在样本时间内的数据是不完整的。二是考虑到数据的代表性，20个样本地区的新能源汽车总销量在2010—2018年占到中国新能源汽车总销量的80%以上，可以较好地反映中国新能源汽车行业的总体发展水平。

本节采用2010—2018年20个省份的气温作为核心解释变量，包括平均气温、极端气温天数和中位数气温三个变量。平均气温数据来源于20个省份的统计年鉴，年平均气温是某年的多日平均气温（或多月平均气温）的平均值，但无法反映出当地一年中气温的波动，即两个平均气温相近的地区很可能具有完全不同的气候条件。为了更全面地刻画气温，本节还使用极端高（低）温天数和中位数气温两个变量。以往的研究表明：使用新能源汽车最适宜的环境温度为10—25℃（Reddy，2011）。因此，本节把极端高温天数定义为一年中当地气温大于25℃的天数，极端低温天数定义为一年中当地气温小于10℃的天数，数据来源于国家气象科学数据中心。中位数气温是当地一年365天气温的中位数，数据来源于中国气象局。

现有研究表明：政府补贴（Egnér and Trosvik，2018）、充电设施的完善程度（Sónia et al.，2019）、新能源汽车价格（熊勇清、李小龙，2018）、汽油价格（Ma et al.，2019）、新能源汽车技术性能、消费者收入、学历与城市常住人口总量也是影响新能源汽车需求的重要因素。为了获得气温对新能源汽车需求影响的净效应，本节引入货币补贴、充电桩数量、新能源汽车价格、汽油价格、新能源汽车技术性能、居民收入水平、受教育水平和城市常住人口总量八个控制变量。其中，政府补贴是政府对新能源汽车行业发放的补贴，用各省份当年新能源汽车推广应用补助资金清算金额来表示；充电桩数量用中国各省份当年每千人所拥有的充电桩总数表示；新能源汽车价格用上海汽车公司旗下的荣威E550的年度成交均价来表示，这样做一是基于数据可得性的考虑，二是在新能源汽车市场激烈的竞争之下，某一款畅销车型年度成交均价的变化可以在一定程度上反映该地区新能源汽车售价的整体变动情况；汽油价格用各省份当年92号汽油的月度平均价格来表示；新能源汽车技术性能用中国各省份当年新能源汽车年度专利申请量来衡量；消费者收入用中国各省份当年城镇居民可支配收入来衡量；受教育水平用中国各省份当年居民受教育年限来表示；城市常住人口总量为中国各省份当年城市常住人口的数量。变量定义、英文缩写和数据来源如表9-2所示。

表9-2　　　　　　　　变量定义英文缩写和数据来源

变量名称	变量定义	数据来源
EV	中国各省份当年新能源汽车销量（辆）	《节能与新能源汽车年鉴》（2011—2019年）
T	中国各省份当年平均气温（℃）	《中国统计年鉴》（2011—2019年）
FLT 与 FHT	中国各省份当年气温小于10℃的天数，中国各省份当年气温大于25℃的天数（天）	国家气象科学数据中心
T*	中国各省份当年气温的中位数（℃）	中国气象局气象数据共享平台
Subsidy	中国各省份当年新能源汽车推广应用补助资金清算金额（万元）	《节能与新能源汽车年鉴》（2011—2019年）
Charger	中国各省份当年每千人所拥有的充电桩总数（个）	《节能与新能源汽车年鉴》（2011—2019年）
Control	中国各省份当年环境规制综合指数	《中国环境统计年鉴》（2011—2019）《中国统计年鉴》（2011—2019年）
Ownership	中国各省份当年人均汽车保有量（台）	《中国汽车市场年鉴》（2011—2019年）
Price	新能源汽车售价，用上海汽车荣威E550年度成交价格来表示（万元）	达示数据平台
Gasprice	中国各省份当年92号汽油的年度平均价格（元）	东方财富网
Income	中国各省份当年城镇居民可支配收入（万元）	《中国统计年鉴》（2011—2019年）
Education	中国各省份当年居民受教育年限（年）	《中国统计年鉴》（2011—2019年）
PopTotal	中国各省份当年城市常住人口总量（万人）	国家统计局

（二）描述性统计

表9-3是本节所有变量的描述性统计。其中，在所选取2010—2018年中国的20个样本省份中，平均气温的最大值出现于2015年的海南省，平均气温的最小值出现于2013年的辽宁省。从2010—2018年20个样本省份的新能源汽车销量来看，新能源汽车销量的最大值出现于2018年的广东省，达到了18.85万台，而新能源汽车销量的最小值出现在2010年的海南省，仅有3台。为了观察气温与新能源汽车销量之间的相关关系，

表 9-3　各变量分年度描述性统计

变量	2010 年 MEAN	STD	MIN	MAX	2014 年 MEAN	STD	MIN	MAX	2018 年 MEAN	STD	MIN	MAX
EV	383.6	417.33	3	1222	3799.5	3955.47	56	12757	47701.7	41158.75	4876	188496
T	16.6	3.85	8.2	24.6	17.18	3.33	10.2	24.7	17.27	3.47	9.5	24.4
FHT	91.05	32.69	34	148	89.45	35.38	28	158.	90.7	36.97	33	179
FLT	70.9	32.48	25	164	74.4	30.02	25	155	68.75	34.3	24	156
T*	17.42	4.86	5.9	26.8	17.5	4.19	7.3	26.5	17.3	4.32	7.1	25
Subsidy	214.5	477.2	2	1862	2329.54	5199.04	22	22164	57825.1	69931.08	112	267271
Charger	70.3	47.56	7	163	1709.85	2121.62	46	7973	39949.75	56338.14	3142	210650
Control	0.66	0.57	0.00002	1.74	0.57	0.6	0.00002	2.04	0.64	0.59	0.00003	2.11
ownership	0.08	0.05	0.04	0.24	0.13	0.05	0.08	0.26	0.18	0.05	0.13	0.28
Price	24.98	0.03	25.98	25.98	17.63	0.06	17.63	17.93	17.26	0.05	17.23	17.33
Gasprice	6.26	0.5	5.62	7.43	6.72	0.5	5.97	7.51	7.32	0.47	6.12	8.4
Income	19831.73	5094.29	15461.16	31838.08	29800.61	7790.52	23672.06	48841.4	40836.11	11078.3	31874.19	68033.62
Education	8.37	0.94	7.01	11.01	9.21	0.89	7.79	11.85	9.47	1.04	8.21	12.68
PopTotal	5365.2	2793.38	869	10441	5562.55	2911.13	936	11489	5706.8	3052.3	982	12348

资料来源：笔者根据 Stata 软件的运行结果整理所得。

本节利用所收集到的 2010—2018 年各省份平均气温与新能源汽车销量数据，并运用 Stata 软件得到新能源汽车销量的对数值 lnEV 与平均气温 T 的散点图及最优拟合趋势线。如图 9-1 所示，lnEV 随平均气温 T 的变化呈现出倒"U"形的变化趋势，即随着气温的升高，lnEV 先增加后减少，初步证实了 H9-1。

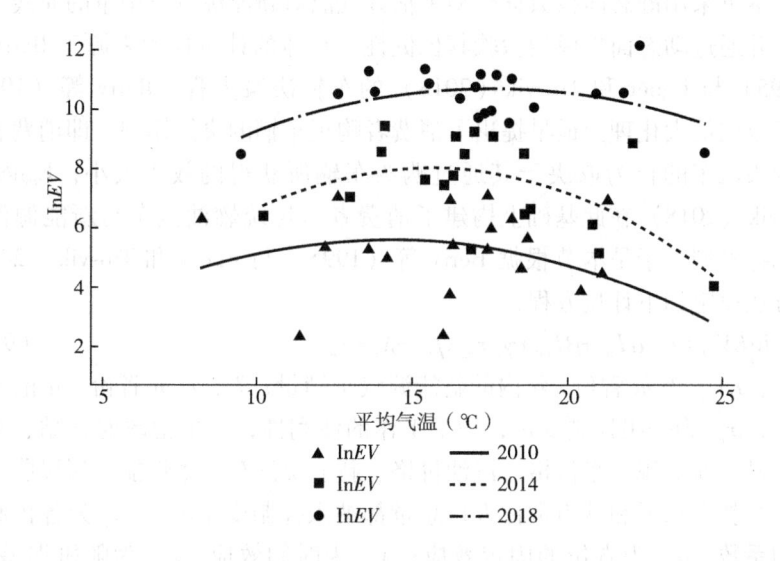

图 9-1　中国 20 个省份 lnEV 与平均气温 T 分年度散点图及最优拟合趋势线
资料来源：笔者根据 Stata 软件的运行结果整理所得。

此外，针对极端气温天气出现的次数来看，在所选取 2010—2018 年中国的 20 个样本省份中，极端高温天数的最大值出现在 2013 年的海南省，极端高温天数的最小值出现在 2012 年的辽宁省。极端低温天数的最大值出现在 2011 年的辽宁省，极端低温天数的最小值出现在 2015 年的海南省。同样，利用 Stata 软件可以得到 lnEV 与极端高温天数 FHT 以及 lnEV 与极端低温天数 FLT 之间的散点图及最优拟合趋势线。

（三）实证策略

平均气温与新能源汽车销量是本节最为关注的核心变量。与以往一些文献做法不同的是，本节在实证研究二者的因果关系时，没有采用代表高温与低温的虚拟变量或季节平均气温，而是采用 2010—2018 年中国 20 个省份各年气温的平均值。这样做的目的一是利用多期的平均气温数据更有利于反映一个省份气温随时间变化的集中趋势。二是在兼顾数据可获得性的基础上，使气温数据与收集的新能源汽车销量与各控制变量的年份数据相匹配，构成一套多期的面板数据，下面是实证策略。

第一步，构建面板数据固定效应模型。面板数据模型有助于减少因不随时间或个体变化的遗漏变量与解释变量相关而导致的内生性问题（Huang and Barker，2012），已经被大量应用于新能源汽车需求的相关研究。本书采用静态面板数据模型来估计气温对新能源汽车销量的非线性影响，并通过动态面板模型检验其稳健性。具体的计量模型来源于 Berry 等（1995）与 Egnér 和 Trosvik（2018）的车辆决策方程。Berry 等（1995）基于效用最大化理论最早提出了消费者购买车辆的决策模型，即消费者是否购买汽车的行为取决于其通过购买车辆所获得的效用大小；Egnér 和 Trosvik（2018）在此基础上构建了消费者对传统燃油汽车与新能源汽车的选择模型，于是本节根据 Berry 等（1995）与 Egnér 和 Trosvik（2018）的方法设定如下计量方程：

$$\ln EV_{mt} = C + \alpha T_{mt} + \beta T_{mt}^2 + \gamma_i \sigma_{mt} + \mu_m + \lambda_t + \varepsilon_{mt} \tag{9-1}$$

式中：EV_{mt} 为 m 省份 t 年内的新能源汽车销量；T_{mt} 为 m 省份 t 年的平均气温；σ_{mt} 为一组控制变量，为了工作的便利性，本书把政府补贴、充电桩数量、新能源汽车价格、汽油价格、新能源汽车技术性能、居民收入水平、受教育水平和城市常住人口总量都纳入控制变量 σ_{mt}；γ_i 为各控制变量的系数；μ_m 为省份的固定效应；λ_{mt} 为时间效应；ε_{mt} 为随机误差项。方程（9-1）属于传统的双向固定效应模型，相比随机效应模型，双向固定效应模型被更多学者用于实证研究，其通过在模型中引入省份的固定效应和时间效应，并通过去均值处理把不可观测因素差分掉，如各地区文化与风俗、性别、种族、宗教等，可以在一定程度上缓解因不随时间或个体变化的遗漏变量与解释变量相关而导致的内生性问题（Gonzalo and Michael，2005）。然而，由于中国不同省份的消费者在不同时间对新能源汽车的选择很可能存在差异，传统的双向固定效应方程（9-1）仍无法解决这些既随时间变化又随不同省份消费者个体变化的不可观测变量带来的内生性问题。为解决这一问题，本书借鉴了 Bai（2009）方法对方程（9-1）进行扩展，在方程（9-1）中引入了省份和时间的交互效应，使模型能充分考虑到现实经济中存在的各种因素，以及不同省份消费者对这些冲击反应力度的异质性，将传统的双向固定效应进一步拓展为交互固定效应模型：

$$\ln EV_{mt} = C + \alpha T_{mt} + \beta T_{mt}^2 + \gamma_i \sigma_{mt} + \mu_m + \lambda_t + \mu_m \times \lambda_t + \varepsilon_{mt} \tag{9-2}$$

其中各变量的含义与方程（9-1）一致。

第二步，构建面板数据门限回归模型。门限回归模型是为了检验当一个经济参数达到特定的数值后，是否引起因变量发生结构突变，而作为原因现象的临界值称为门限值（Hansen，1999）。虽然图 9-1 显示 lnEV 随着平均气温的变化呈现倒"U"形的变化趋势，但是新能源汽车销量随着气温的变化到底是否具有明显的拐点？具有几个拐点？拐点的数值是多少？这些问题还没有准确的答案，因此本书将用门限回归模型来解决这些问题。为了验证气温对新能源汽车销量是否具有门限效应，本书在方程（9-2）的基础上，构建了如下门限回归模型：

$$\ln EV_{mt} = C + \alpha_1 T_{mt} \times I(T_{mt} \leq \gamma) + \alpha_2 T_{mt} \times I(T_{mt} > \gamma) + \gamma_i \sigma_{mt} + \gamma_m + \lambda_t + \mu_m \times \lambda_t + \varepsilon_{mt} \quad (9-3)$$

式中：T_{mt} 为门限变量；γ 为待估计的门限值；$I(\cdot)$ 表征示性函数（当满足括号条件时，取 1，否则取 0）。

三　实证结果与分析

（一）基准回归结果

首先，对各变量进行 ADF 单位根检验，结果表明各变量均为一阶差分平稳。其次，根据过度识别检验的结果，拒绝了随机效应模型的原假设。于是，本书使用 OLS、双向固定效应与交互固定效应模型针对 H9-1 进行回归分析，结果如表 9-4 所示。

表 9-4　　　　　　　　　　基准回归结果

变量	(1) OLS	(2) FE	(3) FE	(4) FE	(5) FE
T	0.463** (2.02)	0.373** (2.21)	0.506** (2.07)	0.483** (2.42)	0.510** (2.61)
T^2	-0.014** (-2.14)	-0.110** (-2.05)	-0.016** (-2.14)	-0.015** (-2.32)	-0.014** (-2.61)
ln$Subsidy$	0.225*** (3.95)	0.112* (1.71)	0.176*** (4.03)	0.142*** (3.02)	0.256** (2.22)
ln$Charge$	0.667*** (6.18)	0.525*** (4.41)	0.632*** (5.94)	0.496*** (4.48)	0.334*** (4.86)
$Control$	0.371* (1.69)	0.332 (1.37)	0.309 (0.82)	0.316 (0.89)	0.357** (2.29)
$Ownership$	-0.708*** (-3.27)	-0.523** (-2.80)	-0.642** (-2.33)	-0.580*** (-2.96)	-0.577*** (-2.87)

续表

变量	(1) OLS	(2) FE	(3) FE	(4) FE	(5) FE
ln$Price$	-7.298*** (-5.11)	-7.116*** (-4.64)	-6.852*** (-4.72)	-6.893*** (-4.92)	-9.657*** (-4.83)
ln$Gasprice$	1.2901 (1.47)	1.523 (1.17)	1.631 (1.35)	1.46 (1.54)	1.47 (1.52)
ln$Income$	0.371 (0.35)	0.454 (0.49)	0.383 (0.56)	0.334 (0.34)	0.376 (0.60)
lnEdu	1.426 (0.86)	2.086 (0.96)	1.230 (0.52)	1.556 (0.50)	2.421** (2.12)
ln$PopTotal$	0.244 (0.91)	0.273 (0.72)	0.218 (0.88)	0.356 (0.66)	0.482*** (3.04)
省份效应	未控制	未控制	控制	控制	控制
时间效应	未控制	控制	未控制	控制	控制
省份效应×时间效应	未控制	未控制	未控制	未控制	控制
N	180	180	180	180	180
R^2	0.842	0.845	0.856	0.865	0.884

注：括号内为 t 值，*$p<0.1$、**$p<0.05$、***$p<0.01$；下同。
资料来源：笔者根据 Stata 软件的运行结果整理所得。

表 9-4 中的列（1）至列（5）分别显示了 OLS、时间固定效应、省份固定效应、双向固定效应与交互固定效应的回归结果。首先，在五个回归结果中，平均气温 T 都在 5% 的显著性水平上为正，平方项 T^2 都在 5% 的显著性水平上为负，这表明新能源汽车销量随着平均气温变化呈现倒"U"形变化趋势，H9-1 得到初步验证。其次，在五个回归结果中，T 与 T^2 系数的方向与大小均符合预期，提高了 H9-1 的可信程度。此外，五列回归结果中的货币补贴 ln$Subsidy$、充电设施完善程度 ln$Charge$、人均汽车保有量 $Ownership$、新能源汽车价格 ln$Price$ 四个变量的系数均显著。在此基础上，为了测算气温对新能源汽车销量变化的解释能力，本书依次去除列（1）至（5）中的气温变量，重新进行回归后拟合优度值分别降低至 0.814、0.829、0.841、0.848、0.857，表明气温可以解释新能源汽车销量变化的 1.5%—2.7%。

（二）门限回归

表 9-4 的结果初步证实了新能源汽车销量与气温的倒"U"形关系，为了获得新能源汽车销量随着气温变化出现拐点的精确信息，本书基于方

程 (9-3) 并以平均气温 T 为门限变量进行双门限检验,自抽样次数设定为 300 次,具体结果见表 9-5。结果显示单门限在 5% 的显著性水平上显著,门限估计值为 16.2;双门限检验结果显示存在两个门限值,分别是 13.2 与 16.2,但未通过显著性检验 (P = 0.5767)。因此,平均气温对新能源汽车销量只存在单一门限,门限值为 16.2。

表 9-5　门限效应检验结果

门限变量	检验类型	F 值	P 值	门限估计值	95% 水平置信区间
T	单门限	22.15	0.0167	16.2	[16.10, 16.30]
	双门限	6.87	0.4752	13.2/16.2	[13.0, 13.5] / [16.15, 16.30]

注:已对控制变量(同基准回归)进行了控制。

资料来源:笔者根据 Stata 软件的运行结果整理所得。

门限面板回归的结果如表 9-6 所示。回归结果显示平均气温对新能源汽车销量的影响存在门限效应:当平均气温 T 小于 16.2℃时,T_1 在 5% 的显著性水平上为 0.0175,即气温提高 1 个单位会使新能源汽车销量提高 1.75%;当平均气温 T 大于 16.2℃时,T_2 在 5% 的显著性水平下为 -0.0171,即气温提高 1 个单位会使新能源汽车销量降低 1.71%。也就是说 16.2℃是新能源汽车大规模采用最适宜的温度,这与 Fetene 对新能源汽车电池最佳工作温度的测算结果比较接近 (Fetene et al., 2017)。门限面板回归中各控制变量系数的大小与方向均与交互固定效应模型的回归结果接近,此处不再赘述。此外,在 180 个样本中,共有 58 个观测值的平均气温低于 16.2℃,122 个观测值的平均气温高于 16.2℃。

表 9-6　门限面板回归结果

变量	T_1	T_2	控制变量	观测值	R^2
回归结果	0.0175**	-0.0171**	控制	180	0.881
显著性检验	(2.09)	(-2.40)			

注:已对控制变量(同基准回归)进行了控制,另外已控制省份效应与时间效应。

资料来源:笔者根据 Stata 软件的运行结果整理所得。

(三) 稳健性检验

本节针对 H9-1 采用以下五类方法进行稳健性检验。第一类是替换变量估计,包括四种具体的方法。一是考虑到模型的内生性问题,本节把所有自变量的滞后一期加入原交互固定效应模型进行回归,回归结果见表 9-7 列 (1)。结果显示 T_{-1} 与 T_{-1}^2 系数的大小、方向与原交互固定效应的回归结果基本一致,表明新能源汽车销量随平均气温变化呈倒"U"形的结论仍然成立。二是用各省份气温的中位数 T^* 替换原自变量平均气温 T 进行回归,回归结果见表 9-7 列 (2)。结果显示 T^* 与 T^{*2} 系数的大小和方向没有太大变化,新能源汽车销量随气温中位数变化仍然呈现倒"U"形趋势。第三种方法和第四种方法分别是用新能源汽车私人销量和市场份额替换原被解释变量新能源汽车销量,回归结果见表 9-7 列 (3) 和列 (4),结果显示虽然 T 与 T^2 的系数大小有所变化,但 T^* 与 T^{*2} 的系数的方向符合预期,H9-1 仍然成立。

表 9-7   替换变量估计

变量	(1) 自变量滞后	变量	(2) 气温中位数 T^*	变量	(3) 私人销量	(4) 市场份额
T_{-1}	0.382** (2.08)	T^*	0.258*** (2.62)	T	0.312** (2.07)	0.002** (2.24)
T_{-1}^2	-0.123** (-2.12)	T^{*2}	-0.0086** (-2.19)	T^2	-0.011** (-2.06)	-0.0001** (-2.36)
省份效应	控制	省份效应	控制	省份效应	控制	控制
时间效应	控制	时间效应	控制	时间效应	控制	控制
省份效应×时间效应	控制	省份效应×时间效应	控制	省份效应×时间效应	控制	控制
N	160	N	180	N	180	180
R^2	0.861	R^2	0.887	R^2	0.862	0.653

注:已对控制变量进行了控制,列 (1) 是各控制变量滞后一期,后列 (2) 至列 (4) 同基准回归。括号内为 t 值。

资料来源:笔者根据 Stata 软件的运行结果整理所得。

考虑到过去的销量可能会影响当前新能源汽车的销量,故本节采用的第二类稳健性检验是在方程 (9-1) 中加入被解释变量的滞后项 $\ln EV$ (-1),随后采用动态面板系统 GMM 方法进行回归。系统 GMM 的结果与原模型结果在总体上仍保持一致,而且 $\ln EV$ (-1) 在 1% 的显著性水平上为 0.606,验证了这种动态效果。此外,AR (1) 小于 0.05,AR (2) 大于 0.1,Sargan 检验中的 P 值大于 0.5,即通过了自回归检验与 Sargan

检验。因此，可以认为 H9-1 的结论具有稳健性①。

前文提到新能源汽车运行的最佳温度区间是 10—25℃，那么最有利于新能源汽车推广的气温也处于 10—25℃，本节已经通过门限回归获得了理论上最适宜新能源汽车推广的气温是 16.2℃，这也是 H9-1 中倒"U"形曲线的拐点。为了进一步考察 16.2℃ 是否能够反映 180 个观测值真实的集中趋势，本节又采用第三类方法，即基于对 180 个平均气温数据的分析，发现平均气温最小值为 6℃，最大值为 26℃，同时考虑到最有利于新能源汽车推广的平均气温是 16.2℃。于是，本节以 4℃ 为间隔，构造以（14，18］为核心区间的 5 个温度区间，并利用这五个区间绘制了 20 个省份平均气温的频率分布图（见图 9-2）。图 9-2 显示，2010—2018 年 20 个样本省份的平均气温均分布在 16.2℃，且样本呈现明显的集中趋势，在 180 个观测值中，有超过 85% 的样本（158 个）都分布在与 16.2℃ 相近的三个区间内，分别是（10，14］、（14，18］与（18，22］。其中，50% 的样本处于区间（14，18］内，这表明 180 个观测值呈现围绕 16.2℃ 的集中分布趋势，且（14，18］是适合新能源汽车推广的最佳温度区间。此外，还有 7 个与 15 个观测值分别分布在（6，10］和（22，26］两个温度区间内。

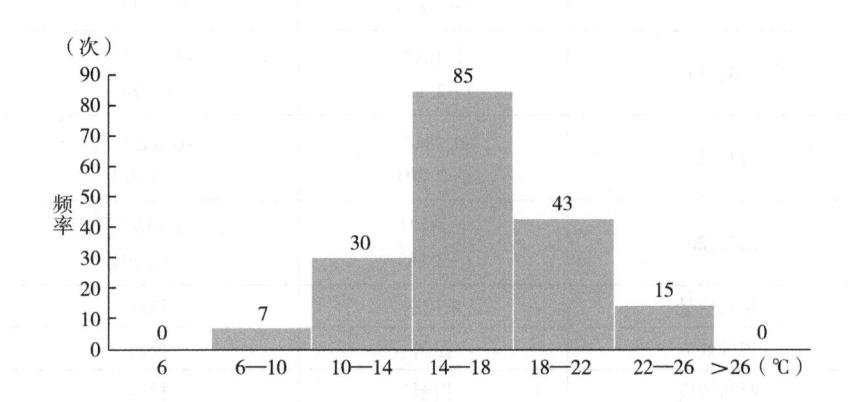

图 9-2　20 个省份平均气温频率分布

资料来源：笔者根据 Excel 软件整理所得。

鉴于气温对新能源汽车销量的影响是非线性的，为了进一步分析这种非线性影响，本节基于平均气温频率分布图，将（14，18］作为最适合

---

① 限于篇幅，动态面板估计结果没有完整列出，感兴趣的读者可向笔者索要。

新能源汽车推广的温度区间（参照组），并在方程（9-2）的基础上引入 (6, 10]、(10, 14]、(18, 22]、(22, 26] 四组温度区间（虚拟变量）代替平均气温 T 进行回归。

表 9-8 列（1）未加入控制变量，列（2）加入了货币补贴等九个控制变量。表 9-8 列（2）回归结果显示：区间 (6, 10] 对应的虚拟变量的系数为 -1.871 且在 1% 的水平上显著，表明温度区间 (6, 10] 对应的销量与温度区间 (14, 18] 对应的销量存在显著的差异，即在其他变量不变的条件下，温度区间 (6, 10] 对应的销量比温度区间 (14, 18] 对应的销量少 1.871%，其余三组的经济含义也与此类似，故不再列举。此外，(6, 10] 与 (22, 26] 对应的虚拟变量的系数绝对值要显著大于另外两个区间对应的虚拟变量的系数绝对值，这说明气温偏离 16.2℃ 的程度越大，低温与高温对新能源汽车销量的负面影响程度越大，证明了气温对新能源汽车销量造成的倒"U"形非线性影响，该结论进一步验证了 H9-1。

表 9-8　　　　　　不同温度区间对新能源汽车销量的影响

变量	(1) lnEV	(2) lnEV
(6, 10]	-1.886*** (-2.84)	-1.871*** (-4.40)
(10, 14]	-1.168** (-2.12)	-1.485*** (-2.70)
(18, 22]	-0.784** (-2.20)	-0.682*** (-3.02)
(22, 26]	-1.751*** (-2.88)	-1.910*** (-3.20)
控制变量	未控制	控制
省份效应	控制	控制
时间效应	控制	控制
省份效应×时间效应	控制	控制
N	180	180
R^2	0.736	0.745

注：已对控制变量（同基准回归）进行了控制，括号内为 t 值。
资料来源：笔者根据 Stata 软件的运行结果整理所得。

本节对 H9-1 采用的第四类稳健性检验是扩充样本检验，增加黑龙江、吉林、新疆、内蒙古、青海、西藏、甘肃、宁夏八个寒冷地区样本。考虑到数据的可得性，利用 28 个省份 2015—2020 年新能源汽车销量数据，基于方程（9-2）进行回归，回归结果见表 9-9 列（1）。结果显示在扩充样本后，T 与 T^2 系数的大小与方向仍符合预期且结果更显著，H9-1 仍然成立。

表 9-9　　　　　　扩充样本检验与极端气温天气次数

变量	（1）lnEV	变量	（2）lnEV	（3）lnEV
T	0.799*** (3.08)	FLT	-0.0289** (-2.42)	
T^2	-0.0694*** (-3.28)	FHT		-0.0183** (-2.50)
省份效应	控制	省份效应	控制	控制
时间效应	控制	时间效应	控制	控制
省份效应×时间效应	控制	省份效应×时间效应	控制	控制
N	168	N	180	180
R^2	0.852	R^2	0.824	0.863

注：已对控制变量（同基准回归）进行了控制，括号内为 t 值。
资料来源：笔者根据 Stata 软件的运行结果整理所得。

第五类方法是对倒"U"形假说的两端进行稳健性检验，同时这部分内容也是对 H9-2a、H9-2b 和 H9-2c 的检验。为考察极端气温对新能源汽车推广的影响，在方程（9-2）的基础上分别引入极端低温天气出现的次数 FLT 和极端高温天气出现的次数 FHT，模型分别设定为方程（9-4）和方程（9-5），方程（9-4）和方程（9-5）中各变量的含义与方程（9-1）相同。

$$\ln EV_{mt} = C + \alpha_4 FLT_{mt} + \gamma_i \sigma_{mt} + \mu_m + \lambda_t + \mu_m * \lambda_t + \varepsilon_{mt} \quad (9-4)$$

$$\ln EV_{mt} = C + \alpha_5 FHT_{mt} + \gamma_i \sigma_{mt} + \mu_m + \lambda_t + \mu_m * \lambda_t + \varepsilon_{mt} \quad (9-5)$$

回归结果见表 9-9 列（2）和列（3）。列（2）中极端低温天数 FLT 的系数在 5% 的显著性水平上为 -0.0289，初步证实了 H9-2a：极端低温天气出现的次数越多，该地区新能源汽车销量越低。同样，列（3）中极端高温天数 FHT 的系数在 5% 的显著性水平上为 -0.0183，初步验证了 H9-2b：极端高温天气出现的次数越多，该地区新能源汽车销量越低。这是因为，无论是低温还是高温都会对新能源汽车的续航里程、加速能力、安全性与充电能力造成负面影响，均会妨碍新能源汽车的市场推广。此外，列（2）中 FLT 系数的绝对值 0.0289 明显大于列（3）中 FHT 系数的绝对值 0.0183，这表明与 25℃ 以上高温天气相比，10℃ 以下低温天气对新能源汽车销量的负面影响更大，证实了 H9-2c（与极端高温天气相比，极端低温天气对该地区新能源汽车销量的负面影响更大）。

另外，针对 H9-2a、H9-2b 和 H9-2c，本节还采取了四类方法进行稳健性检验。一是考虑到模型的内生性问题，本节把方程（9-4）和方程（9-5）中所有自变量的滞后一期进行交互固定效应模型回归。二是用新能源汽车市场份额替换原被解释变量新能源汽车销量进行回归。三是考虑到一个地区 10 年内平均气温变化幅度一般不会超过 2℃，本节放宽 FLT（各省份当年气温小于 10℃ 的天数）和 FHT（各省份当年气温大于 25℃ 的天数）的约束条件分别至 12℃ 和 23℃，并使用调整后的 FLT^*（各省份当年气温小于 12℃ 的天数）和 FHT^*（各省份当年气温大于 23℃ 的天数）重新进行回归。四是与前文扩展样本检验的做法类似，本节在已扩展样本的基础上收集了 2015—2020 年 28 个省份当年小于 10℃ 的天数和气温大于 25℃ 的天数再次进行回归。以上四类稳健性检验的结果均与表 9-9 列（2）和列（3）中的结果存在逻辑上的一致性[①]，仍然支持 H9-2a、H9-2b 和 H9-2c。

（四）进一步讨论

近年来的极端天气导致汽车被淹情况时有发生，引发了消费者对内燃机汽车和新能源汽车在极端天气下孰优孰劣的激烈讨论。新能源汽车按驱动系统的差异主要可以分为完全依靠电能驱动的纯电动汽车与含有内燃机的混合动力汽车两类，而后者除加装了一套电力驱动系统外与传统的内燃机汽车并无差异。因此，通过分组回归检验气温对纯电动汽车和混合动力汽车销量的影响，既可以回答消费者的疑问，也能检验气温对不同类型新能源汽车销量的影响是否存在异质性。为此，本节将新能源汽车分为纯电动汽车（BEV）与混合动力汽车（PHEV）两组，分组交互固定效应回归结果如表 9-10 所示。列（1）回归结果显示对于纯电动汽车来说，T 与 T^2 系数的大小与方向均在 5% 的显著性水平上，这表明纯电动汽车的销量随平均气温变化仍然呈倒 "U" 形的变化趋势；而对于列（2）的混合动力汽车来说，混合动力汽车销量与平均气温之间的倒 "U" 形趋势不再满足。这表明混合动力汽车受到极端气温的负面影响小于纯电动汽车，该

[①] 针对 H9-2 的四类稳健性检验结果因篇幅所限均不再展示，感兴趣的读者可以向笔者索要。

结论也与以往学者的论断相符（Neubauer and Wood，2014）。本书认为原因有两个：一是混合动力汽车拥有电动和燃油两套驱动系统，高温和低温仅会对目前尚不成熟的电驱系统造成负面影响，而对已经成熟的燃油驱动系统影响不大。二是在 2010—2018 年，中国混合动力汽车的年均销量占新能源汽车年均总销量的比例仅为 27.4%，远远小于纯电动车所占的比例（72.6%）。因此，以新能源汽车总销量为被解释变量的回归结果与以纯电动汽车销量为被解释变量的回归结果基本一致。

表 9-10　　　　　　　　　气温对不同新能源车型的影响

变量	（1）$\ln BEV$	（2）$\ln PHEV$
T	0.411**	-0.247
	(2.12)	(-0.52)
T^2	-0.011**	0.009
	(-1.99)	(0.64)
省份效应	控制	控制
时间效应	控制	控制
省份效应×时间效应	控制	控制
N	180	180
R^2	0.821	0.796

注：已对控制变量（同基准回归）进行了控制，括号内为 t 值。
资料来源：笔者根据 Stata 软件的运行结果整理所得。

消费者对新能源汽车的需求不仅受到当期气温的影响，而且可能受到过去气温的影响。鉴于此，本节将气温变量 T 与 T^2 的滞后 1—3 期加入交互固定模型进行回归，结果见表 9-11。回归结果显示新能源汽车销量随平均气温的滞后 1—3 期仍呈现倒"U"形的变化趋势，这表明消费者当期是否购买新能源汽车的决策确实受到过去 1—3 年当地气温的影响。换句话说，寒冷地区（如东北地区）与炎热地区（如海南省）的潜在消费者在进行新能源汽车购买决策时，过去 1—3 年的当地气温也是重要的参考因素。此外，表 9-11 的列（1）至列（3）中 T 与 T^2 滞后项系数的绝对值不断缩小，而且显著性水平也不断降低，这表明过去气温对当期新能源汽车需求所造成的影响在逐年减弱。过去的气温会使消费者在当年形成一种惯性预期，即高温和低温不利于该地区新能源汽车的使用。但是，这种惯性预期是一种短期效应，如果时间跨度过长，气温就可能会发生较大的变化，导致过去气温所产生的惯性预期失效，而且在长期中消费者对新能源汽车的购买决策更容易受到其他因素的影响。

表 9-11　　　　　　　　　　　温度的滞后影响

变量	(1) 滞后一期	(2) 滞后二期	(3) 滞后三期
T_{-1}	0.225*** (3.07)		
T_{-1}^2	-0.008*** (-3.56)		
T_{-2}		0.123** (2.04)	
T_{-2}^2		-0.004** (-2.23)	
T_{-3}			0.051* (1.77)
T_{-3}^2			-0.002* (-1.85)
省份效应	控制	控制	控制
时间效应	控制	控制	控制
省份效应×时间效应	控制	控制	控制
N	160	140	120
R^2	0.885	0.777	0.783

注：已对控制变量（同基准回归）进行了控制，括号内为 t 值。
资料来源：笔者根据 Stata 软件的运行结果整理所得。

为检验气温对新能源汽车销量的影响机制，本节收集了 20 个省份 2010—2018 年新能源汽车电池、电机和电控（以下简称"三电"）技术的专利授予量［搜索标准参考笔者之前的研究（李晓敏等，2020）］。专利授予量能实际反映技术水平的提升，可以较好地表征新能源汽车性能。考虑到技术应用到具体车型上存在时间和空间上的滞后性，笔者对专利授予量进行了如下调整。首先，利用国家知识产权局每年发布的《中国专利调查报告》中的"专利数量用于生产出产品并投放市场所占比例"对专利授予量进行调整。其次，对专利授予量进行滞后一期处理。最后，得到调整后的专利授予数量即成为新能源汽车性能的代理变量 *Patent*。针对 H9-1 中倒"U"形趋势进行机制检验，本节在方程（9-3）的基础上构建门限回归模型。

$$\ln EV_{mt}=C+\alpha_6 T_{mt}\times I(Patent^*\leqslant\gamma)+\alpha_7 T_{mt}\times I(Patent^*>\gamma)+\gamma_i\sigma_{mt}+\lambda_t+\mu_m+\varepsilon_{mt} \tag{9-6}$$

式中：$Patent^*$ 为门限变量；其他变量的含义同方程（9-3）。随后，本节基于方程（9-6）并以调整后的专利授予量 $Patent^*$ 为门限变量进行双门限检验，自抽样次数设定为 300 次，具体结果如表 9-12 所示。结果显示单门限在 1% 的显著性水平上显著，门限估计值为 55；双门限检验结果显示存在两个门限值，分别是 44 与 55，但未通过显著性检验（P = 0.7180）。因此，在平均气温对新能源汽车销量的影响模型中，新能源汽车性能 $Patent^*$ 只存在单一门限，门限值为 55，该结果也说明新能源汽车性能是气温影响新能源汽车销量的渠道变量。

表 9-12　　　　　　　　　门限效应检验结果

门限变量	检验类型	F 值	P 值	门限估计值	95% 水平置信区间
$Patent^*$	单门限	21.92	0.0060	55.00	[51.00, 61.00]
	双门限	4.78	0.7180	44.00/55.00	[38.00, 45.00] / [51.00, 61.00]

注：已对控制变量（同基准回归）进行了控制，括号内为 t 值。
资料来源：笔者根据 Stata 软件的运行结果整理所得。

接下来，本节针对 H9-2a、H9-2b、H9-2c 进行机制检验。首先，基于方程（9-4）和方程（9-5）检验极端低温天数 FLT 和极端高温天数 FHT 如何影响新能源汽车性能，检验结果见表 9-13 中的列（1）和列（2）。结果显示极端低温天数和极端高温天数均显著降低了新能源汽车性能。接下来，将极端低温天数、极端高温天数与专利授予量同时加入模型进行回归，回归结果见表 9-13 中的列（3）和列（4）。结果显示 $Patent^*$ 的系数均显著为正；与表 9-9 列（2）与列（3）的结果相比，FLT 和 FHT 系数的绝对值虽有所下降，但仍然显著，这表明随着 FLT 和 FHT 的提高新能源汽车的性能表现有所下降，从而降低了新能源汽车的销量。因此，本节证明气温通过影响新能源汽车性能最终影响新能源汽车销量的机制成立。

表 9-13　　　　　　　　　机制检验

变量	（1）$Patent^*$	（2）$Patent^*$	（3）$\ln EV$	（4）$\ln EV$
FLT	-0.0130*** (-3.60)		-0.023** (-2.01)	

续表

变量	(1) Patent*	(2) Patent*	(3) lnEV	(4) lnEV
FHT		−0.0068** (−2.20)		−0.0127* (−1.73)
Patent*			0.854** (2.21)	0.524*** (2.86)
省份效应	控制	控制	省份效应	控制
时间效应	控制	控制	时间效应	控制
省份效应×时间效应	控制	控制	省份效应×时间效应	控制
N	160	160	160	160
R^2	0.801	0.789	0.858	0.860

注：已对控制变量（同基准回归）进行了控制，括号内为 t 值。

资料来源：笔者根据 Stata 软件的运行结果整理所得。

四 结论与启示

本节利用中国 20 个省份 2010—2018 年新能源汽车销量的面板数据，探讨并检验气温对新能源汽车需求的影响机制，从气温和气候条件角度解释了新能源汽车推广效果存在地域差异的成因。研究发现：首先，地区气温显著影响新能源汽车的销量，中国新能源汽车地区推广差异的 1.5%—2.7%可以由地区气温差异来解释。其次，新能源汽车销量随地区气温变化呈现倒"U"形变化趋势，低温和高温均不利于新能源汽车的推广应用。最后，气温对不同类型新能源汽车销量的影响具有异质性，与混合动力汽车相比，低温和高温对纯电动汽车销量的负面影响更大。本节研究不仅丰富了气候对耐用品消费的相关研究，还有望弥补从气温和气候视角研究新能源汽车推广的空白。研究结论有望为中国新能源汽车产业的高质量发展和政策调整提供经验证据和启示。

温度作为一种重要的自然要素禀赋，决定了不同地区新能源汽车推广的比较优势。在推广新能源汽车方面，部分地区由于缺乏合适的自然要素禀赋而存在天然的温度约束和比较劣势，如中国的东北地区。本节的研究结论对中国地方各级政府及相关部门制定符合本地区气候条件实际的新能源汽车产业政策具有重要的现实启示。在短期内，虽然全球温度处于升高的趋势，但升高的速度较为缓慢，温度发生急剧变化的概率很低。因此，在目前的技术水平下，地方政府应该根据当地的气温条件设定其新能源汽车推广的规模和增速目标。而在长期，气候变暖可以在一定程度上缓解低温地区新能源汽车推广的温度约束，但同时也会加重高温地区新能源汽车推广的温度制约。因此，只有通过技术水平的创新实现新能源汽车的全气候运行，才能有效克服地区气温对新能源汽车推广的约束。

就当前加快新能源汽车推广而言，本节提出四条具体建议。

第一，从气温对新能源汽车推广的影响来看，政策制定者应该调整优化现行的新能源汽车产业政策和货币激励政策，提高扶持的精准度。一是利用动态激励政策加大对厂商技术研发的支持力度，促进新能源汽车产业营造良好的创新氛围、构建高效的新能源汽车技术研发机制。二是充分发挥当前补贴退坡对新能源汽车厂商的倒逼作用，推动厂商形成"自力更生"的意识，在积极投入研发生产的过程中，把成本和规模优势转化为技术优势，有效降低消费者的"四大焦虑"。三是应该向电池、电机和电控的温度控制系统投入更多研发资金，不仅要将研发重心转移到提高电池效率和降低整车运行电耗上，还要加快迭代研发"三电"技术和快充技术，进而开发出全气候新能源汽车和全气候充电设施。

第二，从气温对消费者购买决策的滞后性影响来看，政策制定者应针对不同地区短期气温变化形成的"负预期"和"正预期"，对消费者实施动态激励政策。一是政府可以适当减少积极预期区域的货币激励，同时增加在消极预期区域的货币激励，并根据不同地区的温度变化动态调整货币激励金额。二是要多措并举，提高消费者对新能源汽车的认可度，通过免费的车辆牌照和充电补贴等购后有利政策，进一步刺激消费者的购买欲望。三是应加强对消费者的科普宣传，不仅要帮助消费者形成绿色低碳的出行理念，还要引导消费者了解新能源汽车更为科学的驾驶、存放与充电方法。例如，及时进行电池保养，选择合适的充电设施与场所，有效进行车辆预启动，养成优良的车辆驾驶习惯等。

第三，从气温对新能源汽车的使用影响来看，充足和密集的充电桩等配套设施对新能源汽车的推广应用至关重要。因此，当地相关部门要合理安排建设新能源汽车的停放和充电场所，积极利用财政补贴、税收优惠、信贷支持和社会资本等多种途径，鼓励配套设施厂商积极投入建设充电桩、换电站、紧急服务中心等设施，尤其是在炎热和寒冷地区，城市规划和建设部门还应指导配套设施厂商为新能源汽车提供具有保温或散热功能的停车和充电场所，以保持电池的活性并降低极端温度下的能量损失和自燃概率。

第四，从气温对不同类型新能源汽车影响的异质性来看，纯电动汽车比混合动力汽车更容易受到外界温度的影响。对此：首先，各新能源汽车厂商要明确不同类型新能源汽车的技术路线图，找准产品定位和消费群体，还要通过创新研发等手段缩减纯电动汽车的生产成本进而降低售价，提高纯电动汽车的吸引力；其次，政策制定者、新能源汽车技术和质量检验部门、非政府组织以及新能源汽车制造商应共同制定不同类型新能源汽车在极端温度环境下运行的技术标准和阈值，合理确定科学的性能标准。此外，有关部门应进一步加强新能源汽车在生产和交付环节的技术检查，建立起从生产到销售再到售后的追溯机制，尽量减少新能源汽车的安全隐患和性能缺陷，营造良好的行业竞争和市场运行氛围。

第三节 本章小结

本章利用中国 20 个省份 2010—2018 年新能源汽车销量的面板数据，探讨并检验气温对新能源汽车需求的影响机制，从气温和气候条件角度解释了新能源汽车推广效果存在地域差异的成因。研究发现：首先，地区气温显著影响新能源汽车的销量，中国新能源汽车地区推广差异的 1.5%—2.7% 可以由地区气温差异来解释。其次，新能源汽车销量随地区气温变化呈现出倒"U"形变化趋势，低温和高温均不利于新能源汽车的推广应用。最后，气温对不同类型新能源汽车销量的影响具有异质性，与混合动力汽车相比，低温和高温对纯电动汽车销量的负面影响更大。

第十章 主要结论和政策建议

第一节 主要结论

一 新能源汽车发展的阻滞

新能源汽车产业具有环境的正外部性、研发的正外部性、信息的不完全性、间接网络外部性和对气温的依赖性这五个特征，这导致新能源汽车发展面临五大障碍：成本障碍、技术障碍、认知障碍、充电障碍和气温障碍。目前，新能源汽车发展的阻滞在于：过高的成本降低了消费者对新能源汽车的购买意愿，导致新能源汽车推广缺乏内生动力；极端气温以及技术的不成熟降低了新能源汽车的使用效用，致使新能源汽车扩散的技术支撑乏力；充电设施的不完善以及过长的充电时间削弱了新能源汽车在使用环节的比较优势，导致新能源汽车推广的后劲推力不足；消费者认知障碍的存在使新能源汽车的应用和普及缺少社会规范的压力。如图10-1所示。

二 突破路径

本书重点从产业政策、技术进步、充电基础设施、政府采购、可再生能源发电和地区气温六个方面探寻新能源汽车高质量发展的突破路径。产业政策能够为消费者提供经济激励，减少成本障碍；技术创新可以改善新能源汽车性能，减少新能源汽车推广的技术障碍和气温障碍；充电基础设施的完善能够缓解"里程焦虑"，破除充电障碍；政府采购和可再生能源发展则可以通过示范效应和加快新能源汽车相关信息的传播提高消费者对新能源汽车的认可度和接受度，进而降低认知障碍。如图10-2所示。

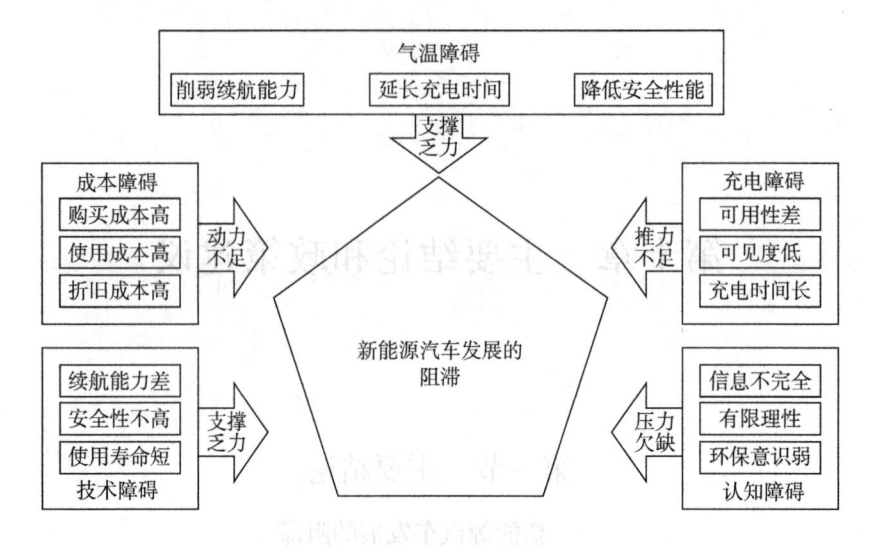

图 10-1　新能源汽车发展的阻滞

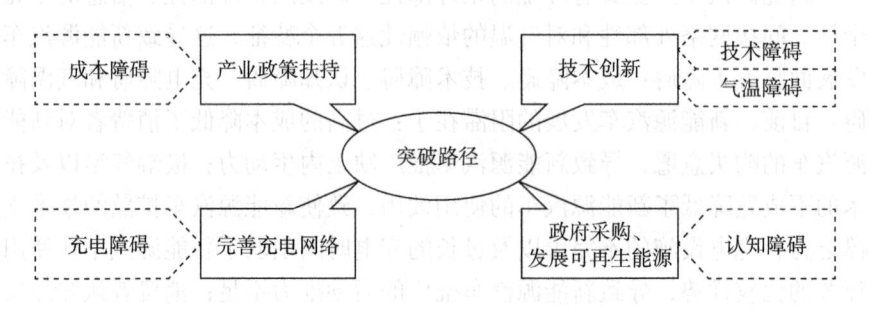

图 10-2　新能源汽车发展的突破路径

第二节　政策建议

　　在加快经济社会发展全面绿色转型的背景下，发展新能源汽车是中国从汽车大国迈向汽车强国的必由之路，是应对气候变化、推动绿色发展的战略举措。当前，生态文明建设已经被提升到国家发展战略的高度，基于中国第二个百年奋斗目标的思考，习近平总书记提出了生态强国的战略目标。中国"十四五"规划远景目标提出：生态文明建设实现新进步，降低碳排放强度，支持有条件的地方率先达到碳排放峰值，污染物排放总量持续减少。为了实现"碳达峰"、"碳中和"以及生态强国建设的目标，必须大力发展新能源汽车这一战略性新兴产业，通过研发创新提升新能源汽车产业的生产技术水平，推动交通运输行业的绿色转型，达成保护生态环境的目标。鉴于当前新能源汽车发展面临的五大障碍和六条突破路径，本书提出以下政策建议。

一 优化产业政策体系

（一）优化财税金融服务政策

1. 逐步减少在消费者购置环节的补贴

一是优化补贴标准。根据新能源汽车市场需求和成本情况，合理确定购车补贴和减免政策。补贴金额可根据不同车型、续航里程和能效等级进行差异化设置，以激励消费者购买新能源汽车。此外，对于废旧车辆的报废更新，可以给予更多的补贴和减免优惠，促进老旧车辆的淘汰和更新。二是设立阶梯式补贴退坡机制，合理有序进行补贴退坡。依据补贴政策退坡退出规定，合理降低新能源汽车补贴标准，设立阶梯式补贴退坡机制，根据新能源汽车行业规模效益、技术进步、成本下降等因素，有序进行补贴退坡，分段释放市场压力，避免新能源汽车市场起伏过大，引导市场走向自主可持续发展，实现产业高质量发展。三是引导消费者向更高品质和性价比的产品转变。各地政府在减少购车补贴的同时，加强产品质量和技术创新的要求，鼓励企业提供更高品质、更具性价比的新能源汽车产品，吸引消费者自主购买。四是增加税收优惠政策。在逐步减少购车补贴的同时，可以加大税收优惠政策的力度。例如，对新能源汽车的购置税、车辆使用税等进行优惠或减免，减轻消费者在购车后的负担。五是注重研发和创新供给方面的财政补贴。各地政府应增加科研资金的投入，鼓励企业探索研发高性能电池、电控等核心技术方面的研发，建立高效的协同创新体系。不断优化补贴技术指标，提高补贴技术门槛，重点支持行业技术水平高的企业，鼓励引导企业重视相关技术的安全性和一致性，坚持"扶优扶强"。六是完善补贴清算制度，提高资金使用效率。根据车辆运营里程的要求和标准，可对完成销售上牌后的合格车辆划拨一部分资金，按照相关程序对满足里程要求的车辆进行补贴清算。

2. 增加运营使用环节补贴，补贴重心由购置环节转向运营和使用环节

一是提供能源消耗补贴。政府可以针对新能源汽车的实际能源消耗情况，给予使用者能源消耗方面的补贴。这可以通过补贴电价差额、减免能源税等方式实施，降低新能源汽车的使用成本。二是增加充电基础设施建

设补贴。政府可以针对新能源汽车的充电设施建设和使用，提供补贴支持。包括对充电桩的建设和运营商的补贴、充电设施的维护和运营成本的减免等，提高充电便利性和覆盖率。三是提供车辆维护和保养补贴。政府可以鼓励新能源汽车的定期维护和保养，提供相应的补贴支持。这可以包括车辆维修、更换零部件和保险费用的补贴，确保新能源汽车的良好运行和长久使用。四是进行车辆更新补贴。政府通过设立车辆更新补贴制度，鼓励使用者将老旧的传统燃油汽车更新为新能源汽车。通过提供一定的补贴金额，促进老旧车辆的淘汰和新能源汽车的使用。五是减免新能源汽车的道路通行费和停车费。各地政府应针对新能源汽车出台道路通行费和停车费的减免或免费政策。通过降低使用成本，提供经济激励，鼓励更多的人使用新能源汽车，减少传统燃油车辆的使用。六是要完善燃油税、碳税政策。制定建立燃油税、碳税征收制度，对燃油汽车用户征收油税、碳税。通过严格执行对燃油汽车的限制措施，增加燃油汽车的使用成本，限制市场上燃油汽车的需求。七是实施数据共享和创新奖励。各地政府可以鼓励新能源汽车使用者共享行车数据，以促进数据的应用和创新。同时，对于能够通过数据分析和创新提高新能源汽车使用效率和性能的企业和个人，给予相应的奖励和支持。

3. 完善新能源汽车推广金融服务体系，促进消费使用

一是贷款利率优惠。设立专门的贷款产品和金融方案，为购买新能源汽车的消费者提供利率优惠。通过降低贷款利率，减轻购车者的负担，提高购买新能源汽车的吸引力。二是加强政府同金融机构的合作。政府可以与商业银行、金融机构等合作，共同推出新能源汽车贷款和融资方案。通过与金融机构的合作，提供更多的金融渠道和产品选择，为购车者提供更加灵活和便利的融资服务。三是租赁和租购结合。引导金融机构推出新能源汽车租赁和租购结合的金融产品，以降低购车者的起始成本。通过租赁模式，消费者能够以较低的首付款购买新能源汽车，减轻经济压力，并享受车辆使用权。四是实施新能源汽车保险优惠政策。各地政府应积极展开与保险公司的合作，推出针对新能源汽车的保险产品和优惠政策。通过降低保险费用，为购车者提供额外的经济激励，增加购买新能源汽车的积极性。五是提供新能源汽车融资租赁服务。设立专门的融资租赁机构或平台，为企业和个人提供新能源汽车的融资租赁服务。通过灵活的租赁期限和还款方式，降低购车门槛，促进新能源汽车的推广和使用。六是强化金融创新和科技支持力度。鼓励金融科技公司和新创企业参与新能源汽车金融服务领域，推动金融科技与新能源汽车的深度融合。通过创新的金融科

技解决方案，提供更加便捷、高效的金融服务，降低购车者的金融风险和交易成本。七是完善信贷支持政策，支持合理扩大新能源汽车消费。严格规范新能源汽车的贷款流程，加强贷款业务管理，适当提高新能源汽车贷款发放比例的最高上限，支持扩大新能源汽车消费。鼓励号召金融服务机构积极开展新能源汽车消费信贷方面的业务，提高新能源汽车个人消费信贷支持力度，通过延长贷款还款期限、下调汽车首付比例和贷款利率等方式持续释放新能源汽车的消费潜力。

（二）积极探索新能源汽车路权等激励政策

1. 积极探索新能源汽车使用环节的激励政策

一是健全新能源汽车路权优先政策。在交通管理中给予新能源汽车路权优先，如优先通行、减免交通限制等倾斜，对新能源汽车实施差异化的道路管理政策，在出行上给予新能源汽车使用便利。不断改善新能源汽车出行的交通环境，鼓励人们选择新能源汽车出行，减少传统燃油车辆的使用。各地区不得对新能源汽车进行限行，要延长新能源汽车的通行时间，扩大通行范围。二是严格执行新能源汽车的不限行不限购政策。各地区不得出台新能源汽车的限购规定，积极破除新能源汽车消费障碍。根据城市交通拥堵、污染治理以及需求管控的效果，有序解除已实施汽车限购地区的限购政策，不断引导限购地区新能源汽车的使用。积极探索交通拥堵区域内外的车辆分类使用政策，合理设置交通拥堵区域，不得对拥堵区域外的汽车消费进行限购。三是为新能源汽车设立专用车道。各地政府可以设立新能源汽车专用车道，为新能源汽车提供畅通无阻的通行条件。这将缓解交通拥堵问题，提高新能源汽车的出行效率，同时激励更多的人购买和使用新能源汽车。四是为新能源汽车提供停车优惠。在城市中设立专门的新能源汽车停车位，并给予停车费用的减免或优惠。这将增加新能源汽车停车的便利性，同时减轻停车难题，提高新能源汽车的使用率。五是实施新能源汽车注册和购车限制优惠。做好新能源汽车专用号牌推广，对新能源汽车实行独立分类注册登记。按照国家对新能源汽车注册和交通管理的有关规定，地区政府做好新能源汽车独立分类注册登记工作，改进道路交通技术监控系统，通过号牌自动识别系统对新能源汽车通行给予便利。六是实施公共交通优惠政策。政府可以推出针对新能源汽车的公共交通优惠政策，如降低公交车费、地铁票价等，促进人们在公共交通中选择新能源汽车，减少城市交通拥堵和尾气排放。

2. 加强新能源汽车运行服务保障，完善售后服务

一是建立健全的售后服务网络。政府和企业可以合作，建立覆盖范围

广泛的售后服务网点，包括专业的维修中心和服务站点。这样可以提供及时、方便的维修和保养服务，减少用户的等待时间。二是培训和提升技术人员能力。加强售后服务人员的培训和技术能力提升计划，确保他们具备足够的专业知识和技能来处理新能源汽车的维修和保养需求。培训内容可以包括电池管理、电动系统维护、高压安全等方面的知识。三是提供全方位的维修和保养服务。确保新能源汽车的维修和保养服务能够覆盖车辆的各个方面，包括电动系统、电池管理、充电设施等。提供高质量的维修配件和原厂授权的保养方案，确保新能源汽车的正常运行和寿命。四是加强故障诊断和远程支持。利用智能化技术，建立远程故障诊断系统，能够实时监测车辆状态并提供远程支持。这可以减少用户前往售后服务中心的次数，节约时间和成本，并加快故障排除的速度。五是提供多种沟通渠道和便捷服务方式。建立方便的客户沟通渠道，包括电话、在线聊天、移动应用程序等。提供预约维修和保养的便捷方式，为用户提供更好的服务体验。六是完善客户反馈和改进机制。建立客户反馈机制，定期收集客户的意见和建议，并及时进行改进。这有助于优化售后服务流程，提高客户满意度和忠诚度。七是提供延长保修期和额外的售后保障。政府和企业可以考虑延长新能源汽车的保修期，并提供额外的售后保障措施，如免费维修、延长零部件保修等。这可以增加用户对新能源汽车的信心和信任。

3. 加强新能源汽车推广应用安全保障体系建设

一是制定和执行安全标准和规范。制定适用于新能源汽车推广应用的安全标准和规范，包括车辆硬件和软件的设计、制造和安装等方面。确保新能源汽车的关键系统和组件符合安全要求，降低潜在的安全风险。二是加强车辆数据安全保护。新能源汽车涉及大量的车辆数据，包括行驶数据、充电数据等。须建立健全的车辆数据安全保护措施，包括加密传输、数据隐私保护等，防止数据受到未授权访问或篡改。三是强化车辆网络安全防护。新能源汽车的智能化和互联网特性使其面临网络安全威胁。建立安全的车辆网络架构，采用安全通信协议和防护机制，保护车辆免受黑客攻击和恶意软件的侵害。四是提供安全驾驶培训和教育。加强对新能源汽车用户和驾驶员的安全培训和教育，包括电池使用安全、充电安全、高压电安全等方面的知识。提高用户的安全意识和操作技能，降低事故风险。五是建立漏洞披露和事件响应机制。建立漏洞披露和事件响应机制，及时发现并修复车辆系统和应用中的安全漏洞。建立安全事件监测和响应机构，快速响应安全事件并采取措施保护用户和车辆安全。六是加强供应链管理和审查。对新能源汽车推广应用的供应链进行管理和审查，确保关键零部件和软件的安全性和可信度。建立供应商准入和评估机制,确保供应商符合安全要求,并进行定期的安全审计。七是加强法律法规和监管。加大对新能源汽车推广应用的法律法规实施和监管力度,确保安全相关要求的落实。建立健全安全评估和认证制度,对新能源汽车及其关键系统进行安全评估和认证。

二 加快技术创新

（一）完善与新能源汽车相关的财税政策，加大对行业创新的政策扶持力度

一是制定新能源汽车税收优惠政策。针对新能源汽车研发和创新活动,制定税收优惠政策,包括研发费用加计扣除、技术转让所得税收优惠等。通过降低企业税负,鼓励企业加大研发投入,推动技术创新和产业发展。二是设立创新基金和支持基金。设立专项创新基金和支持基金,用于资助新能源汽车领域的创新项目和企业发展。通过向优秀新创企业提供资金支持,推动技术研发、产业升级和市场拓展。三是加强知识产权保护。加大对新能源汽车领域知识产权保护的力度,建立健全知识产权保护机制。鼓励企业加强技术创新,保护和运用自主知识产权,增强企业的竞争优势和市场地位。四是提供科技创新贷款和风险投资支持,设立科技创新贷款和风险投资支持机制,为新能源汽车企业创新提供融资支持。通过提供低息贷款和风险投资,解决企业创新过程中的资金需求问题,降低创新风险。五是支持技术研发合作和开放创新。鼓励企业之间、企业与科研机构之间的技术研发合作,推动资源共享、协同创新。支持企业开放创新,引入外部创新资源和合作伙伴,加速技术进步和产业升级。六是建立创新评价和认证机制。各地政府应建立科技创新评价和认证机制,对新能源汽车创新项目进行评估和认证。通过评价和认证结果,提供对项目的可行性评估和政策支持,帮助企业获得更多的政策扶持和资金支持。七是加强人才引进和培养。加大对新能源汽车领域人才的引进和培养力度。通过引进高层次人才、留学人才等方式,增加行业创新的人才资源。同时,加强高校和职业机构的合作。设立研发基地和实验室,提供先进的研发设备和条件,吸引并留住人才,推动技术创新和进步。

（二）完善新能源汽车创新体系，增强自主发展动力

一是建立研发平台和实验基地。投资建设新能源汽车研发平台和实验基地,提供先进的研发设备和测试设施,为企业和科研机构开展新能源汽车技术创新提供支持和条件。二是强化科研机构和高校合作。加强与科研

机构和高校的合作，建立产学研用一体化的创新联盟。通过共享资源、人才培养和技术合作，促进新能源汽车关键技术的研发和应用。三是鼓励企业自主创新。制定鼓励企业自主创新的政策，提供研发资金、税收优惠和知识产权保护等支持措施。鼓励企业加大自主研发投入，培育核心技术和自主品牌，提高市场竞争力。四是加强人才培养和引进。加强新能源汽车领域人才培养和引进，培养高素质的技术人才和管理人才。设立奖学金、资助项目和人才引进计划，吸引优秀人才从事新能源汽车的研发和创新工作。五是加强标准制定和技术评估。细化新能源汽车标准制定和技术评估的工作，确保新能源汽车技术的安全性、可靠性和可操作性。制定与国际接轨的标准体系，推动技术创新和产业发展。六是加强产学研用协同创新。建立产学研用协同创新机制，促进新能源汽车产业链各环节的协同创新。推动企业、科研机构和用户需求的紧密对接，加强技术转移和成果转化，促进技术创新成果的产业化和市场化。七是加强国际合作与交流。积极开展国际合作与交流，吸取国际先进技术和经验。参与国际标准制定、技术交流会议和合作研发项目，加强与其他国家和地区的合作，推动全球新能源汽车产业的发展。

（三）提高关键核心技术创新能力，改善行业创新环境

一是重点布局电池技术，突破关键技术领域。深扎先进动力电池研发与产业化等重点发展方向，引导创新资源向制造业领域汇聚，以重点突破带动产业整体竞争力提升。要深化"三纵三横"研发布局，建设动力电池创新中心和智能网联汽车创新中心，不断强化整车集成技术创新，提升产业基础能力，加快建设共性技术创新平台，提升行业公共服务能力。积极推进智能网联汽车标准、数据交互及测试验证公共服务平台建设，利用产业基础再造工程支持新能源汽车和智能网联汽车关键零部件、汽车芯片、基础材料、软件系统等研发创新。二是强化行业电池、电驱、电控技术协同改进的能力。重视电控、电驱技术方面的基础应用研究，注重电池、电驱、电控三类技术改进之间的匹配，推进新能源汽车产业良性发展。积极扶持创新发展的骨干企业和产业联盟，有序推进动力电池、电机等重点关键技术领域的产业化项目。不断强化新能源汽车与能源、交通、信息通信等产业的融合，推动电动化与网联化、智能化技术互融协同发展，推进标准对接和数据共享。聚集新能源技术陷入的瓶颈制约，继续运用各种政策资源，进一步增强新能源汽车产业自主创新能力和核心竞争力。三是加快技术成果转化、改善创新环境。完善新能源汽车示范运营补贴政策，通过支持政策向市场参与者传递明确信号，避免企业创新的盲目

性，稳定投资者市场预期，不断通过技术改进和降低成本实现规模效益，提高新能源汽车市场占有率。政府应加大诸如"十城千辆工程"、政府采购等示范推广政策的力度，为新能源汽车技术的推广和应用提供商业化平台，注重发挥示范政策在传播新能源汽车知识和信息方面的作用，提高消费者对新能源汽车的认知和接受度，改善企业创新环境，加快技术创新成果转化的步伐。

三 完善充电基础设施

（一）加快充电基础设施建设

一是建立充电基础设施规划。结合地区公共领域、住宅小区、公共服务机构、专用车辆充电换电等领域的实际需求，确定充电设施建设的数量和容量。根据需求和发展趋势，利用大数据分析，合理规划充换电基础设施的分布，制订全面的充换电基础设施规划，确保充换电服务的覆盖范围，提高充换电设施使用的便捷性。二是优化选址和审批流程。简化充换电设施选址和审批流程，加快设施建设进度。建立规范的选址标准和评估机制，优化选址流程，减少审批时间和成本，提高建设效率。三是加强政策支持和资金投入。加大对充换电基础设施建设的政策支持和资金投入。制定激励政策，如税收优惠、财政补贴等，吸引民间资本参与基础设施建设。同时，加大政府投资力度，增加资金投入，支持充换电设施建设。四是推动多元化建设模式。鼓励多种建设模式，包括政府建设、民营建设、合作建设等。引入专业充换电运营商，推动公共充换电设施的建设和运营，同时鼓励企事业单位、商业地产等合作方加大充换电设施的建设力度。五是构建高效超前的充电网络体系。加快充电设施的建设进程，扩大充电桩数量，切实解决充电桩数量不足的问题，有效满足电动汽车充电需求。不断完善和细化充电基础设施的建设要求，既要重点推进园区（景区）、公路沿线等公共服务领域的充电设施建设，也要重视居民住宅小区、企事业单位内部停车位等私人领域的充电设施建设，重点打造快充为主、慢充为辅的公共充电网络。六是推广智能充换电设施，提高设施的管理和运营效率。引入物联网技术和云计算技术，实现充换电设施的远程监控、故障诊断和预测维护，提高设施的可靠性和服务水平。七是加强标准化建设。制定统一的充换电设施建设标准和规范，确保设施的质量和安全性。推广标准化设备和组件，降低建设成本和维护成本。加强充换电设施的监管和检验，确保设施符合相关要求。八是加强运营管理和维护。建立健全充换电设施运营管理机制，加强设备维护和故障排除。建立设备巡检制度，及时发现并修复设施故障。加强充换电设施的安全管理，确保用户的使用安全。

(二) 提高新能源汽车充电服务水平

一是优化充电设施布局。根据需求和用户分布情况，合理规划充电设施的布局。在城市核心区、商业中心、居住区、交通枢纽等热点区域增设充电站，提高充电服务的便捷性和覆盖面。二是提供多样化的充电设施。提供不同类型的充电设施，满足不同用户的需求，包括快充、慢充等，提供灵活多样的充电选择。三是提高充电设施的可用性。确保充电设施的可靠性和稳定性，提供高效的充电服务。加强设备维护和故障排除，及时修复设施故障，减少因设施故障造成的充电中断和延误。四是提升充电速度和效率。推广快速充电技术，提高充电速度和效率。引入高功率充电设备，缩短充电时间，提高用户的充电效率和便利性。五是提供智能化的充电服务。利用智能化技术，提供更便捷、高效的充电服务。通过手机应用、车载导航等平台，提供实时充电桩信息、预约充电、在线支付等功能，方便用户的充电操作和管理。六是优化充电支付和结算方式。建立统一的充电支付和结算体系，提供便捷的支付方式。支持多种支付方式，如手机支付、电子钱包等，简化用户的充电支付流程。七是加强用户服务和支持：提供优质的用户服务，包括24小时客服热线、在线咨询、故障报修等。建立用户反馈机制，及时解决用户的问题和需求，提高用户满意度。八是加强信息共享和互联互通：建立充电设施信息共享平台，实现不同充电服务提供商之间的数据互通。通过共享充电桩状态、位置信息等，提高充电服务的可见性和透明度，方便用户的充电选择和导航需求。

(三) 创新充电运营商业模式

一是推动换电站建设，鼓励车电分离模式发展。推进换电站规划选址工作，遴选储备符合条件的建设场地，完善换电站建设运营管理程序，优化换电站空间布局。对符合条件的换电站给予运营补助，鼓励充换电一体站建设和车电分离模式发展，引导充电和换电模式协同发展。鼓励换电企业对随车电池和换电站电池进行统一管理，推动主要领域形成统一的换电标准。二是充电服务一体化。整合充电设施、电力供应、充电服务和用户管理等要素，提供全方位的充电服务一体化解决方案。通过建立充电运营平台，集成充电桩管理、支付结算、用户管理和数据分析等功能，提供综合性的充电服务。三是引入第三方服务。与第三方服务提供商合作，增加附加值服务。例如，与电商平台合作提供在线购买充电设备、充电线缆等产品，与地图导航应用合作提供充电桩位置和实时状态信息，与电动车共享平台合作提供充电服务等。四是加快车—网—充一体化。通过车联网技术实现车辆与充电设施的智能连接，实现充电设施的智能管理和远程监控。提供车辆状态监测、充电桩预约、充电桩导航等功能，提高充电服务的智能化和便利性。五是实施分时段电价策略。引入分时电价策略，根据电力供需情况和用户充电行为，制定不同时间段的电价。通过灵活的电价策略，鼓励用户在低峰时段进行充电，平衡电力负荷，提高充电设施的利用率。六是积极推进共享经济模式。借鉴共享经济模式，建立充电桩共享平台。让个人或企业将私人充电桩开放给其他用户使用，通过在线预约、共享支付等机制，实现充电桩的共享利用，提高充电设施的利用率和社会效益。七是加强跨界合作与营销。加快充电行业与其他行业合作，开展跨界合作与营销活动。例如，与酒店、商场、停车场等合作，将充电设施与其他服务场所结合，提供充电服务的同时增加其他消费场景，提高充电设施的经济效益。八是为充电商业运营引入金融服务。与金融机构合作，提供充电设施的融资租赁、运营权益投资等金融服务，为充电设施的建设和运营提供资金支持，降低充电运营商的融资成本，促进充电设施的快速发展。

四 加强宣传示范和引导

（一）优化新能源汽车推广应用示范政策

一是完善新能源汽车采购制度，积极推动公共领域车辆电动化。建立健全新能源汽车政府采购制度，推动各级政府及公共机构逐年加大新能源汽车采购规模。积极推进公共领域车辆电动化进程，鼓励本地区更新或新增的公交车优先采用新能源汽车，在市政、邮政等行业大力推广新能源汽车，鼓励城际、机场客运车辆应用新能源汽车。鼓励有条件的地区开展新能源汽车下乡活动，充分激活农村新能源汽车消费潜力。二是大力实施新能源汽车推广应用示范项目。在重点区域或场所设立新能源汽车的示范推广项目。例如，政府机关、企事业单位、商业中心、居民社区等可以引进一定数量的新能源汽车，供公众试乘试驾，展示新能源汽车的优点和可行性。三是促进行业合作和共同推广。与汽车制造商、充电设施运营商、能源公司等行业合作，共同开展推广活动。例如，组织新能源汽车展示和体验活动，邀请专业人士讲解和解答疑问，为公众提供更全面的了解和体验。四是加大对新能源汽车的教育和宣传力度。开展广泛的教育和宣传活动，充分利用各类新闻媒体，积极采取论坛、展会等多种形式，加大对本地区新能源汽车产业发展的宣传力度，充分展示新能源汽车的发展成果及其优点，广泛宣传力促新能源汽车发展的各项优惠政策，提高社会各界对新能源汽车的认知和接受程度。五是努力营造良好应用氛围。充分利用媒体、网络、会议等多种渠道，展示新能源汽车对节能减排的积极作用及其技术进步、产业发展、推广应用成果，增进社会各界认知程度，形成大众易于接受、乐于使用新能源汽车的良好氛围。六是加强社会舆论监督，积极倡导绿色出行。各有关部门和新闻媒体要通过多种形式大力宣传新能源汽车对降低能源消耗、减少污染物排放的重大作用，组织业内专家解读新能源汽车的综合成本优势。要通过媒体宣传，提高全社会对新能源汽车的认知度和接受度，同时对损害消费者权益、弄虚作假等行为进行曝光，形成有利于新能源汽车消费的氛围。通过媒体、户外广告、学校教育、主题活动等多种形式，向公众展示政府打造绿色交通的决心，切实强化公众绿色出行意识。七是建立充电设施示范项目。在公共场所、停车场、居住小区等建立充电设施示范项目，提供便捷的充电服务。通过示范项目的建设和运营，向公众展示充电设施的可靠性和便利性，消除公众对充电问题的顾虑。八是重视培训和技术支持。加强对销售人员、售后服务人员和驾驶员的培训，提高他们对新能源汽车的了解和技术能力。为购车者提供咨询和技术支持，解答用户在使用过程中的问题，增强用户对新能源汽车性能的了解。

（二）强化新能源汽车经济激励

一是注重新能源汽车与可再生能源协调发展。新能源汽车要与电网、可再生资源融合发展，加强协同，有序推进 V2G 等车网融合模式的发展，构建跨行业的协同机制，以试点示范带动产业协同。二是加强产业协同发展。促进新能源汽车和可再生能源产业的协同发展，形成完整的产业链和价值链。鼓励企业间的合作与联盟，共同开展技术研发、生产制造和市场推广。通过供需对接、资源共享和技术交流，实现新能源汽车和可再生能源的良性互动。三是提高电网信息预测能力。加快推进可再生能源电力预测信息系统建设与新能源汽车推广的深度融合进程，站在智慧交通、智慧城市建设的高度，统筹调度光伏、风力等可再生能源的发电与新能源汽车的能源利用，支持有条件的地区进行分布式"光伏发电—储能系统—充放电"多功能综合一体站建设，不断扩大可再生能源的利用规模，积极开展燃料电池汽车在各个地区的商业化示范运行。四是提高配套电网保障能力，加强新能源汽车与电网（V2G）的能量互动。积极推进 V2G 在各地区的示范应用，统筹调度新能源汽车充放电的电力需求，强化电网调峰调频、安全应急等响应能力，综合运用充电优惠、峰谷电价等激励政策降低新能源汽车用电成本，实现新能源汽车与电网能量高效互动。五是促进技术创新和研发。加强新能源汽车和可再生能源的技术创新和研发，提高两者的互动性和互补性。例如，开展新能源汽车电池技术、快速充电技术和储能技术等技术的研究，提高新能源汽车的续航里程和充电效率。同时，推动可再生能源的技术创新，提高可再生能源的发电效率和可靠性。要扩大居民对于高循环寿命动力电池需求的技术攻关，不断扩大小功率直流化技术的应用范围。六是建设充电基础设施。加快充电基础设施建设，满足新能源汽车充电需求。在可再生能源丰富的地区，优先布局充电设施，实现新能源汽车和可再生能源的相互促进。通过可再生能源发电，为充电设施提供绿色电力，实现"双赢"。七是完善分时电价政策。健全促进节能环保的电价机制，利用现代化信息、车联网等技术，鼓励电动汽车提供储能服务。同时，明确完善新能源汽车行业用电支持政策，对新能源汽车集中式充换电设施用电实行两部制电价，免收需量（容量）电费。进一步在可再生能源发电和智能电网系统给新能源汽车充电的过程中，允许消费者利用用电峰谷赚取"用电差价"，引发消费者赚取"用电差价"的经济动机，增强消费者对新能源汽车的购买意愿。

五 制定差异化的发展目标和激励政策

（一）实施差异化的技术发展路线

各地政府应根据地区的自然地理环境、资源、技术和市场需求确定符合本地实际的技术发展路线。一是电动汽车和混合动力汽车的比例。根据各地区的自然地理环境，确定新能源汽车推广的技术路线。如在气温适宜的中部地区、长三角地区以及高人口密度的大都市与城市群，应该重点推广纯电动汽车；而在气温寒冷的东北地区，应该重点推广混合动力汽车。此外，还要根据地区能源供应情况和发展需求，确定电动汽车和混合动力汽车在新能源汽车市场中的比例。对于电力资源丰富的地区，可以倾向于更多地发展纯电动汽车；而对于能源资源较为有限的地区，可以注重发展混合动力车型。二是电池技术选择。根据地区的电池材料资源和技术实力，选择适合的电池技术路线。例如，锂离子电池是目前主流的电池技术，但在某些地区可能存在稀缺资源或技术限制，因此可以考虑其他类型的电池技术，如固态电池、钠离子电池等。三是充电技术发展选择。根据地区的充电基础设施建设状况和用电能力，选择合适的充电技术发展路线，包括快速充电技术、无线充电技术、智能充电技术等。不同地区的充电技术路线选择可以基于充电效率、充电速度和用户体验等因素进行权衡。四是车辆类型重点发展。根据地区的交通需求和市场潜力，确定新能源汽车类型的重点发展方向。例如，大城市可能更关注公共交通工具和出租车等公共领域的电动化，而农村地区可能更关注农用电动车和物流配送车辆的推广。五是车辆动力系统选择。根据地区的能源资源和技术条件选择适合的车辆动力系统。除纯电动汽车，还可以考虑燃料电池汽车、插电式混合动力汽车等。在某些地区，燃料电池汽车可能更适合是因为具有丰富的氢能资源；而在另一些地区，插电式混合动力汽车可能更适合是因为电力供应相对便利。六是基础设施建设策略。根据地区的电网状况和充电需求，制定相应的基础设施建设策略。重点考虑充电桩的布局和充电网络的建设，根据地区特点确定充电桩类型、充电功率和布设密度等。

（二）制定符合当地实际的新能源汽车发展目标

一是要根据地区特点制定差异化的发展目标。各地区要分析当地的能源资源、环境状况、交通需求、经济发展水平等特点，了解地区的现状和潜力，明确新能源汽车在该地区的发展优势和挑战，并制定符合本地实际的发展目标。二是战略规划差异化。各地政府应基于地区特点和整体发展需求，制订具体的战略规划，包括新能源汽车在地区交通体系中的定位、发展方向和目标。例如，确定在公共交通领域推广电动公交车，或在城市出租车行业推动混合动力汽车的应用等。三是差异化目标的制定要考虑地区的交通基础设施、充电基础设施、产业链支持等因素。例如目标的设定要考虑新能源汽车产业链在地区内的发展情况，包括电池制造、充电设施建设、电力供应等。制定目标时需要考虑地区产业链的整体发展，以确保供需平衡。要选择重点领域进行示范和推广，如公共交通、出租车、物流运输等。制定相关政策和措施，为这些领域提供特殊的支持和激励，以推动新能源汽车的应用和普及。四是目标的设定要具体且具有可行性。各地政府要根据地区的发展阶段和时间窗口，确定阶段性的新能源汽车发展目标。可以设定短期、中期和长期目标，确保目标的实现性和可操作性。例如，根据地区的充电设施建设需求，设定充电设施的发展目标。考虑不同类型的充电桩，包括普通充电桩、快速充电桩、超级充电桩等，以满足不同需求。制定购置目标，包括新能源汽车的销售目标和市场份额。结合地区的购车需求和购车补贴政策，设定能够促进新能源汽车销售增长的目标。五是加强新能源汽车发展目标的监测和评估。建立监测和评估机制，定期对新能源汽车发展目标的实施情况进行评估和调整。根据评估结果，及时修正目标和政策，以确保目标的达成。六是强化合作与交流。加强与其他地区和相关部门的合作与交流，借鉴和分享经验，共同推动新能源汽车发展。可以通过举办研讨会、交流会议等形式，促进各地区之间的沟通和合作。

（三）制定和实施精细化、精准化、差异化的激励政策

考虑到中国新能源汽车市场的发展阶段和面临的挑战以及不同政策的实施效果，不同车型、不同应用场景需要的政策支持差别很大，各地政府在进行新能源汽车推广过程中应重点围绕当前技术、市场供给和消费需求来制定精细化、精准化、差异化政策。一是区域分级政策差异化。根据地区的经济发展水平、环境状况和交通需求，将地区进行分级，并制定相应的政策。对于经济欠发达地区或环境污染严重地区，可以提供更大的政策支持和激励，以促进新能源汽车的推广。二是能源基础设施建设政策差异化。针对不同地区的能源供应情况和基础设施状况，制定相应的政策。例如，在充电桩建设方面，各地区应因地制宜制定建设目标和建设速度，科学确定普通充电桩、快速充电桩和超级充电桩的比例。三是车辆购置补贴政策差异化。根据不同地区的经济发展水平和环境需求，设定不同的车辆购置补贴政策。对于经济欠发达地区或环境污染严重地区，可以提供更高的购置补贴，以促进新能源汽车的普及。四是使用限制和优惠政策差异化。结合当地交通拥堵情况和环境保护需求，对新能源汽车实施不同的使用限制和优惠政策。例如，在城市交通限行措施中，可以允许新能源汽车免予限行，或者对新能源汽车设置不同的限行标准，以鼓励人们购买和使用新能源汽车。五是税收政策差异化。根据地区的财政状况和税收体系，制定相应的税收政策，以支持新能源汽车的推广。六是加强合作与创新，满足差异化需求。促进政府、企业、研究机构等多方合作，推动新能源汽车相关技术的研发和创新，提高新能源汽车的性能和可靠性，满足不同地区的需求。

参考文献

一 中文文献

（一）著作

高鸿业：《西方经济学》（微观部分·第七版），中国人民大学出版社 2018 年版。

[美] 约瑟夫·熊彼特：《经济发展理论》，郭武军、吕阳译，华夏出版社 2015 年版。

[美] 约瑟夫·熊彼特：《资本主义、社会主义和民主主义》，绛枫译，商务印书馆 1979 年版。

中国汽车技术研究中心有限公司、《节能与新能源汽车年鉴》编辑办公室编：《节能与新能源汽车年鉴（2018）》，中国铁道出版社 2018 年版。

（二）期刊

曹国华、杨俊杰：《政府补贴激励下消费者对新能源汽车购买行为的演化博弈研究》，《经济问题探索》2016 年第 10 期。

曹润林：《论政府采购促进幼稚产业的发展》，《中南财经政法大学学报》2012 年第 5 期。

曹霞等：《政府规制下新能源汽车产业发展的演化博弈分析》，《管理评论》2018 年第 9 期。

陈麟瓒、王保林：《新能源汽车"需求侧"创新政策有效性的评估——基于全寿命周期成本理论》，《科学学与科学技术管理》2015 年第 11 期。

陈明明、郑猛：《为什么大多数技术创新没有成为适应性技术》，《社会科学研究》2021 年第 1 期。

程贵孙、芮明杰：《战略性新兴产业理论研究新进展》，《商业经济与管理》2013 年第 8 期。

池仁勇等：《新能源汽车产业政府补助与市场融资的创新激励效应》，《科研管理》2021 年第 5 期。

杜雨微：《价格因素对新能源汽车推广影响的实证分析》，《现代商业》2021 年第 16 期。

范如国、冯晓丹：《"后补贴"时代地方政府新能源汽车补贴策略研究》，《中国人口·资源与环境》2017 年第 3 期。

高伟、胡潇月：《新能源汽车政策效应：规模抑或创新中介？》，《科研管理》2020 年第 4 期。

高秀平、彭月兰：《我国新能源汽车财税政策效应与时变研究——基于 A 股新能源汽车上市公司的实证分析》，《经济问题》2018 年第 1 期。

龚惠群等：《战略性新兴产业的成长规律、培育经验及启示》，《科技进步与对策》2011 年第 23 期。

韩霞：《政府采购与高技术产业的发展》，《财贸经济》2003 年第 11 期。

何伟怡、何瑞：《新能源汽车公众市场扩散影响因素的实证分析——基于 TAM-IDT 理论》，《大连理工大学学报》（社会科学版）2015 年第 3 期。

黄建军、刘芡：《新能源汽车网络效应分析——来自我国城市面板数据的证据》，《工业技术经济》2018 年第 3 期。

黄鲁成等：《基于网络信息挖掘的创新政策公众感知研究——以新能源汽车政策为例》，《科学学与科学技术管理》2019 年第 6 期。

解茹玉、安立仁：《创新特性对新能源汽车消费者采纳意愿的影响机制：个体创新性的调节作用》，《当代经济科学》2020 年第 5 期。

乐为、何源：《新能源汽车产业政策协同与市场渗透研究》，《管理学刊》2019 年第 5 期。

李方旺：《发挥政府采购对战略性新兴产业发展的扶持作用》，《财政研究》2015 年第 12 期。

李国栋等：《政府推广政策与新能源汽车需求：来自上海的证据》，《中国工业经济》2019 年第 4 期。

李晓华、吕铁：《战略性新兴产业的特征与政策导向研究》，《宏观经济研究》2010 年第 9 期。

李晓敏等：《产业支持政策对中国新能源汽车推广的影响研究》，《管理评论》2022 年第 3 期。

李晓敏等：《技术创新与新能源汽车销量：基于"创新引致需求理论"的经验检验》，《大连理工大学学报》（社会科学版）2022 年第 4 期。

李晓敏等：《技术进步对新能源汽车需求的影响——来自 15 个国家的经验证据》，《软科学》2020 年第 10 期。

李晓敏等：《中国新能源汽车推广政策效果的地域差异研究》，《中国人口·资源与环境》2020年第8期。

李晓敏、刘毅然：《充电基础设施对新能源汽车推广的影响研究》，《中国软科学》2023年第1期。

李兆友等：《新能源汽车产业政府R&D补贴效果的实证研究》，《东北大学学报》（社会科学版）2017年第4期。

李稚等：《考虑消费者接受度的制造业绿色生产与绿色消费博弈分析》，《软科学》2021年第6期。

林伯强、谭睿鹏：《中国经济集聚与绿色经济效率》，《经济研究》2019年第2期。

林学军：《战略性新兴产业的发展与形成模式研究》，《中国软科学》2012年第2期。

刘雅琴、余谦：《新能源汽车产业技术创新网络的时空演化与创新集聚》，《大连理工大学学报》（社会科学版）2020年第6期。

龙子泉等：《激励政策对新能源汽车推广的影响研究——基于修正Bass模型的实证分析》，《科技管理研究》2016年第4期。

卢超等：《新能源汽车产业政策的国际比较研究》，《科研管理》2014年第12期。

马亮等：《政府补贴、准入限制与新能源汽车产业发展》，《上海经济研究》2017年第4期。

马少超、范英：《基于时间序列协整的中国新能源汽车政策评估》，《中国人口·资源与环境》2018年第4期。

马少辉等：《新能源汽车市场的消费者特征与偏好分析》，《工业技术经济》2013年第11期。

潘克森、甘义进：《运用制度举措与科技手段反腐倡廉必须处理好的几对关系》，《江西师范大学学报》（哲学社会科学版）2014年第3期。

祁特等：《政府R&D补贴与新能源汽车企业创新绩效关系的实证分析——基于R&D支出和技术水平中介调节效应》，《预测》2020年第5期。

邵慰等：《政府补贴、研发激励与新能源汽车创新》，《科技进步与对策》2018年第15期。

石红波等：《基于绿色技术的新能源汽车市场调查研究：以威海为例》，《科技管理研究》2014年第8期。

石秀等：《基于专利数据的中国新能源汽车技术创新的区域分布特征分析》，《工业技术经济》2018年第8期。

宋燕飞等：《互补性资产视角下的电动汽车企业生态位评价研究》，《管理评论》2015年第9期。

孙健夫、贺佳：《财税支持政策对新能源汽车产业研发效率的效应分析》，《软科学》2021年第1期。

孙晓华等：《城市规模、充电设施建设与新能源汽车市场培育》，《运筹与管理》2018年第7期。

孙晓华等：《电动汽车产业的网络效应：识别与异质性检验》，《中国软科学》2018年第4期。

孙晓华等：《网络效应、新兴产业演化与生态位培育——来自电动汽车行业的ABM仿真研究》，《管理科学学报》2018年第11期。

孙晓华、王林：《范式转换、新兴产业演化与市场生态位培育——以新能源汽车为例》，《经济学家》2014年第5期。

孙晓华、徐帅：《政府补贴对新能源汽车购买意愿的影响研究》，《大连理工大学学报》（社会科学版）2018年第3期。

孙早、许薛璐：《产业创新与消费升级：基于供给侧结构性改革视角的经验研究》，《中国工业经济》2018年第7期。

唐葆君等：《中国新能源汽车行业发展水平分析及展望》，《北京理工大学学报》（社会科学版）2019年第2期。

田鑫：《论功能性产业政策的目标和政策工具——基于日本新能源汽车产业的案例分析》，《科学学与科学技术管理》2019年第3期。

涂强等：《中国可再生能源政策演化、效果评估与未来展望》，《中国人口·资源与环境》2020年第3期。

王博等：《我国新能源汽车产业技术标准演进路径研究》，《科研管理》2020年第3期。

王超等：《新能源汽车政府推广政策与消费者购买意向——来自西安的实证研究》，《软科学》2021年第7期。

王晟锴等：《跨国公司研发本地化逆向创新的动因与启示》，《科学学研究》2020年第12期。

王江、邵青青：《电动汽车技术是创造性破坏技术吗？——来自专利数据的实证分析》，《中国科技论坛》2019年第11期。

王静宇等：《基于专利信息的中国新能源汽车产业技术创新研究》，《情报杂志》2016年第1期。

王璐等：《基于复杂网络演化博弈的绿色消费者对新能源汽车扩散的影响研究》，《中国管理科学》2022年第4期。

王宁等：《电动汽车潜在消费者特征识别和市场接受度研究》，《中国软科学》2015 年第 10 期。

王燕妮：《新能源汽车社会技术系统发展分析》，《中国科技论坛》2017 年第 1 期。

王颖、李英：《基于感知风险和涉入程度的消费者新能源汽车购买意愿实证研究》，《数理统计与管理》2013 年第 5 期。

王月辉、王清：《北京居民新能源汽车购买意向影响因素——基于 TAM 和 TPB 整合模型的研究》，《中国管理科学》2013 年第 S2 期。

乌兰：《优化精准扶贫财政政策》，《人民论坛》2019 年第 19 期。

武威、刘玉廷：《政府采购与企业创新：保护效应和溢出效应》，2020 年第 5 期。

谢志明等：《新能源汽车产业专利趋势分析》，《中国软科学》2015 年第 9 期。

熊勇清等：《新能源汽车财政补贴与制造商研发投入强度差异——制造商战略决策层面异质性视角》，《科学学与科学技术管理》2018 年第 6 期。

熊勇清等：《新能源汽车消费促进政策对制造商激励效果的差异性——"政府采购"与"消费补贴"比较视角》，《科学学与科学技术管理》2018 年第 2 期。

熊勇清等：《新能源汽车消费促进政策实施效果的区域差异性——"购买"和"使用"环节政策比较视角》，《中国人口·资源与环境》2019 年第 5 期。

熊勇清等：《新能源汽车政府采购政策效果分析》，《中国科技论坛》2022 年第 1 期。

熊勇清、李小龙：《新能源汽车产业供需双侧政策对潜在消费者的影响》，《中国人口·资源与环境》2018 年第 6 期。

熊勇清、刘徽：《新能源汽车推广应用的"非补贴型"政策作用及其差异》，《科研管理》2022 年第 9 期。

熊勇清、王溪：《新能源汽车异质性需求的创新激励效应及作用机制——"政府采购""商业运营"与"私人乘用"需求比较的视角》，《财经研究》2021 年第 7 期。

徐国虎、许芳：《新能源汽车购买决策的影响因素研究》，《中国人口·资源与环境》2010 年第 11 期。

杨强等：《基于消费者认知的新产品市场扩散障碍因素研究——一个被调节的中介模型》，《商业研究》2017 年第 11 期。

殷正远、王方华：《消费者对于新能源汽车购买意愿差异比较》，《上海管理科学》2013 年第 4 期。

尹洁林等：《基于技术接受模型和感知风险理论的消费者新能源汽车购买意愿研究》，《预测》2019 年第 6 期。

于伟：《消费者绿色消费行为形成机理分析——基于群体压力和环境认知的视角》，《消费经济》2009 年第 4 期。

于新东、牛少凤：《全球战略性新兴产业的发展特点与趋势》，《政策瞭望》2011 年第 5 期。

张国强、徐艳梅：《新能源汽车政策工具运用的国际镜鉴与引申》，《改革》2017 年第 3 期。

张国胜等：《政府采购如何影响产能利用率？——来自中国制造企业的经验发现》，《经济管理》2018 年第 9 期。

张国胜、吴晶：《中国政府采购能够促进企业就业吗？——来自制造业企业的经验发现》，《劳动经济研究》2019 年第 4 期。

张辉等：《智能时代信息通用技术创新微观动力机制分析——基于沃尔玛信息技术演化的纵向案例研究》，《科研管理》2021 年第 6 期。

张连刚：《基于多群组结构方程模型视角的绿色购买行为影响因素分析——来自东部、中部、西部的数据》，《中国农村经济》2010 年第 2 期。

张学龙、王军进：《基于 Shapley 值法的新能源汽车供应链中政府补贴分析》，《软科学》2015 年第 9 期。

赵菲菲等：《面向公共政策的网络媒体内容文本分析应用框架与实证——以新能源汽车政策为例》，《情报科学》2020 年第 4 期。

郑贵华等：《财政补贴和税收优惠对新能源汽车产业 R&D 投入的影响》，《财经理论与实践》2019 年第 4 期。

郑吉川等：《双积分政策下新能源汽车产业研发补贴研究》，《科研管理》2019 年第 2 期。

郑小雪等：《政府补贴新能源汽车的不同模式效果差异研究》，《系统科学与数学》2020 年第 10 期。

周燕、潘遥：《财政补贴与税收减免——交易费用视角下的新能源汽车产业政策分析》，《管理世界》2019 年第 10 期。

庄芹芹等：《市场导向的绿色技术创新体系：理论内涵、实践探索与推进策略》，《经济学家》2020 年第 11 期。

(三) 论文

卢利霞:《新能源汽车与传统燃油汽车的生命周期成本评估》,博士学位论文,合肥工业大学,2019年。

二 外文文献

Aasness M. A., Odeck J., "The Increase of Electric Vehicle Usage in Norway—Incentives and Adverse Effects", *European Transport Research Review*, Vol. 7, No. 2, 2015.

Agnew M. D., Thornes J. E., "The Weather Sensitivity of the UK Food Retail and Distribution Industry", *Meteorological Applications*, Vol. 4, No. 2, 1995.

Ajanovic A., Haas R., "Dissemination of Electric Vehicles in Urban Areas: Major Factors for Success", *Energy*, Vol. 115, No. 5, 2016.

Albeniz V. M., Belkaid A., "Here Comes the Sun: Fashion Goods Retailing Under Weather Fluctuations", *European Journal of Operational Research*, Vol. 294, No. 3, 2020.

Angrist J. D., Pischke J. S., *Mostly Harmless Econometrics: An Empiricist's Companion*, Princeton: Princeton University Press, 2009.

Arellano M., Bond S., "Some Tests of Specification for Panel Data: Monte Carlo Evidence and an Application to Employment Equations", *Review of Economic Studies*, Vol. 58, 1991.

Axsen J., et al., "Are Batteries Ready for Plug-in Hybrid Buyers?", *Transport Policy*, Vol. 17, No. 3, 2010.

Axsen J., et al., "How Might Potential Future Plug-in Electric Vehicle Buyers Differ from Current 'Pioneer' Owners?", *Transportation Research Part D: Transport and Environment*, Vol. 47, 2016.

Axsen J., Kurani K. S., "Connecting Plug-in Vehicles with Green Electricity through Consumer Demand", *Environmental Research Letters*, Vol. 8, No. 1, 2013.

Axsen J., Kurani K. S., "Hybrid, Plug-in Hybrid, or Electric—What Do Car Buyers Want?", *Energy Policy*, Vol. 61, 2013.

Axsen J., Kurani K. S., "Interpersonal Influence in the Early Plug-in hybrid Market: Observing Social Interactions with an Exploratory Multi-method Approach", *Transportation Research Part D: Transport and Environment*, Vol. 2, 2011.

Bai J. I., "Panel Data Models with Interactive Fixed Effects", *Econometrica*, Vol. 7, No. 4, 2009.

Bailey J., et al., "Is Awareness of Public Charging Associated with Consumer Interest in Plug - in Electric Vehicles?", *Transportation Research Part D: Transport and Environment*, Vol. 36, 2015.

Bakker S., Trip J. J., "Policy Options to Support the Adoption of Electric Vehicles in the Urban Environment", *Transportation Research Part D*, Vol. 25, No. 8, 2013.

Barisa A., et al., "Introducing Electric Mobility in Latvian Municipalities: Results of A Survey", *Energy Procedia*, Vol. 95, 2016.

Barth M., et al., "Still Underdetected—Social Norms and Collective Efficacy Predict the Acceptance of Electric Vehicles in Germany", *Transportation Research Part F: Traffic Psychology and Behaviour*, Vol. 37, 2016.

Belen M. G., "Weather, Climate and Tourism a Geographical Perspective", *Annals of Tourism Research*, Vol. 32, No. 3, 2005.

Beresteanu A., Li S., "Gasoline Prices, Government Support, and the Demand for Hybrid Vehicles in the United States", *International Economic Review*, Vol. 52, 2011.

Bergek A., Berggren C., "The Impact of Environmental Policy Instruments on Innovation: A Review of Energy and Automotive Industry Studies", *Ecological Economics*, Vol. 106, 2014.

Berkeley N., et al., "Analysing the Take Up of Battery Electric Vehicles: An Investigation if Barriers Amongst Drivers in the UK", *Transportation Research Part D: Transport and Environment*, Vol. 63, 2018.

Berry S., et al., "Automobile Prices in Market Equilibrium", *Econometrica*, Vol. 63, No. 4, 1995.

Bertrand J. L., et al., "Assessing and Hedging the Cost of Unseasonal Weather: Case of the Apparel Sector", *European Journal of Operational Research*, Vol. 244, No. 1, 2015.

Brown M. A., "Market Failures and Barriers as a Basis for Clean Energy Policies", *Energy Policy*, Vol. 29, No. 14, 2001.

Brownstone D., et al., "Joint Mixed Logit Models of Stated and Revealed Preferences for Alternative-fuel Vehicles", *Transportation Research Part B*, Vol. 34, 2000.

Buranelli M., et al., "Factors Influencing the Intention to Use Electric Cars in Brazil", *Transportation Research Part A: Policy and Practice*, Vol. 155, 2022.

Burke M., et al., "Global Non-linear Effect of Temperature on Economic Production", *Nature*, Vol. 527, No. 7577, 2015.

Busse M. R., et al., "The Psychological Effect of Weather on Car Purchases", *The Quarterly Journal of Economics*, Vol. 130, No. 1, 2015.

Carley S., et al., "Intent to Purchase a Plug-in Electric Vehicle: A Survey of Early Impressions in Large US Cities", *Transportation Research Part D: Transport and Environment*, No. 18, 2013.

Chen C., et al., "Assessing the Socio-demographic, Technical, Economic and Behavioral Factors of Nordic Electric Vehicle Adoption and the Influence of Vehicle-to-grid Preferences", *Renewable and Sustainable Energy Reviews*, Vol. 121, No. 4, 2020.

Chen F. Y., Yano C. A., "Improving Supply Chain Performance and Managing Risk Under Weather-Related Demand Uncertainty", *Management Science*, Vol. 56, No. 1, 2010.

Chen K., et al., "Exploring Purchase Intentions of New Energy Vehicles: From the Perspective of Frugality and the Concept of 'Mianzi'", *Journal of Cleaner Production*, Vol. 230, 2019.

Chen X., Yang L., "Temperature and Industrial Output: Firm-Level Evidence from China", *Journal of Environmental Economics and Management*, Vol. 95, No. 3, 2019, 95 (3): 257-274.

Chéron E., Zins M., "Electric Vehicle Purchasing Intentions: The Concern over Battery Charge Duration Transportation", *Research Part A Policy and Practice*, Vol. 3, 1997.

Choi H., "Technology-push and Demand-pull Factors in Emerging Sectors: Evidence from the Electric Vehicle Market", *Industry and Innovation*, Vol. 25, No. 7, 2018.

Chorus C. G., et al., "Consumer Preferences for Alternative Fuel Vehicles: Comparing a utility Maximization and A Regret Minimization Model", *Energy Policy*, Vol. 61, 2013.

Colacito R., et al., "Temperature and Growth: a Panel Analysis of the United States", *Journal of Money, Credit and Banking*, Vol. 51, No. 2-3, 2018.

Conlin M., et al., "Projection Bias in Catalog Orders", *American Economic*

Review, Vol. 97, No. 4, 2007.

Dell M., et al., "Temperature Shocks and Economic Growth: Evidence from the Last Half Century", *American Economic Journal: Macroeconomics*, Vol. 4, No. 3, 2012.

Delosreyes J. R. M., et al., "Winter Happens: The Effect of Ambient Temperature on the Travel Range of Electric Vehicles", *IEEE Transactions on Vehicular Technology*, Vol. 65, No. 6, 2016.

Demircali A., et al., "Influence of the Temperature on Energy Management in Battery-ultracapacitor Electric Vehicles", *Journal of Cleaner Production*, Vol. 176, 2018.

Diamond D., "The Impact of Government Incentives for Hybrid-electric Vehicles: Evidence from US States", *Energy Policy*, Vol. 37, 2009.

Dias M. V. X., et al., "The Impact on Electricity Demand and Emissions due to the Introduction of Electric Cars in the So Paulo Power System", *Energy Policy*, Vol. 65, 2014.

Egbue O., Long S., "Barriers to Widespread Adoption of Electric Vehicles: an Analysis of Consumer Attitudes and Perceptions", *Energy Policy*, Vol. 48, 2012.

Egnér F., Trosvik L., "Electric Vehicle Adoption in Sweden and the Impact of Local Policy Instruments", *Energy Policy*, Vol. 121, 2018.

Fan R., Chen R., "Promotion Policies for Electric Vehicle Diffusion in China Considering Dynamic Consumer Preferences: A Network-based Evolutionary Analysis", *International Journal of Environmental Research and Public Health*, Vol. 19, No. 9, 2022.

Fetene G. M., et al., "Harnessing Big Data for Estimating the Energy Consumption and Driving Range of Electric Vehicles", *Transportation Research Part C*, Vol. 54, No. 1, 2017.

Franke T., Krems J. F., "Understanding Charging Behaviour of Electric Vehicle Users", *Transportation Research Part F: Traffic Psychology and Behaviour*, Vol. 21, 2013.

Frishammar J., et al., "The Role of Pilot and Demonstration Plants in Technology Development and Innovation Policy", *Research Policy*, Vol. 45, No. 9, 2016.

Gallagher K., Muehlegger E., "Giving Green to Get Green? Incentives and Consumer Adoption of Hybrid Vehicle Technology", *Journal of Environmen-*

tal Economics and Management, Vol. 61, No. 1, 2011.

Gao F., et al., "Early Sales of Seasonal Products with Weather Conditional Rebates", *Production and Operations Management*, Vol. 21, 2012.

Gass V., et al., "Analysis of Alternative Policy Instruments to Promote Electric Vehicles in Austria", *Renewable Energy*, Vol. 61, No. 1, 2014.

Geels F. W., "Technological Transitions as Evolutionary Reconfiguration Processes: A Multi-Level Perspective and A Case-Study", *Research Policy*, Vol. 31, No. 8/9, 2002.

Gonzalo J., Michael W., "Subsampling Inference in Threshold Autoregressive Models", *Econometrics*, Vol. 127, No. 2, 2005.

Greene D. L., et al., "Public Policy and the Transition to Electric Drive Vehicles in the U. S.: the Role of the Zero Emission Vehicles Mandates", *Energy Strategy Review*, Vol. 5, 2014.

Hackbarth A., Madlener R., "Consumer Preferences for Alternative Fuel Vehicles: A Discrete Choice Analysis", *Transportation Research Part D: Transport and Environment*, Vol. 25, 2013.

Haddadian G., et al., "Accelerating the Global Adoption of Electric Vehicles: Barriers and Drivers", *Electricity Journal*, Vol. 28, No. 10, 2015.

Hadri K., "Testing for Stationarity in Heterogeneous Panel Data", *Econometric Journal*, Vol. 3, 2000.

Haidar B., Rojas M. T. A., "The Relationship between Public Charging Infrastructure Deployment and other Socio-economic Factors and Electric Vehicle Adoption in France", *Research in Transportation Economics*, Vol. 6, 2022.

Han H., et al., "China's Electric Vehicle Subsidy Scheme: Rationale and Impacts", *Energy Policy*, Vol. 73, No. 10, 2014.

Hannan M. A., et al., "A Review of Lithium-Ion Battery State of Charge Estimation and Management System in Electric Vehicle Applications: Challenges and Recommendations", *Renewable and Sustainable Energy Reviews*, Vol. 78, 2017.

Hansen B. E., "Threshold Effects in Non-Dynamic Panels: Estimation, Testing, and Inference", *Econometrics*, Vol. 93, No. 2, 1999.

Hao X., et al., "Seasonal Effects on Electric Vehicle Energy Consumption and Driving Range: A Case Study on Personal, Taxi, and Ridesharing

Vehicles", *Journal of Cleaner Production*, Vol. 249, No. 1, 2020.

Hausman J. A., "Specification Tests in Econometrics", *Econometrica*, Vol. 46, 1978.

Heffner R., et al., "Symbolism in California's Early Market for Hybrid Electric Vehicles", *Transportation Research Part D*, Vol. 12, 2007.

Helveston J. P., et al., "Willing Subsidies Drive Electric Vehicle Adoption? Measuring Consumer Preference in the U. S. and China", *Transportation Research Part A: Policy and Practice*, Vol. 73, No. 3, 2015.

Hennings W., et al., "Utilization of Excess Wind Power in Electric Vehicles", *Energy Policy*, Vol. 62, No. 7, 2013.

Hidrue M. K., et al., "Willingness to Pay for Electric Vehicles and their Attributes", *Resource and Energy Economics*, Vol. 3, 2011.

Hoen A., Koetse M. J., "A Choice Experiment on Alternative Fuel Vehicle Preferences of Private Car Owners in the Netherlands", *Transportation Research Part A: Policy and Practice*, Vol. 8, 2014.

Holland S. P., et al., "Are there Environmental Benefits from Driving Electric Vehicles? The Importance of Local Factors", *American Economic Review*, Vol. 106, No. 12, 2016.

Hong J., et al., "Ex-ante Evaluation of Profitability and Government's Subsidy Policy on Vehicle-to-Grid System", *Energy Policy*, Vol. 42, No. 3, 2012.

Huang Y. L, Qian L. X, "Consumer Preferences for Electric Vehicles in Lower Tier Cities of China: Evidences from South Jiangsu Region", *Transportation Research Part D: Transport and Environment*, Vol. 63, 2018.

Huang Y., Barker T., "The Clean Development Mechanism and Low Carbon Development: A Panel Data Analysis", *Energy Economics*, Vol. 34, 2012.

IEA (International Energy Agency), *Global EV Outlook* 2018: *Toward Cross-model Electrification*, Paris, 2018.

IEA (International Energy Agency), *Global EV Outlook* 2020: *Entering the Decade of Electric Drive*, Paris, 2020.

IEA (International Energy Agency), *Global EV Outlook: Scaling - up the Transition to Electric Mobility*, Vancouver, 2019.

IEA (International Energy Agency), *Global EV Outlook: Understanding the Electric Vehicle Landscape to* 2020, Paris, 2013.

Illmann U., Kluge J., "Public Charging Infrastructure and the Market Diffusion of Electric Vehicles", *Transportation Research Part D: Transport and Environment*, Vol. 86, 2020.

Jaffe A. B., et al., "A Tale of Two Market Failures: Technology and Environmental Policy", *Ecological Economics*, Vol. 54, No. 2-3, 2005.

Javid R. J., Nejat A., "A Comprehensive Model of Regional Electric Vehicle Adoption and Penetration", *Transport Policy*, Vol. 54, 2017.

Jenn A., et al., "Effectiveness of Electric Vehicle Incentives in the United States", *Energy Policy*, Vol. 119, 2018.

Joram H. M., et al., "The Effect of Policy Incentives on Electric Vehicle Adoption", *Energy Policy*, Vol. 94, 2016.

Kahn M. E., "Do Greens Drive Hummers or Hybrids? Environmental Ideology As a Determinant of Consumer Choice", *Journal of Environmental Economics and Management*, Vol. 54, 2006.

Kestera J., et al., "Policy Mechanisms to Accelerate Electric Vehicle Adoption: A Qualitative Review from the Nordic Region", *Journal of Cleaner Production*, Vol. 94, 2018.

Kishi K., Satoh K., "Evaluation of Willingness to Buy a Low-pollution Car in Japan", *Journal of the Eastern Asia Society for Transportation Studies*, Vol. 6, 2005.

Knez M., et al., "Factors Influencing the Purchasing Decisions of Low Emission Cars: A Study of Slovenia", *Transportation Research Part D: Transport and Environment*, Vol. 30, 2014.

Krause R., et al., "Assessing Demand by Urban Consumers for Plug-in Electric Vehicles under Future Cost and Technological Scenarios", *International Journal of Sustainable Transportation*, Vol. 10, No. 8, 2016.

Kumar R. R., Alok K., "Adoption of Electric Vehicle: A Literature Review and Prospects for Sustainability", *Journal of Cleaner Production*, Vol. 253, 2020.

Lane B., Potter S., "The Adoption of Cleaner Vehicles in the UK: Exploring the Consumer Attitude-Action Gap", *Journal of Cleaner Production*, Vol. 15, 2007.

Langbroek J. H. M., et al., "The Effect of Policy Incentives on Electric Vehicle Adoption", *Energy Policy*, Vol. 94, 2016.

Laurence T., Macharis C., "Consumer Behaviour for Purchasing Cars Task 1.4", *Clever Clean Vehicle Research*, Vol. 28, No. 7, 2008.

Layla A., et al., "The Impact of UK Financial Incentives on the Adoption of Electric Fleets: The Moderation Effect of GDP Change", *Transportation Research Part A*, Vol. 161, 2022.

Leiby P., Rubin J., "Understanding the Transition to New Fuels and Vehicles: Lessons Learned from Analysis and Experience of Alternative Fuel and Hybrid Vehicles. in: The Hydrogen Energy Transition: Moving Toward the Post Petroleum Age in Transportation", *Hydrogen Energy Transition*, Vol. 88, 2004.

Lévay P. Z., et al., "The Effect of Fiscal Incentives on Market Penetration of Electric Vehicles: A Pairwise Comparison of Total Cost of Ownership", *Energy Policy*, Vol. 105, No. 2, 2017.

Levine M. D., et al., "Energy Efficiency Policy and Market Failures", *Annual Review of Energy & the Environment*, Vol. 20, No. 1, 1995.

Lieven T., "Policy Measures to Promote Electric Mobility-a Global Perspective", *Transportation Research Part A: Policy and Practice*, Vol. 82, 2015.

Li J. J., et al., "An Evolutionary Analysis on the Effect of Government Policies on Electric Vehicle Diffusion in Complex Network", *Energy Policy*, Vol. 129, 2019.

Lim M. K., et al., "Toward Mass Adoption of Electric Vehicles: Impact of the Range and Resale Anxieties", *Manufacturing & Service Operations Management*, Vol. 17, No. 1, 2015.

Lin B., Wu W., "Why People Want to Buy Electric Vehicle: An Empirical Study in First-tier Cities of China", *Energy Policy*, Vol. 112, 2018.

Lin J., et al., "Incumbent Firm Invention in Emerging Fields: Evidence from the Semiconductor Industry", *Strategic Management Journal*, Vol. 32, No. 1, 2011.

Li S., et al., "The Market for Electric Vehicles: Indirect Network Effects and Policy Design", *Journal of the Association of Environmental & Resource Economists*, Vol. 4, 2017.

Liu X. L., et al., "Do Policy Incentives Drive Electric Vehicle Adoption? Evidence from China", *Transportation Research Part A*, Vol. 150, 2021.

Liu X. L., et al., "The Effects of Demonstration Projects on Electric Vehicle

Diffusion: An Empirical Study in China", *Energy Policy*, Vol. 139, 2020.

Li X. M., et al., "Impact of Regional Temperature on the Adoption of Electric Vehicles: an Empirical Study based on 20 Provinces in China", *Environmental Science and Pollution Research*, Vol. 30, 2022.

Li X. M., et al., "Impacts of Renewables and Socioeconomic Factors on Electric Vehicle Demands-panel Data Studies across 14 Countries", *Energy Policy*, Vol. 109, 2017.

Lou Y., et al., "Customers' Attitude on New Energy Vehicles' Policies and Policy Impact on Customers' Purchase Intention", *Energy Procedia*, Vol. 105, 2017.

Mahmoudzadeh A., et al., "A Review of Battery Electric Vehicle Technology and Readiness Levels", *Renewable and Sustainable Energy Reviews*, Vol. 78, No. 2, 2017.

Ma S. C., et al., "Analysing Online Behaviour to Determine Chinese Consumers' Preferences for Electric Vehicles", *Journal of Cleaner Production*, Vol. 229, 2019.

Mclaren J., et al., "CO_2 Emissions Associated with Electric Vehicle Charging: The Impact of Electricity Generation Mix, Charging Infrastructure Availability and Vehicle Type", *Electricity Journal*, Vol. 29, No. 5, 2016.

Mersky A. C., et al., "Effectiveness of Incentives on Electric Vehicle Adoption in Norway", *Transportation Research Part D: Transport and Environment*, No. 46, 2016.

Mock P., Yang Z. P., "Driving Electrification: A Global Comparison of Finance Incentive Policy for Electric Vehicles", *Experimental Physiology*, Vol. 98, No. 18, 2013.

Morrissey P., et al., "Future Standard and Fast Charging Infrastructure Planning: An Analysis of Electric Vehicle Charging Behaviour", *Energy Policy*, Vol. 89, 2016.

Morton C., et al., "Exploring Consumer Preferences towards Electric Vehicles: the Influence of Consumer Innovativeness", *Research in Transportation Business & Management*, Vol. 18, 2016.

Murray K. B., et al., "The Effect of Weather on Consumer Spending", *Journal of Retailing and Consumer Services*, Vol. 17, No. 6, 2010.

Musti S., Kockelman K. M., "Evolution of the Household Vehicle Fleet: Anticipating Fleet Composition, PHEV Adoption and GHG Emissions in Austin, Texas", *Transportation Research Part A: Policy and Practice*, Vol. 45, 2011.

Neaimeh M., et al., "Analysing the Usage and Evidencing the Importance of Fast Chargers for the Adoption of Battery Electric Vehicles", *Energy Policy*, Vol. 108, 2017.

Neubauer J., Wood E., "The Impact of Range Anxiety and Home, Workplace, and Public Charging Infrastructure on Simulated Battery Electric Vehicle Lifetime Utility", *Journal of Power Sources*, Vol. 257, 2014.

Ning Wang., et al., "A Global Comparison and Assessment of Incentive Policy on Electric Vehicle Promotion", *Sustainable Cities and Society*, Vol. 44, 2019.

O'Neill E., et al., "Barriers to Electric Vehicle Uptake in Ireland: Perspectives of Car-dealers and Policy-makers", *Case Studies on Transport Policy*, Vol. 7, No. 1, 2019.

Ozaki R., Sevastyanova K., "Going Hybrid: An Analysis of Consumer Purchase Motivations", *Energy Policy*, Vol. 39, No. 5, 2011.

Park N. K., Lee J., "Do the Performances of Innovative Firms Differ Depending on Market-oriented or Technology-oriented Strategies?", *Industry and Innovation*, Vol. 5, 2012.

Parsons G. A., "The Association Between Daily Weather and Daily Shopping Patterns", *Australasian Marketing Journal*, Vol. 9, No. 2, 2011.

Plotz P., et al., "Who Will Buy Electric Vehicles? Identifying Early Adopters in Germany", *Transportation Research Part A: Policy and Practice*, Vol. 67, 2014.

Potoglou D., Kanaroglou P S., "Household Demand and Willingness to Pay for Clean Vehicles", *Transportation Research Part D*, Vol. 12, 2007.

Qian L. X., Yin J. L., "Linking Chinese Cultural Values and the Adoption of Electric Vehicles: the Mediating Role of Ethical Evaluation", *Transportation Research Part D: Transport and Environment*, Vol. 56, 2017.

Qiu Y. Q., et al., "Assessing the Effectiveness of City-level Electric Vehicle Policies in China", *Energy Policy*, Vol. 130, 2019.

Quak H., et al., "Possibilities and Barriers for Using Electric-Powered Vehicles in City Logistics Practice", *Transportation Research Procedia*, Vol. 12,

2016.

Rasouli S. , Timmermans H. , "Influence of Social Networks on Latent Choice of Electric Cars: A Mixed Logit Specification Using Experimental Design Data", *Networks and Spatial Economics*, Vol. 1, 2016.

Reddy T. Ed. , *Linden's Handbook of Batteries*, New York: Chemical Industry Press, 2011.

Rezvani Z. , et al. , "Advances in Consumer Electric Vehicle Adoption Research: a Review and Research Agenda", *Transportation Research Part D: Transport and Environment*, Vol. 34, 2015.

Rogers E. M. , *Diffusion of Innovations*, New York: Free Press, 2003.

Rotaris L. , et al. , "The Slow Uptake of Electric Cars in Italy and Slovenia. Evidence from a Stated-preference Survey and the Role of Knowledge and Environmental Awareness", *Transportation Research Part A: Policy and Practice*, Vol. 144, 2021.

Sang Y. N. , Bekhet H. A. , "Modelling Electric Vehicle Usage Intentions: an Empirical Study in Malaysia", *Journal of Cleaner Production*, Vol. 92, 2015.

Schuitema G. , et al. , "The Role of Instrumental, Hedonic and Symbolic Attributes in the Intention to Adopt Electric Vehicles", *Transportation Research Part A: Policy and Practice*, Vol. 48, 2013.

Scott V. , "What Can We Expect from Europe's Carbon Capture and Storage Demonstrations", *Energy Policy*, Vol. 54, 2013.

Shao L. L. , et al. , "Subsidy Scheme or Price Discount Scheme? Mass Adoption of Electric Vehicles Under Different Market Structures", *European Journal of Operational Research*, Vol. 262, 2017.

She Z. , et al. , "What Are the Barriers to Widespread Adoption of Battery Electric Vehicles? A Survey of Public Perception In Tianjin, China", *Transport Policy*, Vol. 56, No. 3, 2017.

Sierzchula W. , et al. , "The Influence of Financial Incentives and Other Socioeconomic Factors on Electric Vehicle Adoption", *Energy Policy*, No. 68, 2014.

Sierzchula W. , "Factors Influencing Fleet Manager Adoption of Electric Vehicles", *Transportation Research Part D*, Vol. 31, No. 8, 2014.

Silva R. E. D. , et al. , "How Can Energy Prices and Subsidies Accelerate the Integration of Electric Vehicles in Brazil? An Economic Analysis", *The Electricity Journal*, No. 3, 2018.

Simone Franzò, et al., "Factors Affecting Cost Competitiveness of Electric Vehicles Against Alternative Powertrains: A Total Cost of Ownership-based Assessment in the Italian Market", *Journal of Cleaner Production*, Vol. 363, 2022, p. 132559.

Smith B., et al., "Electric Vehicles Adoption: Environmental Enthusiast Bias in Discrete Choice Models", *Transportation Research Part D: Transport and Environment*, Vol. 51, 2017.

Sónia A. N., et al., "Technological Progress and Other Factors Behind the Adoption of Electric Vehicles: Empirical Evidence for EU Countries", *Research in Transportation Economics*, Vol. 74, No. 12, 2019.

Struben J., Sterman J., "Transition Challenges for Alternative Fuel Vehicle and Transportation Systems", *Environment and Planning. B: Urban Analytics and City Science*, Vol. 35, No. 6, 2008.

Stulec I., et al., "Weather Impact on Retail Sales: How Can Weather Derivatives Help with Adverse Weather Deviations?", *Journal of Retailing and Consumer Services*, Vol. 49, 2019.

Su D., et al., "Factors Affecting User Satisfaction with New Energy Vehicles: A Field Survey in Shanghai and Nanjing", *Journal of Environmental Management*, Vol. 270, 2020.

Tamor M., Gearhart Soto., "A Statistical Approach to Estimating Acceptance of Electric Vehicles and Electrification of Personal Transportation", *Transportation Research Part C: Emerging Technologies*, Vol. 26, 2013.

Tian X., et al., "The Impact of Weather on Consumer Behavior and Retail Performance: Evidence from A Convenience Store Chain in China", *Journal of Retailing and Consumer Services*, Vol. 62, 2021.

Vassileva I., Campillo J., "Adoption Barriers for Electric Vehicles: Experiences from Early Adopters in Sweden", *Energy*, Vol. 120, 2017.

Wang N., et al., "A Global Comparison and Assessment of Incentive Policy on Electric Vehicle Promotion", *Sustainable Cities and Society*, Vol. 44, 2019.

Wan Z., et al., "China's Electric Car Frustrations", *Transportation Research Part D: Transport and Environment*, Vol. 34, 2015.

Weiller C., Sioshansi R., "The Role of Plug-in Electric Vehicles with Renewable Resources in Electricity Systems", *Revue d'économie Industrielle*, Vol. 148, No. 148, 2014.

Wietze L., Richard S. J., "Impact of Climate on Tourist Demand", *Climate Change Modelling and Policy*, Vol. 55, 2002.

Wu J. W., et al., "The Role of Environmental Concern in the Public Acceptance of Autonomous Electric Vehicles: a Survey from China", *Transportation Research Part F: Traffic Psychology and Behaviour*, Vol. 60, 2019.

Xu G. H., Xu F., "Impact Factors of Purchase Decision of New Energy Automobile", *China Population Resources and Environment*, Vol. 11, 2020.

Yeh S., "An Empirical Analysis on the Adoption of Alternative Fuel Vehicles: The Case of Natural Gas Vehicles", *Energy Policy*, Vol. 35, 2007.

Ystmark K., et al., "Incentives for Promoting Battery Electric Vehicle (BEV) Adoption in Norway", *Transportation Research Part D*, Vol. 43, 2016.

Yu Z., et al., "Market Dynamics and Indirect Network Effects in Electric Vehicle Diffusion", *Transportation Research Part D: Transport and Environment*, Vol. 47, 2016.

Zahabi S. A. H., et al., "Fuel Economy of Hybrid-Electric Versus Conventional Gasoline Vehicles in Real-World Conditions: A Case Study of Cold Cities in Quebec, Canada", *Transportation Research Part D*, Vol. 32, 2014.

Zhang P., et al., "Temperature Effects on Productivity and Factor Reallocation: Evidence from A Half Million Chinese Manufacturing Plants", *Journal of Environmental Economics and Management*, Vol. 88, 2018.

Zhang Q., et al., "Factors Influencing the Economics of Public Charging Infrastructures for EV-A Review", *Renewable and Sustainable Energy Reviews*, Vol. 94, 2018.

Zhang W. L., et al., "Information Perspective for Understanding Consumers' Perceptions of Electric Vehicles and Adoption Intentions", *Transportation Research Part D*, Vol. 102, 2022.

Zhang X., et al., "The Impact of Government Policy on Preference for NEVs: The Evidence from China", *Energy Policy*, Vol. 61, 2013.

Zhao C., et al., "Exploring the Influence of Severe Haze Pollution on Residents' Intention to Purchase Energy-saving Appliances", *Journal of Cleaner Production*, Vol. 212, 2019.

Zhu L., et al., "Indirect Network Effects in China's Electric Vehicle Diffusion under Phasing Out Subsidies", *Applied Energy*, Vol. 251, 2019.

后　记

本书最初的内容来自 2017 年我在美国阿尔弗莱德大学做访问学者时的一些思考。当时，导师布置给我的学业方向是可再生能源与新能源汽车。这个新的研究方向与我之前对制度经济学领域的关注点差别很大。苦思冥想之后，我尝试运用需求理论和计量方法研究了可再生能源发展对电动汽车推广的影响。研究的主要发现是可再生能源发展能够促进电动汽车推广，因此我较早提出了可再生能源和电动汽车应该协同发展的建议。这部分研究编入本书第八章。

回国后，我对新能源汽车领域的研究兴趣并没有消失，关注点逐渐扩展到产业支持政策、政府示范工程、充电基础设施、地区气温等对新能源汽车推广的影响。我把这一系列研究内容编纂成册后，2021 年 10 月有幸获得国家社科规划办后期资助项目的立项。后经我、合作者以及中国社会科学出版社编辑老师的共同努力，得以成此书。在编纂中，刘毅然负责第四章、第六章、第七章的撰写和修改，杨娇娇负责第五章的撰写以及参考文献的校对，赵小磊负责第二章和第九章的撰写和修改。李晓敏撰写和编纂了其他章节，并对书稿进行了统编。姚润华和周文文做了一部分书稿校对工作。在后期资助项目申报阶段和中国社会科学出版社三审三校的校稿过程中，刘晓红老师和许多编辑老师给予了诸多宝贵建议并付出了大量辛劳，他们的敬业精神和工作效率令人钦佩。

伴随着中国新能源汽车产业的高速发展，新能源汽车推广数量发展迅速。2020 年新能源汽车渗透率只有 5.4%，截至 2024 年 9 月这一数字达到了 53.3%。受出版周期和校对流程的影响，书中数据未能及时更新。其他不足之处，一并敬请读者指教。

李晓敏
2024 年 10 月 18 日记于河南大学明德园